**Happy Money**

*Andrea Tichy* ist studierte Volkswirtin und Journalistin. Seit 1995 ist sie Partnerin im Medienbüro *Wirtschaftsboulevard*. *Dr. Gerd Leidig* ist Wissenschaftsjournalist.

Andrea Tichy
Gerd Leidig

# Happy Money

Den entspannten Umgang
mit Geld entdecken

Campus Verlag
Frankfurt/New York

Bibliografische Information der Deutschen Bibliothek:
Die Deutsche Bibliothek verzeichnet diese Publikation in der
Deutschen Nationalbibliografie. Detaillierte bibliografische Daten
sind im Internet über http://dnb.ddb.de abrufbar.
ISBN 3-593-37322-X

Das Werk einschließlich aller seiner Teile ist urheberrechtlich geschützt.
Jede Verwertung ist ohne Zustimmung des Verlags unzulässig.
Das gilt insbesondere für Vervielfältigungen, Übersetzungen, Mikroverfilmungen
und die Einspeicherung und Verarbeitung in elektronischen Systemen.
© 2003 Campus Verlag GmbH, Frankfurt/Main
Umschlaggestaltung: mancini-design, Frankfurt am Main
Satz: TypoForum GmbH, Seelbach
Druck und Bindung: Druckhaus Beltz, Hemsbach
Gedruckt auf säurefreiem und chlorfrei gebleichtem Papier.
Printed in Germany

Besuchen Sie uns im Internet: www.campus.de

# Inhalt

Was Sie von diesem Buch erwarten dürfen .............. 7

**1 Man ist so reich, wie man sich fühlt** .................. 11
   Der Traum vom Lottoglück ........................ 11
   Wenn ich einmal reich wär'........................ 13
   Geld allein macht nicht glücklich .................. 17
   Was Reichtum bedeutet .......................... 20
   Der individuelle Wohlstand ....................... 22
   Das magische Viereck der Grundbedürfnisse .......... 23
   Das Bedürfnis nach Orientierung, Sicherheit und Kontrolle .... 25
   Das Bedürfnis nach Bindung ...................... 27
   Das Bedürfnis nach Selbstwert ..................... 30
   Das Bedürfnis nach Lustgewinn .................... 31
   Die Macht der Gefühle .......................... 32
   Man ist so reich, wie man sich fühlt ................. 33

**2 Die vier Geldtypen** .............................. 35
   Testen Sie, welcher Geldtyp Sie sind ................ 36
   Der Dagobert-Typ............................... 50

Der Sterntaler-Typ . . . . . . . . . . . . . . . . . . . . . . . . . . . 63
Der Hans-im-Glück-Typ . . . . . . . . . . . . . . . . . . . . . . . 71
Der Snoopy-Typ . . . . . . . . . . . . . . . . . . . . . . . . . . . . . 78

**3 Sie haben mehr, als Sie denken** . . . . . . . . . . . . . . . . . . . 86

Materielles Vermögen: Unterscheiden Sie zwischen
produktivem und unproduktivem Vermögen . . . . . . . . . . . 87

Immaterielles Vermögen: Ihre größten Aktivposten . . . . . . . 104

**4 Den Fokus verändern:
Aktivieren Sie Ihr passives Vermögen** . . . . . . . . . . . . . . . . 121

Tipps für Dagobert-Typen . . . . . . . . . . . . . . . . . . . . . . 122
Tipps für Sterntaler-Typen . . . . . . . . . . . . . . . . . . . . . . 136
Tipps für Hans-im-Glück-Typen . . . . . . . . . . . . . . . . . . 152
Tipps für Snoopy-Typen . . . . . . . . . . . . . . . . . . . . . . . 165

**5 Der Bedürfnis-Balancierer** . . . . . . . . . . . . . . . . . . . . . . 185

Millionäre sind Meister der Balance . . . . . . . . . . . . . . . . 185
Der Geldtyp des Bedürfnis-Balancierers . . . . . . . . . . . . . 196
Wenn die Balance nicht da ist . . . . . . . . . . . . . . . . . . . 197
Der Weg zur Bedürfnis-Balance . . . . . . . . . . . . . . . . . . 199
Geld und Glück . . . . . . . . . . . . . . . . . . . . . . . . . . . . 210

Literaturverzeichnis . . . . . . . . . . . . . . . . . . . . . . . . . . . 211
Register . . . . . . . . . . . . . . . . . . . . . . . . . . . . . . . . . . . 217

# Was Sie von diesem Buch erwarten dürfen

Schon lange nicht mehr hat das Thema Geld die Menschen so sehr beunruhigt wie in den Jahren des neuen Jahrtausends: Von den Verlusten an der Börse bis hin zur steigenden Abgabenlast, vom Gespenst der Arbeitslosigkeit bis hin zu sinkenden Werten ihrer Lebensversicherung. Vielleicht gehören auch Sie zu den Menschen, die sich voller Sorge fragen, ob Sie in Zukunft genug Geld haben werden, um das Leben führen zu können, das Sie sich wünschen. Vielleicht empfinden Sie das Thema Geld wie einen schweren Rucksack, der Sie bei jedem Schritt Ihres Lebens belastet.

Doch das muss nicht sein: Ziel dieses Buches ist es, Ihnen zu einem zutiefst befriedigenden Umgang mit Geld zu verhelfen. Zu einem Umgang, in dem Sie Ihre bedrückenden Geldsorgen durch ein federleichtes Lebensgefühl eintauschen. Dieses Buch versteht sich als Gebrauchsanleitung, durch die Sie Ihren eigenen Reichtum richtig kennen und schätzen lernen. Denn es liegt an Ihnen, Ihre Beziehung zum Geld zu verändern, Geld vom Quälgeist zum hilfreichen Lebensgefährten zu verwandeln.

Um diesem anspruchsvollen Versprechen gerecht werden zu können, bedienen wir uns der Ergebnisse der modernen psychologischen Forschung. Sie hat herausgefunden: Vier menschliche Grundbedürfnisse bestimmen über unsere individuelle Zufriedenheit. Erstens das Bedürfnis nach Sicherheit und Kontrolle, zweitens das Bedürfnis nach menschlicher Bindung, drittens das Bedürfnis nach Lustgewinn und viertens das Bedürfnis nach Selbstwert. Wohlbefinden stellt sich immer dann ein, wenn alle vier Grundbedürfnisse in einem dynamischen, ausgewogenen Verhältnis zueinander stehen. Dieses Buch zeigt Ihnen den Weg zu dieser Geld-Wohlfühl-Balance auf.

Dabei handelt es sich nicht um ein Patentrezept, das gleichermaßen für alle Leser gilt: Es geht vielmehr um Tipps, die speziell auf Ihren Geldtyp zugeschnitten sind.

- Im ersten Kapitel erfahren Sie, warum Menschen nur so reich sind, wie sie sich fühlen, und warum die Zahlen auf den Kontoauszügen letztlich nichts über den tatsächlichen Reichtum eines Menschen aussagen.
- Im zweiten Kapitel lernen Sie die unterschiedlichen Geldtypen kennen, erfahren viel über ihre Vorlieben und Abneigungen, ihre Verhaltensweisen und Stolpersteine, die ihnen das Leben manchmal so schwer machen. Mit einem speziell entwickelten Test können Sie ermitteln, zu welchem der vier Geldtypen Sie derzeit besonders tendieren.
- Im dritten Kapitel ziehen Sie Ihre persönliche Vermögensbilanz, in die auch andere Vermögenswerte einfließen als nur Geld. Sie werden sich wundern, was dabei herauskommt: Denn Sie besitzen schon heute viel mehr, als Sie denken!
- Das vierte Kapitel hilft Ihnen dabei, Ihr bislang brachliegendes Vermögen bewusster als bisher zu nutzen. Denn so, wie man mit einer Taschenlampe nur kleine Bereiche eines Raums ausleuchten kann, haben Sie Ihren Fokus bisher nur auf Teilbereiche des Lebens gerichtet. Sobald es Ihnen gelingt, Ihren Blick zu erweitern und Ihre bislang unbeachteten Schätze zu heben, steigt Ihre Zufriedenheit deutlich. Ihr gefühlter Reichtum erhöht sich exponentiell. Die Crux: Als bestimmter Geldtyp sind Sie in Ihren Verhaltensmustern so gefangen, dass Ihnen die Verhaltensänderungen nicht alleine durch Einsicht gelingen. Deshalb bekommen Sie in diesem Kapitel auf Ihren Geldtypen zugeschnittene Tipps, was Sie tun können, um Ihre in der Vergangenheit ungenutzten Vermögenswerte zu aktivieren.
- Im fünften Kapitel lernen Sie das »magische Viereck der Grundbedürfnisse« im Detail kennen. Letztlich münden alle Tipps dieses

Buches in dem großen Ziel, die vier Grundbedürfnisse zur Balance zu bringen. Reich fühlt sich derjenige, dem es gelingt, alle vier Grundbedürfnisse gleichermaßen zu leben. Damit entsteht ein fünfter Geldtyp, und der ist langfristig der erfolgreichste: der Bedürfnis-Balancierer. Ihn lernen Sie hier ausführlich kennen.

Wir geben es zu, liebe Leserin, lieber Leser: Auch uns sind die Ängste nicht fremd, die das Thema Geld mit sich bringt. Durch die intensive Beschäftigung mit unseren vier Grundbedürfnissen haben wir aber die Erfahrung gemacht: Es bringt unendlich viel für das eigene Lebensgefühl, sich seines Geldtyps bewusst zu werden und damit zu beginnen, den selbst gesetzten Begrenzungen gezielt gegenzusteuern. Das gleiche wünschen wir uns für Sie, liebe Leserin, lieber Leser!

Frankfurt und Köln, im Sommer 2003

*Andrea Tichy*
*Gerd Leidig*

# 1 Man ist so reich, wie man sich fühlt

>»Reich ist, wer weiß, dass er genug hat.«
>
> *Lao-tse*

## Der Traum vom Lottoglück

Manchmal sind die Geschichten, die wirklich passieren, schöner als jedes Märchen. Wie die Geschichte vom Lottogewinn von A. S.: Der Kölner Tiefbauingenieur hatte noch schnell vor seinem Wochenendtrip nach Holland für 5 Euro einen Lottoschein ausgefüllt, in einer Annahmestelle abgegeben und danach völlig vergessen. Tage später hörte er im Autoradio von einem Lottogewinner, der verzweifelt gesucht wurde. Überall in der Stadt Köln hatte die Westdeutsche Klassenlotterie Plakate mit folgendem Text aufgehängt:

> *Gewonnen!*
> **Lotto am Samstag**
> **Über 6,0 Mio DM**
> **1. Rang**
> **In Köln.**

Der 48-Jährige amüsierte sich sehr über den verschollenen Gewinner. Erst als im Fernsehen wieder über die Suche nach dem Millionär berichtet wurde, kam er auf die Idee, seine Spielquittung herauszukramen – und entdeckte den Volltreffer. Seine erste Reaktion war: »Jetzt werde ich Prinz Karneval.« Das ist das Schönste, was sich ein Kölner im Leben vorstellen kann.

»Wir verkaufen keine Lottoscheine, sondern Träume«, kommentiert Elmar Bamfaste, Sprecher der Westdeutschen Klassenlotterie, des größten Lottounternehmens in Deutschland. So verfolgen denn auch Samstag für Samstag mindestens vier Millionen Menschen gebannt die Ziehung der Lottozahlen. Jeder hofft auf den großen Millionengewinn, um sich endlich den Traum vom eigenen Haus, vom neuen Auto oder von der Weltreise erfüllen zu können, obwohl die Chancen für jeden einzelnen denkbar gering sind: Bei einer Gewinnchance von eins zu 14 Millionen ist es siebenmal wahrscheinlicher, vom Blitz getroffen zu werden, als den Jackpot zu knacken. Immerhin aber hat die Glücksfee in den 45 Jahren seit Beginn des Spiels in Deutschland mehr als 3 000 Menschen zu Millionären gemacht.

Dazu gehört beispielsweise ein 35-jähriger Gärtner aus dem Sauerland, der den ersten Jackpot in der neuen Währung mit 9,2 Millionen Euro knackte. Der glückliche Gewinner und Vater von achtjährigen Zwillingen hatte nicht nur die sechs richtigen Zahlen angekreuzt, er tippte auch noch die korrekte Superzahl 0. Mit dem Gewinn konnte er sich endlich das lang ersehnte große Haus mit Garten leisten.

Nicht immer aber erweist sich das Lottoglück als Segen. Ein Beispiel für die Schattenseiten des großen Gewinns ist Waltraud Kretschmann. Die Hausfrau hatte bei der »10-Millionen-SKL-Show« die Riesensumme von zehn Millionen Mark gewonnen. Zunächst war es für sie ein Traum, als sie im April 2001 vor laufender Kamera von Showmaster Günther Jauch den bis dahin größten Gewinn in der deutschen Fernsehgeschichte entgegennahm. Aber mit den Millionen kamen die Sorgen. Alles drehte sich um die Frage: »Wohin mit dem Geld?« Plötzlich wurde sie Zielscheibe der Geschäftemacher, Anlageberater überschütteten sie mit undurchsichtigen Tipps. Viel schwerwiegender war die Tatsache, dass aus alten Freunden missgünstige Feinde wurden, denn die Millionärin konnte sich auf einmal Dinge leisten, die für ihre Bekannten unerschwinglich waren. Außerdem bemühten sich plötzlich Menschen um sie, die nur des Geldes wegen mit ihr befreundet sein wollten.

Aufgrund ihres spektakulären Fernsehauftritts war es Waltraud Kretschmann nicht möglich gewesen, den Ratschlägen zu folgen, die die Gewinner normalerweise von ihren Betreuern mit auf den Weg bekommen: Sie sollten bloß nichts vom Gewinn weitererzählen, sondern lieber eine plausible Notlüge auftischen, wo das ganze Geld herkomme, wie aus einer Erbschaft oder aus einem Kredit. Die Erfahrung zeigt häufig: »Die Zahl der Verwandten und guten Freunde verdoppelt sich sonst auf einmal, die Gewinner bekommen Bettelbriefe oder Besuch von dubiosen Anlageberatern«, so Elmar Bamfaste.

Allerdings gibt es auch Fälle, in denen dieser gute Rat unnötig ist. Als der Glücksbote in Köln eine 72-jährige Rentnerin besuchte, die 3,2 Millionen Mark gewonnen hatte, fing sie ihn schon an der Haustüre ab. »Der Alte darf nichts davon wissen«, raunte sie. »Bis zu meinem 50. Geburtstag musste ich putzen gehen, obwohl er so viel Geld hat. Von meinem Gewinn bekommt der nichts.«

Ob diese Rentnerin mit ihrem Gewinn glücklich wurde, ist allerdings zu bezweifeln. »Etwa 35 Prozent der Gewinner sind ein Jahr später unglücklich«, (www.lotto-trickkiste.de) stellt der Potsdamer Psychologe Heiko Sills fest.

## Wenn ich einmal reich wär' ...

Der Wunsch nach einer Million Mark oder Euro kommt nicht von ungefähr. Wir brauchen nun mal Geld, um uns den Alltag erträglich zu machen. Geld bedeutet Entscheidungsfreiheit: Mit genug Geld brauchen wir uns von unserem Chef nicht schikanieren zu lassen. Reicht das Geld, brauchen wir uns keine Gedanken darüber zu machen, ob wir die teuren Biokarotten kaufen können oder doch nur die billigen konventionellen. Wir kaufen uns einfach mal so die tollen Schuhe, die uns im Schaufenster spontan gefallen haben. Und wenn der Urlaub ansteht, können wir uns überlegen, ob wir lieber in die Karibik fliegen oder am Chiemsee zelten gehen. Wenn Geld keine Rolle spielt, wird das Leben viel leichter: Die kaputte Waschmaschine bringt uns nicht in finanzielle Bedrängnis, denn wir können uns einfach eine neue anliefern lassen. Die außerplanmäßige Heizkostennachzahlung erschreckt uns nicht. Verfügen wir über genügend Geld, müssen wir uns nicht überlegen, ob wir auf der Zugfahrt zwischen Frankfurt und Köln den Sprinter für 51 Euro nehmen, der die Strecke in 1¼ Stunden durchbraust, oder doch lieber den billigen IC für 33,80 Euro, der dafür doppelt so lange braucht. Mit Geld vergrößern sich unsere Möglichkeiten in allen Lebensbereichen.

---

**Auch Genies träumen vom Geld**

Dass auch Wunderkinder durchaus vom Wunsch nach mehr Geld beseelt sein können, belegt das Beispiel Mozarts.

Um sich als freischaffender Künstler über Wasser zu halten – er gilt als der erste Musiker der Geschichte, der es wagte, eine feste Anstellung zugunsten der Freiberuflichkeit aufzugeben –, verfiel Mozart sogar auf die Idee, Lotto zu spielen. Dass das Genie auf den großen Gewinn ebenso hoffte wie Normalsterbliche, geht aus diversen Notizen hervor, wie aus den Tagebucheintragungen seiner Frau Nannerl zum Beispiel, aber auch aus seinen Notenblättern, auf die er Zahlenkombinationen kritzelte, die Musikwissenschaftler als Lottozahlen identifizierten. Später in Wien führte Mozarts Weg jahrelang jeden Tag an der bekannten Lottokollektur auf dem Stephansplatz vorbei. Sollte er aufgrund seiner chronischen Geldnot nicht auch zuweilen »in das Lotto gesetzt« haben? Sein Vater Leopold hätte das allerdings nicht gern gesehen. Er war entschiedener Gegner des Lottos, denn der Versuch, auf die Laune des Zufalls zu vertrauen statt auf seinen Fleiß, widersprach seiner Lebensauffassung. So begrüßte er es als »vernünftig und heilsam«, als im Jahr 1771 in Salzburg das Lottospiel für alle Bürger generell verboten wurde.

---

Wenn Geld nicht so wichtig wäre, dann würden weniger Paare so sehr darüber streiten. Denn nach der Eifersucht ist Geld das Thema, weswegen Eheleute die meisten Konflikte haben. Immerhin sind bei jedem dritten Paar die Partner der Meinung, dass der andere das Geld für die falschen Dinge ausgibt. Bei jedem vierten Paar hält der eine den anderen für einen Verschwender, und bei jedem fünften Paar kracht es, weil zu wenig Geld da ist. Dass sich auch Prominente lautstark ums Geld zanken, belegen immer wieder die Klatschspalten. Der Schauspieler Klausjürgen Wussow zum Beispiel erklärte nach seiner Scheidung von Ehefrau Yvonne, er werde nicht mehr arbeiten, um seiner Exfrau nicht sein Geld in den Rachen zu werfen.

Geldmangel bereitet Familien massive Probleme. Mehr als zwei Millionen deutsche Haushalte waren Ende des Jahres 2002 so tief verschuldet, dass sie ihre Kredite nicht mehr abzahlen konnten. Wegen der Wirtschaftsflaute und der hohen Arbeitslosigkeit meldeten 30 000 Privatleute Insolvenz, also Zahlungsunfähigkeit an. Im Schnitt ist derzeit jeder Haushalt in Deutschland mit 40 000 Euro verschuldet. Schulden, die aufs Gemüt drücken und Angst machen.

Nur den wenigsten gelingt es, so pfiffig die Schulden loszuwerden wie Karyn Bosnak. Zu Zeiten des Internet-Hypes hatte die New Yorkerin einen gut bezahlten Job, sie arbeitete als Producerin und verdiente im Jahr 100 000 Dollar. »Nur vom Feinsten« wurde ihre Devise. »Ich hatte den Eindruck, viel Geld zu verdienen, und deshalb wollte ich auch so leben, wie wenn man viel Geld verdient«, beschreibt sie ihr damaliges Lebensgefühl. Als sie arbeitslos wurde, musste sie eine verheerende Bilanz ziehen: Sie hatte 20 000 Dollar Schulden. Die Lösung offenbarte sich ihr in einem Supermarkt. Auf einer Pinnwand las sie eine Anzeige, in der jemand um Geld bat, um seine Schulden begleichen zu können. Dasselbe versuchte nun auch Karyn Bosnak – allerdings im weltweiten Netz. Sie legte sich unter www.savekaryn.com eine Homepage an und bat darauf um Geld. Mit ihrem Konzept war sie unerwartet erfolgreich. Weil sie ihre Homepage so witzig fanden, ließen ihr Hunderte von Gönnern mehr als 13 000 Dollar zukommen. Dazu kamen Einnahmen aus Werbeanzeigen auf ihrer Homepage. Mittlerweile ist Karyn schuldenfrei und hat aufgrund ihrer pfiffigen Vorgehensweise Angebote von einem Verlag und einem Filmproduzenten erhalten, ihre Geschichte zu erzählen. Das Beispiel von Karyn Bosnak macht mittlerweile in Amerika Schule, aber kaum jemand ist damit so erfolgreich wie sie.

Kein Wunder, dass nach Befragungen des Instituts für Demoskopie in Allensbach für 80 Prozent der Deutschen Voraussetzung für ein glückliches Leben ist, keine Geldsorgen zu haben. Doch ein ausgewogenes Verhältnis zum Geld zu finden ist nicht leicht: Wer zu wenig hat, den plagen die Alltagssorgen bis in die Nacht, und wer zu viel hat, der ist deswegen noch längst nicht glücklich.

### *Wenn ich einmal reich wär' ...*

Für viele Menschen ist es der größte Traum, Millionär zu sein. Aber was wäre denn eigentlich, wenn Sie Millionär wären?

Stellen Sie sich dazu bitte vor, Sie haben für einen Samstagabend Ihre besten Freunde eingeladen und wollen ihnen einen Film präsentieren, der Sie als Millionär zeigt. Konzentrieren Sie sich und beantworten Sie dazu bitte die nachfolgenden Fragen:

1. Wo genau spielt Ihr persönlicher Film?
   Was wäre die ideale Umgebung, welches der ideale Drehort?
   Was erkennen Sie vor Ihrem inneren Auge an diesem Ort?
   Was sehen Sie?
   Was hören Sie?
   Was riechen und schmecken Sie?
   Welche Gefühle können Sie bei sich entdecken?
2. Was machen Sie als Ihr eigener Darsteller gerade?
   Was beobachtet ein Außenstehender?
3. Welche Fähigkeiten müssen Sie haben, um sich so verhalten zu können?
4. Was ist Ihnen in diesem Augenblick besonders wichtig?
5. Was denken Sie in diesem Moment über sich selbst?
   Wie fühlt es sich an?
6. Wer ist noch in Ihrem Film zu sehen, zu dem Sie sich zugehörig fühlen?
7. Gibt es in Ihrem Film noch etwas Größeres, einen größeren Zusammenhang, mit dem Sie sich verbunden fühlen?

Auch wenn Sie vielleicht nicht bei jeder Frage direkt eine stimmige Antwort gefunden haben, können Sie sich wahrscheinlich eine recht gute Vorstellung von Ihrem Film machen, in dem Sie bereits heute Millionär sein können.

Gehen Sie nun noch einmal ganz langsam Ihre Antworten durch. Welche Antwort hängt wirklich entscheidend davon ab, ob Sie tatsächlich eine Million Euro besitzen?

Wir sind der festen Überzeugung, dass Sie heute schon alles haben, was Sie brauchen, um sich so reich wie ein Millionär fühlen zu können. Es geht lediglich darum, Ihre einzelnen Vermögenswerte zu erkennen und aktiv zu nutzen. Die folgenden Kapitel dieses Buches helfen Ihnen dabei.

### Was Prominente mit einer Million machen würden

Für das Wirtschaftsmagazin *DMEuro* befragte der Journalist Axel Thorer Prominente danach, was sie mit einer aus dem heiteren Himmel geschenkten Million machen würden. Das übereinstimmende Ergebnis lautete: Auch wenn sie wenig Geld hatten, wollten sie sich nicht erst mal ihr Traumauto oder ihr Traumhaus anschaffen, sondern eine lang gehegte Idee umsetzen. Herbert W. Heinrich zum Beispiel, Wanderpapst Mallorcas und Buchautor, würde mit »dem geschenkten Geld, das dann nur noch 500 000 Euro betragen würde ... Gutes tun. Dinge, die mir am Herzen liegen.« Er würde sich mit Antoni Colomar Mari zusammentun, der eine staatliche Organisation namens FODESMA leitet und eine Lehrwerkstatt eingerichtet hat, in der junge Mallorquiner traditionelle Handwerksberufe lernen. Heinrich würde ihn bitten, mit seinem Geld einige Schutzhütten in den Bergen Mallorcas zu restaurieren. Peter Petz, Karussellbauer aus Sulzbach, der schon für Michael Jacksons Neverland Ranch Fahrvergnügen plante, würde »einen Solarpark entwickeln«, einen Rummelplatz, angetrieben durch Sonnenenergie. »Eine neue Generation von Vergnügungsanlagen unter Gesichtspunkten des Umweltschutzes.« Aber als Erstes würde er ein Solarkarussell bauen, damit auch die Kinder in Bangladesch Freude haben. Das ist also der Millionentraum eines erfolgreichen Unternehmers. Alle befragten Prominenten wussten instinktiv, dass Glück, das man durch Geld erlangen kann, eng damit zusammenhängt, wofür man es einsetzt.

## Geld allein macht nicht glücklich

Wir alle kennen den Spruch, Geld allein macht nicht glücklich. Beispiele dafür gibt es genug, besonders tragisch ist das der Christina Onassis. Für alle, die den Beweis brauchen, dass Geld allein gar nichts nützt, sei ihre Geschichte kurz beschrieben: Als Tochter des Tankerkönigs Aristoteles Onassis, damals der reichste Mann der Welt, lebte Christina in einem Luxus, der ihren Zeitgenossen den Atem verschlug. Den überwiegenden Teil ihrer Kindheit verbrachte sie auf der *Christina*, der größten und

> luxuriösesten Yacht, die die Welt damals kannte, schöner und größer noch als die *Britannia* der englischen Königin. Sechzig Dienstboten sorgten dafür, dass jeder ihrer Wünsche sofort in Erfüllung ging. Doch sie war immer ein einsames Kind gewesen; auf dem Schiff gab es keine Gleichaltrigen, und ihre Eltern hatten anderes im Sinn: ihr Vater seine Geschäfte, denen er sich mit all seiner Energie widmete, ihre Mutter die Liebhaber, die sie sich aus Protest gegen die Arbeitswut ihres Mannes hielt. Es dauerte nicht lange, bis die Familie zerbrach. Für Christina begann eine endlose Serie persönlicher Katastrophen: die Hochzeit ihres Vaters mit der Kennedy-Witwe Jackie, der Flugzeugabsturz ihres Bruders Alexander, schließlich der Selbstmord ihrer Mutter in Paris. Privates Glück fand Christina nie, alle ihre Beziehungen zu Männern scheiterten. Seit ihrem ersten Rendezvous hatte ihr Vater ihren Verehrern immer nur Interesse an Geld unterstellt. Diesen Glaubenssatz übernahm sie. Außerdem fand sich Christina nicht schön, neben ihrer glamourösen Stiefmutter fühlte sie sich mit ihren ausladenden griechischen Formen wie ein hässliches Entlein. Vier Ehen scheiterten, und von Ehe zu Ehe wurde es schlimmer. Einsam und ohne jemanden, dem sie trauen konnte, wurde Christina ein leichtes Opfer für alle, die schnelles Geld machen wollten. Sie verlor mehrere Millionen in betrügerischen Transaktionen. In einem letzten Versuch beschloss sie, noch einmal von vorne zu beginnen. Bevor sie nach Argentinien ging, unterzog sie sich in der Schweiz zahlreichen Schönheitsoperationen. In Buenos Aires spielte Christina für kurze Zeit die Rolle der Millionenerbin, flirrte von Party zu Party, verehrt von der Gesellschaft, die sie bald nur noch »The Queen« nannte. Mit 37 Jahren starb sie auf mysteriöse Weise fern ihrer Tochter.

Die leblosen Zahlen der Kontoauszüge alleine, seien sie auch noch so hoch, vermögen den Menschen also kein Gefühl von Reichtum und Wohlstand zu vermitteln. Der Dalai Lama, geistliches Oberhaupt der Tibeter, bringt diese Erfahrung auf den Punkt: »Wenn du fühlst, dass in deinem Herzen etwas fehlt – dann kannst du, auch wenn du im Luxus lebst, nicht glücklich sein.« Gefühlter Reichtum ist von Aktiendepots, Immobilien oder Gold unabhängig.

»Wer nur auf materiellen Wohlstand setzt, um subjektives Wohlbefinden zu erlangen, wird in der Gesamtbilanz seines subjektiven Wohlbefindens schlechter abschneiden als der, der auch über alternative Glücksgüter verfügt«, zieht Professor Rolf Haubl, Diplompsychologe und Germanist, Professor an der WiSo-Fakultät der Universität Augsburg, das Fazit. Einfacher ausgedrückt heißt das: Zum individuellen Wohlstand gehört mehr als nur Geld. Diese Beobachtung bestätigt eine Untersuchung, die drei Wissenschaftler von der Technischen Universität Chemnitz durchgeführt haben. Anhand einer Langzeitstudie mit deutschen Erwachsenen werteten die Psychologen Klaus Boenke, Daniel Fuß und Mandy Rupf aus, wie sich das Verfolgen materieller Ziele auf die Menschen auswirkt. Sie kamen zu dem Schluss, dass, wer sich vorwiegend an materiellen Werten orientiere, nicht nur mehr Sorgen habe als andere, sondern sich dazu auch noch vergleichsweise schlechter fühle. Zu ähnlichen Ergebnissen kommt der amerikanische Psychologe Richard Ryan. Er fand heraus, dass diejenigen, die Reichtum und Ruhm die obersten Prioritäten einräumten, häufiger deprimiert seien und häufiger kränkelten als Menschen, die in ihrem Leben auch noch andere Ziele verfolgten. »Ich empfinde dieses Geld als beträchtliche Bürde«, sagte schon J. Paul Getty, einer der reichsten Männer der Welt.

Mit dem Reichtum steigt die Anzahl der Pflichten, Sorgen und Ängste. Nicht nur dass man wie Christina Onassis stets damit rechnen muss, nur wegen seines Geldes umschwärmt zu werden. Materieller Wohlstand zieht einen Rattenschwanz von Verpflichtungen nach sich: Wer so viel Geld hat, sich beispielsweise ein luxuriöses Haus zu leisten, muss über weitere Dinge nachdenken: Er braucht Alarmanlagen, Versicherungen und kann sich trotz aller Vorsichtsmaßnahmen seines Besitzes nicht sicher sein. Dies belegt ein spektakulärer Einbruch in Frankfurts Innenstadt zur Vorweihnachtszeit 2002: Trotz Panzerglas und Wachpersonal gelang es Einbrechern, die Schaufenster eines Juweliergeschäfts zu durchbrechen. Sie ließen sich auch von der Tatsache nicht abhalten, dass das Geschäft an einer stark befahrenen Straße lag. Mit drei gestohlenen Autos rückten sie in den frühen Morgenstunden an: Mit dem ersten blockierten sie den Verkehr, mit dem zweiten fuhren sie in die Panzerglasscheibe, mit dem dritten flohen sie, nachdem sie die millionenschwere Beute eingepackt hatten. Bis die Polizei kam, waren sie schon längst über alle Berge.

»Wer nichts besitzt, hat wenig zu verlieren, und umgekehrt gilt natürlich das Entgegengesetzte. Jeder Gegenstand, den wir zu unserem Besitz zählen, will beachtet, gepflegt, repariert und bei Verlust betrauert werden. Wer sich um viele Dinge kümmern muss, wird eben nun einmal viel Kummer haben«, schreiben die Autoren der *Philosophischen Hausapotheke*.

## Was Reichtum bedeutet

Was Reichtum bedeutet, war schon immer eine Frage von Philosophen und Schriftstellern. Pragmatiker bringen Reichtum auf eine einfache Formel: »Reich ist, wer weniger ausgibt, als er einnimmt.« Das ist keine schlechte Definition, aber dass weniger auszugeben nur eine notwendige, aber keine hinreichende Voraussetzung für Reichtum ist, lässt sich anhand des Beispiels des Bettlers belegen, der bei seinem Tod den verdutzten Nachlassverwaltern mehr als eine Million Mark hinterließ. Mit seinem ärmlichen Lebensstil gab er wesentlich weniger Geld aus, als er einnahm. Aber war er deswegen reich? Sicherlich fühlte er sich nicht so.

Schauen wir einmal, was die Philosophen zu unserem Thema zu sagen haben. Der große chinesische Denker Lao-tse beispielsweise definierte vor rund 2500 Jahren: »Reich ist, wer weiß, dass er genug hat.« Ein Spruch, der so einfach klingt, aber stark von den Lebensumständen abhängt. Die französischen Bauern des 18. Jahrhunderts fühlten sich schon reich, wenn sie jeden Sonntag ein Huhn im Topf hatten. Nach dem Zweiten Weltkrieg war ein Urlaub mit dem eigenen VW-Käfer in Italien oder an der französischen Riviera ein Zeichen von Wohlstand. Was war genug, als die New Economy florierte und der Luxus keine Grenzen kannte? Darauf weiß Epikur, der griechische Philosoph, der das Wohlbehagen zum Ziel des glücklichen Lebens erklärte, die Antwort: »Der größte aller Reichtümer besteht in der Selbstgenügsamkeit.« Materiellen Wohlstand hielt er für das Erlangen von Wohlbehagen für nur wenig förderlich. In die gleiche Richtung zielt die Aussage des römischen Philosophen Seneca, der die Gelassenheit in materiellen Dingen zur wichtigsten Voraussetzung für inneren Reichtum zählt.

Der Romanautor Daniel Defoe lässt den auf einer einsamen Insel gestrandeten Robinson folgende Bilanz ziehen: »Mit einem Wort, Naturbeobachtung und Erfahrung lehrten mich, wenn ich es genau bedenke, dass alle Güter dieser Welt nur insoweit Wert für uns haben, als wir davon Gebrauch machen können, und was wir auch an Schätzen um uns anhäufen, es kommt wirklich nur andern zugute, wir selbst haben bloß an dem Genuss und Freude, was wir selbst gebrauchen können, und an nichts weiter.«

Shakti Gawain, Bestsellerautorin der New-Age-Szene, formulierte ihre Erkenntnis so: »Tatsächlich hängen Glück, Erfüllung und wahrer Reichtum kaum oder überhaupt nicht davon ab, wie viel Geld und wie viele materielle Dinge wir besitzen. Die Sehnsucht unserer Herzen und Seelen erfüllen wir viel eher durch ein sinnvolles Leben.« Sie definiert wahren Reichtum folgendermaßen: »Reichtum ist die Erfahrung, dass wir das haben, was wir brauchen und wollen.« Damit befindet sich Shakti Gawain in bester Gesellschaft mit dem römischen Philosophen Cicero, der erkannte: »Nicht nach dem Einkommen, sondern nach den Bedürfnissen muss man den Reichtum eines jeden einschätzen.«

Aber wie wissen wir, was wir wirklich brauchen und wollen? Allgemein gültige Regeln dafür gibt es nicht, das hat schon das Scheitern des Kommunismus bewiesen. Obwohl für den kommunistischen Zukunftsmenschen das Prinzip »Jeder nach seinen Fähigkeiten, jedem nach seinen Bedürfnissen« gelten sollte, hat es kein kommunistischer Staat jemals geschafft, dass sich die Mehrheit der Menschen dort wohlhabend gefühlt hat. Es gibt eben keinen planbaren Weg, die Menschen damit zu versorgen, was sie brauchen und wollen. Was jemand braucht, um sich zufrieden zu fühlen, ist eine höchst individuelle Angelegenheit. Jeder hat unterschiedliche Bedürfnisse und unterschiedlichen Bedarf, sowohl was seine materielle Versorgung anbelangt als auch die Gewichtung immaterieller Werte.

## Der individuelle Wohlstand

Es gibt viele Antworten, wie individueller Wohlstand aussehen kann. Tyler Bruylé, Guru des guten Stils, der im Jahr 1996 die Zeitschrift *Wallpaper*, die Lifestylebibel für moderne Großstadtmenschen, gründete, definiert Wohlstand folgendermaßen: »Zu den wichtigsten, luxuriösesten Dingen im Leben zähle ich Privatheit und ein paar Menschen, denen ich vertrauen kann.« Julia Butterfly Hill, die »Baumfrau«, die 738 Tage auf einem 100-jährigen Redwood-Baum in Nordkalifornien ausharrte, um ihn vor den Kettensägen der Pacific Lumber Company zu schützen, überstand diese Strapazen dank folgender Erkenntnis: »Mir wurde klar, dass unser menschlicher Wert nicht von Aktiendepots und Bankkonten abhängt, sondern von dem, was wir als Vermächtnis hinterlassen.«

> Mit wie wenig Geld man sich reich fühlen kann, zeigt das Beispiel der »Geldlos-glücklich-Frau« Heidemarie Schwermer. Sie besitzt nur ein paar Euros und sagt dennoch von sich: »Mein Leben ist reines Vergnügen.« Angefangen hatte alles im Februar 1994, als die Psychotherapeutin einen Tauschring gründete, die »Gib-und-nimm-Zentrale« in Dortmund. Irgendwann hatte sie im Radio gehört, dass es in Kanada und in den USA Tauschringe gebe. Sie war von der Idee begeistert, denn sie träumte schon damals von einem Leben, in dem sich das Miteinander von Menschen durch Tauschen und Teilen regeln lässt und sie setzte ihre Idee um: »Bevor ich da was predige, lebe ich das doch einfach.« Stück für Stück schaffte sie das Geld für sich ab. Ein Jahr lang hütete sie die Häuser von Freunden und Bekannten, die gerade im Urlaub waren. Im Gegenzug bekam sie zu essen und kostenlose Unterkunft. Im Mai 1996 beschloss Heidemarie Schwermer, ihre Lebensumstände grundlegend zu verändern. Sie verschenkte ihre Möbel, gab ihre Wohnung und ihre Praxis auf und kündigte ihre Krankenversicherung. Vier Jahre lang lebte sie konsequent ohne einen Pfennig und ertauschte sich alles, was sie brauchte, durch Gegenleistung. Sie hütete Kinder, putzte, kochte oder bot therapeutische Beratung an. Leicht war das Leben ohne Geld zu Beginn nicht, denn sie war nun völlig auf persönliche Kontakte angewiesen. Aber gerade das wollte sie, denn in ihrem Lebensentwurf richtete sie sich gegen die Anonymität in unserer Gesell-

> schaft, unter der sie zunehmend litt. Als sie nach vier Jahren Bilanz zog, stellte sie fest, dass ihr Leben durch die vielen intensiven Kontakte zu anderen Menschen an Reichtum gewonnen hatte. »Meine Lebensqualität ist höher denn je«, zieht Heidemarie Schwermer Bilanz in ihrem Buch *Das Sterntalerexperiment*. Wieder in das »normale« Leben zurückzukehren mit festen finanziellen Verpflichtungen, daran denkt Heidemarie Schwermer nicht: Unbelastet von Materiellem führt sie ein Leben in einer Freiheit, von der andere Menschen träumen. Auf ihrer Homepage hat Heidemarie Schwermer ihre persönliche Erfolgsformel beschrieben: »Unsere jetzigen Werte, die mit ›immer höher, schneller, mehr‹ zu tun haben, umzuwandeln in: Was brauch ich wirklich, was kann ich wirklich, was will ich wirklich?«

Der Weg zum glücklichen Umgang mit Geld ist letztlich der, den schon das Orakel von Delphi empfahl: »Erkenne dich selbst!«

Und das ist offenbar gar nicht so einfach: Zitieren wir an dieser Stelle noch einmal den römischen Philosophen Seneca: »Ein Leben im Glück, Bruder Gallio, wünschen sich wohl alle, ebenso tappen auch alle im Dunkeln, wenn es darum geht, sich die Voraussetzungen für ein echtes Lebensglück deutlich vor Augen zu stellen.« Heidemarie Schwermer hat mehr als zwanzig Jahre gebraucht, um herauszufinden, was sie benötigt, um sich zufrieden zu fühlen. Andere schaffen es nie, wie das Beispiel von Christina Onassis zeigte.

## Das magische Viereck der Grundbedürfnisse

Als »magisches Viereck« haben die Wirtschaftswissenschaftler Ziele bezeichnet, die gleichzeitig erreicht werden müssen, damit es der Wirtschaft gut geht: angemessenes Wachstum, stabile Preise, hoher Beschäftigungsstand und eine ausgeglichene Handelsbilanz. Auch für das Wohlbefinden des Menschen lässt sich das Postulat des ausgewogenen Vierecks aufstellen. Es besteht aus vier grundlegenden Bedürfnissen: Sicherheit und Kontrolle, menschliche Bindung, Selbstwert und Lustgewinn. Mittlerweile konnte die psychologische Forschung belegen: Wohlbefinden stellt sich immer dann ein, wenn alle diese vier menschlichen Grundbedürfnisse in einem ausgewogenen Verhältnis zueinander stehen. Keines dieser Bedürfnisse lässt sich auf Dauer zu Gunsten anderer zurückdrängen. Wer eines oder mehrere vernachlässigt, kann keinen wirklichen Reichtum empfinden, sondern er erhöht sein Risiko, sich unwohl zu fühlen und krank zu werden.

Körper und Geist geraten aus dem Gleichgewicht, wenn privat oder beruflich über längere Zeit ungelöste Probleme den Alltag regieren, sprich: die Stimme eines oder mehrerer Grundbedürfnisse überhört wird. Man schätzt, dass die Symptome jedes zweiten Patienten, der einen Hausarzt aufsucht, auf psychologische Ursachen zurückzuführen sind. Der Düsseldorfer Medizinsoziologe Johannes Siegrist stellte bei seinen jüngsten Forschungen fest, dass Menschen dann leichter erkrankten, wenn sie für ihren beruflichen Einsatz am Arbeitsplatz nicht ausreichend Anerkennung erhielten. Die monatliche Lohnabrechnung stelle dabei nur eine Form der Wertschätzung dar. Berufliche Perspektiven, ein sicherer Arbeitsplatz und vor allem auch die persönliche Wertschätzung durch Kollegen und Vorgesetzte trügen als weitere Faktoren entscheidend dazu bei, dass berufliches Engagement als sinnvoll erlebt werde. Neben mangelnder Anerkennung litten viele Menschen daran, nicht genügend Freiraum zu haben, um die gestellten Aufgaben durch eigene Ideen effektiver zu bearbeiten, als es der herkömmliche Dienst nach Vorschrift vorgebe. Finnische Forscher stellten kürzlich fest, dass die beiden Frustrationsquellen am Arbeitsplatz, fehlende Anerkennung und mangelnder Handlungsspielraum, das Risiko verdoppelten, einen tödlichen Herzinfarkt zu erleiden. Wer Symptome und Krankheiten als Sprache des Körpers liest, deutet diese Signale als leiblichen Ausdruck, mit dem Körper und Geist auf lang anhaltende seelische Belastungen reagieren. Zumindest sorgt jeder Herzinfarkt für eine Zwangspause und damit für eine Chance, zu erkennen, was man wirklich braucht: eine ausgeglichene Bedürfnisbilanz.

Doch die eigenen Bedürfnisse zu erkennen ist gar nicht so einfach, denn die weitaus meisten Vorgänge, die uns am Leben halten, laufen unbewusst ab. »Nur mit Wünschen, Wählen und Wollen ließe sich unsere Existenz nicht aufrechterhalten«, kommentiert diesen Sachverhalt der Psychologe Heinz Heckhausen und weist dem geplanten Tun eine untergeordnete Rolle zu. Denn allen Motiven, die von sich aus den Menschen bewegen, folge »gelegentlich ein wenig Wählen und ein wenig Wollen«.

Sie haben bestimmt auch schon mal die Erfahrung gemacht, dass Sie Dinge tun, die Sie eigentlich gar nicht tun wollten, und andererseits Ziele haben, für die Sie leider gar nichts tun. Psychologen erklären die verschiedenen Seelen in der Brust eines Menschen mit der Macht der Grundbedürfnisse, die uns jedoch meist gar nicht bewusst ist. Weil sich nach ihnen das gesamte Seelenleben ausrichtet, hat von jeher ein großes Interesse bestanden, den Grundantrieben des Menschen auf den Grund zu gehen.

Während Seelenforscher wie Sigmund Freud oder später Carl Rogers die Idee hatten, ein zentrales Grundbedürfnis zu finden, das allen anderen an Bedeutung überlegen ist, geht die aktuelle psychologische Forschung von mehreren Bedürfnissen aus, die jeweils gleichberechtigt befriedigt sein müssen. Erst auf dieser Grundlage ist es möglich, ein zufriedenes und glückliches, wenn nicht gar reiches Leben zu führen. In seiner aktuellen Theorie identifiziert der amerikanische Psychologe Seymour Epstein die folgenden Bedürfnisse als die vier entscheidenden Grundbedürfnisse: Orientierung, Sicherheit und Kontrolle; Bindung; Selbstwertschutz beziehungsweise Selbstwerterhöhung; das Bedürfnis nach Lustgewinn und Unlustvermeidung.

## Das Bedürfnis nach Orientierung, Sicherheit und Kontrolle

Die Bedeutung eines Bedürfnisses lässt sich vor allem dann erkennen, wenn es unerfüllt bleibt oder verletzt wird. Jan Philipp Reemtsma, der Erbe des Hamburger Zigarettenherstellers, erlebte dies am eigenen Leib, als er am 25. März 1996 vor der Tür seines Hauses niedergeschlagen und verschleppt wurde. Nach 33 Tagen in einem Kellerloch wurde er gegen ein Lösegeld von 30 Millionen DM freigelassen. In seiner Chronologie der Ereignisse schreibt er: »Viereinhalb Wochen Todesangst. Das ist das, was am leichtesten zu vermitteln scheint, denn fast jede und jeder hat Angst vor dem Tod ... Aber das war eben nicht das Schlimmste ... Es gab nicht wenige Stunden, in denen es mir erträglicher erschien, erschossen zu werden, als noch Wochen und Wochen zu warten ... Ich kann wahrscheinlich niemandem plausibel machen, der nicht Ähnliches erlebt hat, dass das wirklich Furchtbare die absolute Hilflosigkeit, das Ausgeliefertsein ist.«

Erfahrungen, wie sie Opfer von Entführungen, Gewalttaten, aber auch Unglücksfällen machen, bleiben der Mehrheit erspart. Aber jeder Mensch kennt das schmerzhafte Gefühl, das sich einstellt, wenn Sicherheit und Orientierung fehlen. Ein für Geldanleger sehr präsentes Beispiel ist der Wertverlust des Deutschen Aktienindex DAX, und des Neuen Marktes. Ein anderer Bereich, in dem es derzeit wenig Sicherheit gibt, ist der Arbeitsmarkt. Arbeitgeber erwarten mobilere und flexiblere Mitarbeiter, die sich im härter werdenden innerbetrieblichen Konkurrenzkampf behaupten. Die Folge ist, dass Mobbing und Angst vor dem Verlust des Arbeitsplatzes um sich greifen. Aber auch vor den Chefs macht diese Entwicklung nicht Halt.

Zu dem Grundbedürfnis nach Sicherheit gehört auch der Wunsch, Dinge und Geschehnisse verstehen zu können. Bei der eigenen Gesundheit kennt es jeder: Wenn der Körper plötzlich streikt, der Magen zwickt, das Bein schmerzt oder ein Symptom irritiert, will man wissen, was los ist. Wie erlösend wirkt es dann bereits, wenn der Arzt allein schon mit der gestellten Diagnose dem Patienten das Gefühl gibt: Gefahr benannt, Gefahr gebannt.

So, wie Kinder Märchen brauchen, wie der amerikanische Kinderpsychologe Bruno Bettelheim feststellte, brauchen Erwachsene Theorien. Wenn wir uns auf das, was passiert, einen Reim machen können, sich alte Weisheiten bestätigen, fühlen wir uns gut. Erst wenn unsere Erwartungen immer wieder durch Geschehnisse bestätigt werden, entwickeln wir die emotionale Sicherheit, die wir für den Alltag brauchen. Ob das, was wir über die Welt denken, objektiv richtig ist, ist dabei nicht entscheidend.

Aufstieg und Fall der Börsen lassen sich ebenfalls gut mit dem Bedürfnis nach Kontrolle erklären. So bildete sich während der größten Hausse des Jahrhunderts am Aktienmarkt, die zu Beginn der achtziger Jahre einsetzte und im Jahr 2000 ihren Höhepunkt erlangte, bei den Käufern das Gefühl, sie würden verstehen, was passierte. Sie glaubten, die Gesetze der Börse begriffen zu haben, die nur einen zu bestrafen schienen: den Nichtkäufer. So begann ein sich selbst verstärkender Anstieg der Kurse, der sich längst von objektiven wirtschaftlichen Kenngrößen abgekoppelt hatte. Es bildeten sich in dieser Wachstumsphase ganz neue Kennzahlen, die doch erklären sollten, was gänzlich unerklärlich war, und die Orientierung boten. So verlor beispielsweise das Kurs-Gewinn-Verhältnis (KGV) an argumentativer Bedeutung, und mit dem Chance-Gewinn-Quotienten ließen sich auch noch die wahnwitzigsten Kurssprünge erklären.

Ganz anders verhält es sich beim Börsencrash. Wie lange dauerte es, bis selbst die hartgesottenen Optimisten davon überzeugt waren, dass das Fest vorbei war! Noch im Herbst 2000 rieten viele Analysten zum Kauf von Firmen, deren Bosse wenig später den Offenbarungseid leisteten.

Wie groß das individuelle Bedürfnis nach Kontrolle ist, zeigt sich übrigens daran, wie viel Geld jemand monatlich zurücklegt. Eine hohe Sparquote sichert einen größeren Spielraum für die Zukunft und macht es möglich, seine Kosten unter Kontrolle zu halten. Der Umgang mit Geld, so zeigt sich hier bereits, ist ein guter Indikator dafür, wie jemand mit seinen Bedürfnissen umgeht.

## Das Bedürfnis nach Bindung

»Der Mensch wird am Du zum Ich«, behauptete der Religionsphilosoph Martin Buber schon im Jahr 1923. Die Einsicht, dass es sich hierbei um ein menschliches Grundbedürfnis handelt, war selbst in Psychologenkreisen lange Zeit umstritten. Auch Sigmund Freud wollte daran noch nicht so recht glauben. Er ordnete alles Zwischenmenschliche dem Lustprinzip unter. Erst aufgrund der Arbeiten des englischen Psychiaters John Bowlby erkannte man mehr und mehr, dass menschliche Bindungen einem eigenständigen Bedürfnis entspringen. Nach dem Ende des Zweiten Weltkrieges beschäftigte sich Bowlby mit der Frage, wie sich

Waisen im Unterschied zu Kindern mit Eltern entwickelten. Dem gerade geborenen Säugling scheint es, so die Ergebnisse Bowlbys, ziemlich egal, wer ihn ernährt und pflegt. Während der ersten Lebensmonate reagiert das Baby bei jeder ihm zugewandten Person auf die gleiche Weise. Selbst ein fremder Mensch kann einem achtwöchigen Baby ein Lächeln entlocken oder wird als Tröster akzeptiert. Nach dieser so genannten Vorbindungsphase gewinnt die Mutter als Hauptpflegeperson zunehmende und noch später, so etwa ab dem siebten Lebensmonat, eine überragende Bedeutung. Die Qualität der Mutter-Kind-Bindung ist insbesondere in dieser Phase entscheidend. Wird das kindliche Bedürfnis nach stabiler und intensiver Bindung ausreichend erfüllt, dann wendet sich das Kind ab dem zweiten Lebensjahr mit großem Entdeckergeist auch anderen Menschen und Dingen zu. Der amerikanische Psychologe Erik H. Erikson prägte im Jahr 1959 für den so gelungenen Start ins Leben den Begriff »Urvertrauen«. Es bildet das Fundament für unsere zwischenmenschlichen Beziehungen als Jugendliche und Erwachsene. Ob jemand in den ersten Jahren seines Lebens einen sicheren Bindungsstil entwickelt, wirkt sich auch auf die Qualität der späteren Partnerschaften aus. Menschen mit sicherem Bindungsmuster fällt es vergleichsweise leicht, die Nähe eines Partners zuzulassen, und sie haben gleichzeitig weniger Angst, verlassen zu werden.

Menschen mit unsicherem Bindungsmuster hingegen verspüren Defizite in ihren Bindungen. Oft tendieren sie dazu, sich die gewünschte menschliche Nähe mit finanziellen Mitteln zu erkaufen. Geld wird zum mächtigen Instrument, um sich Liebe und Zuneigung zu sichern, doch der Erfolg ist höchst flüchtig. Die bessere Strategie ist sicherlich, Bekanntschaften und Freundschaften durch immaterielles Engagement aufzubauen. Wer seine Freundschaften aktiv pflegt, investiert in einen Wert, der mehr bringt als Zins und Dividende.

Wie stark dieses Grundbedürfnis nach Bindung auch heutzutage ausgeprägt ist, belegen folgende Zahlen: Nach einer Umfrage des *Spiegel* wollen 90 Prozent der Jugendlichen in Deutschland später ganz sicher heiraten. Immerhin glauben 70 Prozent der befragten jungen Menschen daran, dass eine Liebe ein Leben lang halten kann. Schließlich gaben sich im Jahr 2000 in Deutschland über 400 000 Paare das Ja-Wort.

## Wenn Liebe zur Sucht wird

Das Gleichgewicht der Grundbedürfnisse ist dann ausgewogen, wenn jedes einzelne um die individuelle goldene Mitte schwingt. Das Bedürfnis nach Bindung ist besonders groß, wenn es entweder zu wenig befriedigt ist, das heißt ein Mensch wenig zwischenmenschlichen Kontakt hat, oder aber sich der betreffende Mensch auf der anderen Seite für seine Beziehungen zu stark verausgabt und dabei seine anderen Bedürfnisse nicht ausreichend beachtet. Man kann sich die Befriedigung des Bedürfnisses nach Bindung wie ein Kontinuum vorstellen. An dessen einem Extrem steht der beziehungslose, einsame Mensch und am anderen ein Mensch, der gar nicht mehr allein sein kann, der Beziehungssüchtige, der sich nur im Spiegel des anderen wiederfindet.

Theophrastus Bombastus von Hohenheim, besser bekannt unter dem Namen Paracelsus, sagte: »Allein die Dosis macht, dass ein Ding kein Gift sei.« Auch in der Liebe, dem innigsten Ausdruck zwischenmenschlicher Bindung, kommt es auf das richtige Maß an. Als die amerikanische Paartherapeutin Robin Norwood ihr Buch »Wenn Frauen zu sehr lieben« schrieb, konnte sie noch nicht ahnen, dass sie damit den Nerv der Zeit treffen und eine Lawine der Begeisterung auslösen würde. Mehr als 2,5-millionenmal verkaufte sie ihren Bestseller allein in den USA. Ihre These: »Wenn Liebe für uns gleichbedeutend ist mit Schmerz und Leid, dann lieben wir zu sehr ... Zu sehr lieben, das bedeutet: blind zu sein für die eigenen Bedürfnisse und sich nur noch um die Probleme und Ansprüche des anderen zu kümmern. Zu sehr lieben kann bedeuten: sich in der Beziehung zum Partner derart zu verzehren, dass die eigene seelische und körperliche Gesundheit Schaden nimmt.« Wer vor Liebe blind wird, der liebt über seine Verhältnisse. Insbesondere dann, wenn ein Mensch den Partner liebt, weil er ihn braucht. Liebe kann eine Droge mit Suchtgefahr sein. So wundert es kaum, dass nach dem Erscheinen von »Wenn Frauen zu sehr lieben« Selbsthilfegruppen für Liebessüchtige wie Pilze aus dem Boden schossen. Als besonders suchtanfällig haben sich diejenigen Menschen herausgestellt, die sich die elterliche Zuneigung erkämpfen mussten oder deren Wunsch nach liebender Nähe häufig ungestillt blieb. Als Ausgleich für die unerfüllte Sehnsucht nach Liebe suchen viele als Heranwachsende die Zuflucht in Surrogaten, wie beispielsweise im Konsum. Es gelten mittlerweile 6 Prozent aller Jugendlichen als konsumsüchtig.

## Das Bedürfnis nach Selbstwert

Das *master sentiment* nannte der Forscher William McDougall das Bedürfnis nach Selbstwert, und der Anthropologe Ernest Becker sprach sogar vom *basic law of human life*. Gemeint ist das Grundbedürfnis jedes Menschen, das eigene Selbst zu schützen und, wenn möglich, zu stärken. Auch der Begründer der Individualpsychologie Alfred Adler sah dies ähnlich. Das Minderwertigkeitsgefühl war für ihn sogar die wichtigste Motivationsquelle des Menschen.

Wie bei den anderen Grundbedürfnissen auch, kommt es bei dem Schutz unseres Selbst vor allem auf die ersten Jahre des Lebens an. Wer als Säugling und Kleinkind zu wenig fürsorgende Liebe erfährt, muss lernen, diese emotionalen Dürrezeiten durchzustehen. Ohne sich dafür bewusst zu entscheiden, schreibt das Kind die Verantwortung für das Verhalten seiner Mutter sich selbst zu. Dies entspricht zwar nicht der Realität, ist aber psychologisch durchaus sinnvoll. Wenn es wesentlich von dem Individuum selbst abhängt, wie es die Mutter behandelt, hat es ja schließlich die Chance, sich selbst zu ändern. Mit der Annahme, es selbst sei ›schlecht‹ und nicht die Mutter, erfüllt das Kind kompensatorisch ein anderes Grundbedürfnis, nämlich das bereits erwähnte nach Kontrolle. So lässt sich irrationale Selbstentwertung dadurch erklären, dass damit andere Grundbedürfnisse gestillt werden. Es lohnt sich also, wenn das Verhalten eines Menschen unverständlich ist, danach zu schauen, wie es um seine Grundbedürfnisse insgesamt bestellt ist. Nicht das einzelne »Bedürfniskonto« ist entscheidend, sondern immer die »Gesamtbilanz«. Wer sich beispielsweise ständig klein macht, stabilisiert vielleicht damit seine Partnerschaft, erfährt wertvolle Selbstkontrolle oder vermeidet schmerzliche Erfahrungen. Die Gefahr ist dabei, dass das Ich mit seinen wahren Bedürfnissen unberücksichtigt bleibt.

Passiert dies, hat das oft Auswirkungen auf das Konsumverhalten. Die Marketingstrategen der großen Firmen setzen schon lange auf folgenden Mechanismus: Mit den Stars aus Fernsehen, Kino und Sport bieten sie Projektionsflächen für das zu wenig entwickelte Selbst. Wenn ich eine bestimmte Jeans trage, einen bestimmten Tennisschläger benutze oder das Gemüse »mit dem Blubb« esse, habe ich einen Anteil an der

Welt meiner Idole. In seinem Bestseller »Access – Das Verschwinden des Eigentums« beschreibt Jeremy Rifkin, wie die Wirtschaft mit den Grundbedürfnissen der Konsumenten arbeitet. Eine Firma bindet den Kunden, wenn dieser sich mit dem Produkt oder der Dienstleistung identifiziert und sie in sein Selbstbild integriert: »Das Produkt oder die Dienstleistung wird Teil seiner Weltsicht.« Nach und nach wird das Kaufen zur Sucht, vor allem dann, wenn es sich zur vorherrschenden Quelle des Selbstwertgefühls entwickelt. Professor Hurrelmann, Gesundheits- und Sozialforscher aus Bielefeld, kommentiert diesen Trend so: »Das Kaufen ist heute vor allem mit Symbolen der Belohnung, der Größe, der Fülle, der Sicherheit und Freiheit verbunden; im Grunde also mit der Zufriedenheit und Erfüllung, die man durch eigene Leistungen und aus den Beziehungen zu anderen Menschen gewinnen kann, nicht aber durch das Kaufen selbst.«

## Das Bedürfnis nach Lustgewinn

Sigmund Freud, der Begründer der Psychoanalyse, erhob das Streben nach Lust zum Prinzip. Es ist im menschlichen Wesen aufs Tiefste verankert, was auch die Erkenntnisse der Neurobiologie belegen. Bereits im dritten und vierten Monat der Schwangerschaft beginnt das Wachstum des so genannten Limbischen Systems, des Teils des Gehirns, der für die Gefühle verantwortlich ist. Erst wenn die Entwicklung der emotionalen Grundlagen unseres Charakters und unserer Persönlichkeit abgeschlossen ist, also etwa mit dem dritten Lebensjahr, bilden sich die Strukturen in unserem Gehirn, mit denen wir bewusst denken können. Dass die Persönlichkeit eines Menschen im Wesentlichen schon mit den ersten drei Lebensjahren abgeschlossen ist, erscheint erstaunlich, konnte aber auch von dem Londoner Psychologen Avshalom Caspi in einer Langzeituntersuchung nachgewiesen werden. Er begleitete über tausend neuseeländische Kinder und Jugendliche vom dritten bis zum einundzwanzigsten Lebensjahr und stellte fest: »Die Persönlichkeit bleibt von der Kindheit bis ins Erwachsenenalter konstant.«

Der Ort der Gefühle im Gehirn ist das interne Bewertungssystem schlechthin. Lange bevor wir etwas mit den eigenen Worten positiv benennen können, »sagt« uns das Limbische System, was gut, angenehm und nützlich ist, aber auch, was nach der eigenen Erfahrung schlecht, nachteilig und weniger erfolgreich ist. Neben der Aufgabe, über Gut und Böse zu entscheiden, werden diese Bewertungen auch gespeichert. Mit diesem emotionalen Gedächtnis ist es uns später möglich, mit dem Duft frisch gebackener Weihnachtsplätzchen in Mutters Küche in die Vergangenheit zurückzureisen, als Spekulatius und Spritzgebäck uns mit Glück erfüllten. Wie wir als Kinder die Welt erlebt haben, welche Erfahrungen wir im Umgang mit Eltern, Geschwistern, Onkel und Tanten gemacht haben, all dies ist dafür verantwortlich, ob wir später eher optimistisch oder pessimistisch durch die Welt gehen. Unsere grundsätzliche Einstellung dem Leben gegenüber lässt sich also aus dem »Saldo« unseres »Lustkontos« ablesen. Doch egal, wie wir eingestellt sind: Das Grundbedürfnis nach Lustgewinn veranlasst uns, immer das zu tun, was uns die größte Lust verschafft – wenn nicht die anderen Grundbedürfnisse wären. So ist ein ausgeprägtes Bedürfnis nach Sicherheit und Kontrolle durchaus in der Lage, Menschen dazu zu bewegen, Dinge zu tun, die ihnen eigentlich gar keinen Spaß machen, aber ihrem Streben nach Sicherheit dienen.

## Die Macht der Gefühle

Gefühle signalisieren nicht nur, wenn es mir gut geht, sie warnen mich auch vor Gefahr. Diese Vorgänge waren für die menschliche Entwicklung überlebenswichtig, denn das Gefühl erfasst und beurteilt eine Situation viel schneller, als es allein mit Denken jemals möglich wäre. Der Höhlenmensch, vor dessen Höhle plötzlich ein Raubtier auftaucht, fühlt, was er zu tun hat, ohne lange darüber nachdenken zu müssen. Der Mensch, der beobachtet, wie ein Kind aus dem Fenster zu fallen droht, weiß, was er tun muss, ohne sich zuvor seine ethische Verpflichtung bewusst zu machen.

Auch wenn wir uns unserer Gefühle nicht ständig bewusst sind, befinden wir uns immer in einer situationsabhängigen Stimmung. In diesem emotionalen »Flussbett« schwimmen unsere Gedanken wie kleine

Schiffchen, deren Richtung entscheidend von der Intensität der Strömung abhängt. Ist sie groß genug, hilft auch kein gutes Zureden mehr. Wenn die Nerven blank liegen, folgen wir nicht mehr dem guten Argument, sondern der Logik des Affekts.

Wie es um mein Lustbedürfnis bestellt ist, erfahren wir durch die Signale des Limbischen Systems: einerseits durch die unbewussten Stimmungen in meinem Körper und andererseits in wichtigen Augenblicken auch im bewussten Erleben unserer Gefühle. Emotionen sind also Bewertungen und Feedbacks, die uns auch mitteilen, wie es um die anderen Bedürfnisse steht. Hierin liegt die doppelte Funktion des Lustprinzips: Es ist eigenständiges Bedürfnis und hat zugleich Kontrollfunktion den anderen gegenüber.

## Man ist so reich, wie man sich fühlt

Jörg Kachelmann, der bekannteste Wetterfrosch Deutschlands, war der erste Meteorologe, der bei der Vorhersage des Wetters zwischen gefühlten Temperaturen und gemessenen Werten unterschied. Diesen meteorologischen Sachverhalt wird jeder kennen, der schon mal bei einem winterlichen Spaziergang in den Bergen von eisigem Wind überrascht wurde: Die auf dem Thermometer angezeigte Temperatur will dann so gar nicht zu dem passen, was wir als Kälte auf unserer Haut empfinden. Ein anderer Bereich, in dem subjektives Fühlen und objektives Messen auseinander klaffen, ist das Empfinden, wie Menschen den Euro beurteilen. Obwohl sich mit den Messinstrumenten der Wirtschaftswissenschaft keine Preissteigerung nachweisen lässt, haben dennoch viele Menschen das Gefühl, mit dem Euro für viele Produkte sehr viel mehr als vorher bezahlen zu müssen.

Ähnlich verhält es sich mit dem gefühlten Reichtum. Auch wenn ein Mensch auf seinen Bankkonten, Depots und in seiner materiellen Vermögensaufstellung ein dickes Plus vorfindet, ist es möglich, dass er sich innerlich alles andere als reich fühlt. Der Grund dafür liegt dann meist in einem Ungleichgewicht seiner vier Grundbedürfnisse. Denn wir können uns nur dann rundherum reich fühlen, wenn die Bilanz unserer Bedürfnisse annähernd ausgeglichen ist. Wohlbefinden stellt sich immer dann ein, wenn alle vier in einem dynamischen, ausgewogenen Verhältnis zueinander stehen. Ansonsten meldet die Unlust, jene Kontrollinstanz, die darüber wacht, dass eines der Grundbedürfnisse nicht zu kurz kommt, Alarm.

Den können finanziell unabhängige Menschen beispielsweise dann verspüren, wenn sie ihr Bedürfnis nach menschlichem Miteinander nicht genug ausleben, wenn sie sich und ihr Vermögen bedroht sehen oder wenn sie sich zu wenig Zeit dafür nehmen, ihren persönlichen Interessen nachzugehen. Es gibt viele Gründe, warum sich Menschen nicht reich fühlen, und häufig sind sie den Betroffenen überhaupt nicht bewusst.

Ziel dieses Buches ist es, mit Ihnen zusammen auf Entdeckungsreise zu gehen. Anhand des Modells der vier Geldtypen, das Sie im nächsten Kapitel kennen lernen, möchten wir Ihren Blick auf Verhaltensweisen lenken, die Ihrem wahren Reichtum bislang im Weg standen.

### Wann haben Sie sich das letzte Mal reich gefühlt?

Wie sieht es mit Ihrem persönlichen Reichtum aus? Wann haben Sie sich das letzte Mal rundum zufrieden gefühlt, sodass Sie vor Lebenslust vielleicht sogar zu Singen begonnen haben? Halten Sie an dieser Stelle ein wenig inne und prüfen Sie für sich selbst, wie es um Ihren persönlichen Reichtum steht. Der beste Indikator dafür ist die Lebenslust. Sie stellt sich immer dann ein, wenn alle vier Grundbedürfnisse im Gleichgewicht sind, Sie also nichts von dem entbehren müssen, was Sie wirklich brauchen.

Nehmen Sie ein Blatt Papier und einen Stift zur Hand und machen Sie es sich in Ihrem Lieblingssessel bequem. Schließen Sie die Augen, und verfolgen Sie gedanklich Ihren Lebensweg zurück, bis Sie auf eine Situation stoßen, in der Sie sich rundum zufrieden gefühlt haben. Schreiben Sie nun auf, was Sie in dieser Situation getan haben, wie Ihre Umgebung aussah, welche Menschen Sie umgeben haben, kurz: was die Faktoren waren, die Sie so zufrieden gemacht haben.

Überlegen Sie nun: Welche Rolle hat dabei Geld gespielt? Ist diese Situation nur deswegen zustande gekommen, weil Sie viel Geld darin investiert haben, und wäre ein ähnliches Lebensgefühl auch mit weniger Geld für Sie zu erreichen?

# 2  Die vier Geldtypen

»Jeder Jeck ist anders.«
*Kölner Volksweisheit*

Ob Bedürfnis nach Sicherheit oder Sehnsucht nach Bindung, ob Streben nach Lustgewinn oder Steigerung des Selbstwertes – jeder Mensch lebt die ihn steuernden Grundbedürfnisse in unterschiedlicher Intensität. Der eine legt ganz besonderen Wert darauf, dass er immer ein Geldpolster auf seinem Sparkonto hat. Der andere will lieber sofort möglichst viel Spaß haben und schert sich nicht um die Zukunft. Je nachdem, welches der vier Grundbedürfnisse in einem Menschen dominiert, unterscheiden wir vier Geldtypen: Dagobert, Sterntaler, Hans-im-Glück und Snoopy. Im Folgenden sind sie genau beschrieben. Sie erfahren viel über ihre Vorlieben und Abneigungen, ihre guten Eigenschaften, die so viel Positives bewirken. Sie lernen aber auch ihre typspezifischen Stolpersteine kennen, die ihnen das Leben manchmal schwer machen.

Natürlich werden Sie sich, lieber Leser, nicht in allen beschriebenen Eigenschaften eines Geldtyps wiedererkennen. Die Portraits beschreiben die Charaktere der Geldtypen in Reinkultur, und jeder Mensch ist im Grunde ein Mischtyp, der aber häufig in eine bestimmte Richtung tendiert. Dennoch ist es sinnvoll, sich mit den Prototypen auseinander zu setzen, denn dadurch treten ihre Stärken und Schwächen deutlicher zutage. Durch das grelle Licht des Geldtypen-Scheinwerfers wird Ihr Blick auf Bereiche gelenkt, die Sie bislang in dieser Schärfe vielleicht noch nicht sehen konnten. Dieser Blick hinter die Kulissen Ihres Verhaltens macht den Weg frei in eine Zukunft, in der Sie sich rundum reicher und zufrieden fühlen.

Bevor Sie nun die Charakterisierungen lesen, sollten Sie zunächst herausfinden, zu welchem Geldtyp Sie derzeit tendieren. Es ist wichtig, dass Sie möglichst unvoreingenommen an den Fragebogen herangehen.

## Testen Sie, welcher Geldtyp Sie sind

Dagobert, Sterntaler, Hans-im-Glück oder Snoopy: Mit diesem Fragebogen können Sie ermitteln, welcher der vier Geldtypen im Moment am besten zu Ihnen passt. Beurteilen Sie bei den nachfolgenden Sätzen spontan, wie sehr sie auf Sie zutreffen, ohne lange darüber nachzudenken, bevor Sie Ihr Kreuz setzen.

|  | Stimmt genau | teils, teils | stimmt gar nicht |  |
|---|:---:|:---:|:---:|:---:|
| Nichts ist jemals vollkommen. | O | O | O | A |
| Ich überlasse es meiner Bank, mein Vermögen zu vermehren. | O | O | O | B |
| Geld und Stillstand passen nicht zueinander. | O | O | O | C |
| Beim Einkauf achte ich besonders auf die Marke. | O | O | O | D |
| Delegieren kann ich nur schlecht. | O | O | O | A |
| Die Bedürfnisse der anderen sind wichtiger als meine eigenen. | O | O | O | B |
| Bei meiner Lieblingsmusik vergesse ich die Welt. | O | O | O | C |
| Eine faire Bezahlung ist für mich Voraussetzung für Zusammenarbeit. | O | O | O | D |
| Ich weiß, worauf es ankommt. | O | O | O | A |
| Ich bin ständig um Ausgleich bemüht. | O | O | O | B |

# Die vier Geldtypen

| | Stimmt genau | teils, teils | stimmt gar nicht | |
|---|---|---|---|---|
| Ich gebe mich gerne meinen Tagträumen hin. | ○ | ○ | ○ | C |
| Vermögende Menschen können stolz auf sich sein. | ○ | ○ | ○ | D |
| Das Leben ist ein Kampf. | ○ | ○ | ○ | A |
| Nur die Liebe hilft mir, mich wertvoll zu fühlen. | ○ | ○ | ○ | B |
| Ich sehe der Zukunft mit Spannung entgegen. | ○ | ○ | ○ | C |
| Für Geld würde ich (fast) alles tun. | ○ | ○ | ○ | D |
| Es ist gut, Wahlmöglichkeiten zu haben. | ○ | ○ | ○ | A |
| Ich kann nur geliebt werden, wenn ich für andere da bin. | ○ | ○ | ○ | B |
| Ich koche gerne aufwändig. | ○ | ○ | ○ | C |
| In meinem Job lege ich Ehrgeiz an den Tag. | ○ | ○ | ○ | D |
| Es ist gut, auf alles vorbereitet zu sein. | ○ | ○ | ○ | A |
| Bei Finanzfragen möchte ich niemanden übervorteilen. | ○ | ○ | ○ | B |
| Das Leben ist ein Fest. | ○ | ○ | ○ | C |
| Die stärksten Glücksmomente erlebe ich bei meiner Arbeit. | ○ | ○ | ○ | D |
| Ich wiege mich regelmäßig. | ○ | ○ | ○ | A |
| Geld macht nicht glücklich. | ○ | ○ | ○ | B |
| Ich liebe den Nervenkitzel an der Börse. | ○ | ○ | ○ | C |
| Ich verdiene es nicht, glücklich zu sein. | ○ | ○ | ○ | D |

|  | Stimmt genau | teils, teils | stimmt gar nicht | |
|---|---|---|---|---|
| Wissen ist Macht. | ○ | ○ | ○ | A |
| Geld wird meist zu Machtzwecken missbraucht. | ○ | ○ | ○ | B |
| Das Geld zerrinnt mir zwischen den Fingern. | ○ | ○ | ○ | C |
| Ich bin nur etwas wert, wenn ich etwas leiste. | ○ | ○ | ○ | D |
| Gefühlen kann man nicht trauen. | ○ | ○ | ○ | A |
| Beim Geld ist es wie in der Liebe: Das, was man versucht festzuhalten, verliert man. | ○ | ○ | ○ | B |
| Wenn ich mir etwas kaufe, dann hat das auch Klasse. | ○ | ○ | ○ | C |
| Gruppenreisen sind nichts für mich. | ○ | ○ | ○ | D |
| Ich werde immer genügend Geld haben. | ○ | ○ | ○ | A |
| Geldgeschäfte sind eine schmutzige Angelegenheit. | ○ | ○ | ○ | B |
| Ich gehe einem kreativen Hobby nach. | ○ | ○ | ○ | C |
| Meinen Reichtum zeige ich gern. | ○ | ○ | ○ | D |
| Bei hohen Renditen sollte man grundsätzlich skeptisch sein. | ○ | ○ | ○ | A |
| Ich achte darauf, dass meine Lieben sich gesund ernähren. | ○ | ○ | ○ | B |
| Ich probiere gern Neues aus. | ○ | ○ | ○ | C |
| Für meine Leistung kann ich Geld schlecht annehmen. | ○ | ○ | ○ | D |
| In finanziellen Dingen höre ich mir immer mehrere Meinungen an. | ○ | ○ | ○ | A |

# Die vier Geldtypen

|  | Stimmt genau | teils, teils | stimmt gar nicht | |
|---|:---:|:---:|:---:|:---:|
| Meine Bedürfnisse kommen öfter zu kurz. | ○ | ○ | ○ | **B** |
| Meine Kreditkarte benutze ich häufig. | ○ | ○ | ○ | **C** |
| Ohne Fleiß kein Preis: Nur harte Arbeit ist Belohnung wert. | ○ | ○ | ○ | **D** |
| Männer weinen nicht. | ○ | ○ | ○ | **A** |
| Ausländische Mitbewohner empfinde ich als Bereicherung. | ○ | ○ | ○ | **B** |
| Ich liebe es, gut essen zu gehen. | ○ | ○ | ○ | **C** |
| Wer nicht für mich ist, ist gegen mich. | ○ | ○ | ○ | **D** |
| Beim Geld hört bei mir die Freundschaft auf. | ○ | ○ | ○ | **A** |
| Mir passiert es immer wieder, dass meine finanziellen Pläne durchkreuzt werden. | ○ | ○ | ○ | **B** |
| Wertpapiere mit garantierter Verzinsung sind mir zu langweilig. | ○ | ○ | ○ | **C** |
| Manchmal sehne ich mich danach, beschützt zu werden. | ○ | ○ | ○ | **D** |
| Ich informiere mich regelmäßig über die Kapital- und Aktienmärkte. | ○ | ○ | ○ | **A** |
| Ich bin in mindestens einem Verein Mitglied. | ○ | ○ | ○ | **B** |
| Ich genieße den Augenblick, wenn ich Geld ausgebe. | ○ | ○ | ○ | **C** |
| Meine Fähigkeiten werden nicht immer geschätzt. | ○ | ○ | ○ | **D** |
| Auch wenn Geld nicht glücklich macht, es beruhigt ungemein. | ○ | ○ | ○ | **A** |
| Ich bin o.k., du bist o.k. | ○ | ○ | ○ | **B** |

| | Stimmt genau | teils, teils | stimmt gar nicht | |
|---|---|---|---|---|
| Für mich trifft in Gelddingen oft der Satz zu: Wie gewonnen, so zerronnen. | ○ | ○ | ○ | C |
| Man gönnt sich ja sonst nichts. | ○ | ○ | ○ | D |
| Mein Lebensziel ist Wohlstand. | ○ | ○ | ○ | A |
| Leute, die häufig über Geld reden, sind mir äußerst suspekt. | ○ | ○ | ○ | B |
| Geld macht aus Träumen Realitäten. | ○ | ○ | ○ | C |
| Es ist wichtig, einen guten Eindruck zu machen. | ○ | ○ | ○ | D |
| Beim Einkaufen schaue ich schon genau auf die Preise. | ○ | ○ | ○ | A |
| Für mich bleibt immer zu wenig Geld übrig. | ○ | ○ | ○ | B |
| Abenteuer reizen mich durchaus. | ○ | ○ | ○ | C |
| Ich neige dazu, beleidigt zu sein. | ○ | ○ | ○ | D |
| Ich schätze die Macht des Geldes. | ○ | ○ | ○ | A |
| Privat geliehenes Geld zahle ich gewissenhaft zurück. | ○ | ○ | ○ | B |
| Es reizt mich, Risiken einzugehen. | ○ | ○ | ○ | C |
| Ich habe ständig Geldprobleme. | ○ | ○ | ○ | D |
| Um mehr sparen zu können, verzichte ich auf vieles. | ○ | ○ | ○ | A |
| Geld ist für mich nur Mittel zum Zweck. | ○ | ○ | ○ | B |
| Ich genieße ganz bewusst. | ○ | ○ | ○ | C |
| Die Freude über meine Einkäufe hält nie lange vor. | ○ | ○ | ○ | D |

## Die vier Geldtypen

| | Stimmt genau | teils, teils | stimmt gar nicht | |
|---|:---:|:---:|:---:|:---:|
| Wenn es mir finanziell einmal schlechter geht, mache ich das schnell wieder wett. | ○ | ○ | ○ | A |
| Wenn ich mein Auto verkaufe, lasse ich mich häufig herunterhandeln. | ○ | ○ | ○ | B |
| Sex hat für mich viel mit Hingabe zu tun. | ○ | ○ | ○ | C |
| Geld folgt dem starken, überzeugenden Menschen. | ○ | ○ | ○ | D |
| Ich drehe jeden Euro zweimal um. | ○ | ○ | ○ | A |
| Meinem Arbeitgeber gegenüber bin ich stets loyal. | ○ | ○ | ○ | B |
| Ich habe ein Recht auf Genuss und Abwechselung. | ○ | ○ | ○ | C |
| Mir gegenüber bin ich besonders kritisch. | ○ | ○ | ○ | D |
| Um viel Geld zu bekommen, ist mir keine Anstrengung zu groß. | ○ | ○ | ○ | A |
| Wenn ich Geld habe, können meine Freunde daran teilhaben. | ○ | ○ | ○ | B |
| Ich genieße es, wenn ich mich entspannen kann. | ○ | ○ | ○ | C |
| Bestätigung ist mir sehr wichtig. | ○ | ○ | ○ | D |
| Beim Einkaufen kontrolliere ich den Bon. | ○ | ○ | ○ | A |
| Sport treibe ich am liebsten in der Gruppe. | ○ | ○ | ○ | B |
| Was andere über meinen Lebensstil sagen, ist mir nicht wichtig. | ○ | ○ | ○ | C |
| Konflikten gehe ich aus dem Weg. | ○ | ○ | ○ | D |

| | Stimmt genau | teils, teils | stimmt gar nicht | |
|---|:---:|:---:|:---:|:---:|
| Mich stören schon geringfügige Steigerungen der Inflationsrate. | ○ | ○ | ○ | **A** |
| Teamarbeit finde ich gut. | ○ | ○ | ○ | **B** |
| Ästhetik spielt eine große Rolle in meinem Leben. | ○ | ○ | ○ | **C** |
| Meine Kreditkarte hat mich schon öfter in Bedrängnis gebracht. | ○ | ○ | ○ | **D** |
| Ich verleihe Geld nur gegen Sicherheiten. | ○ | ○ | ○ | **A** |
| Wenn ich mal pleite wäre, würde ich zum Sozialamt gehen. | ○ | ○ | ○ | **B** |
| Die Börse ist für mich wie ein Spiel. | ○ | ○ | ○ | **C** |
| Wohngemeinschaften waren mir immer schon suspekt. | ○ | ○ | ○ | **D** |
| Gefühle von Angst und Ohnmacht sind mir sehr vertraut. | ○ | ○ | ○ | **A** |
| Ich habe schon häufiger Menschen helfen können. | ○ | ○ | ○ | **B** |
| Ich habe schon Aktien gekauft, von denen ich nur den Namen kannte. | ○ | ○ | ○ | **C** |
| Ich finde, dass ich im Vergleich zu anderen unterbezahlt bin. | ○ | ○ | ○ | **D** |
| Es gibt Menschen, die von mir sagen, ich sei nachtragend. | ○ | ○ | ○ | **A** |
| Ich kann nicht gut alleine sein. | ○ | ○ | ○ | **B** |
| Mit geliehenem Geld gehe ich genauso gelassen um wie mit eigenem. | ○ | ○ | ○ | **C** |

## Die vier Geldtypen

| | Stimmt genau | teils, teils | stimmt gar nicht | |
|---|:---:|:---:|:---:|---|
| Ich darf nicht versagen. | O | O | O | **D** |
| Zugegeben, manchmal neige ich zur Sucht. | O | O | O | **A** |
| Ich kaufe lieber in Tante-Emma-Läden als in anonymen Supermärkten. | O | O | O | **B** |
| Manchmal fühle ich mich überwältigt von den Anforderungen des Alltags. | O | O | O | **C** |
| Möglichen Enttäuschungen gehe ich von vornherein aus dem Weg. | O | O | O | **D** |
| Manchmal bin ich depressiv, weil ich die Dinge nicht in der Hand habe. | O | O | O | **A** |
| Es fällt mir schwer, mich einen ganzen Tag mit mir selbst zu beschäftigen. | O | O | O | **B** |
| Ich probiere gerne neue Kochrezepte aus. | O | O | O | **C** |
| Nur der Erfolg zählt. | O | O | O | **D** |
| Ich kann von mir behaupten, dass ich finanziell erfolgreich bin. | O | O | O | **A** |
| Andere bezeichnen mich gelegentlich als selbstaufopfernd. | O | O | O | **B** |
| Ich benutze gerne Parfums/Rasierwasser | O | O | O | **C** |
| Manchmal muss ich mich überwinden, Einladungen zu folgen. | O | O | O | **D** |
| Ich genieße es, Macht zu haben. | O | O | O | **A** |
| Jeder nach seiner Façon. | O | O | O | **B** |
| Ich liebe die Spannung, die ich durch das Risiko beim Spekulieren erlebe. | O | O | O | **C** |

|  | Stimmt genau | teils, teils | stimmt gar nicht | |
|---|---|---|---|---|
| Immer bekommen die anderen das, was eigentlich mir zusteht. | ○ | ○ | ○ | **D** |
| Disziplin ist ein wichtiger Wert im Leben. | ○ | ○ | ○ | **A** |
| Ich werde häufig von anderen um Hilfe gebeten. | ○ | ○ | ○ | **B** |
| Bei den Dingen, die ich toll finde, achte ich nicht auf den Preis. | ○ | ○ | ○ | **C** |
| Ich bin kein Freund von Beziehungsgesprächen. | ○ | ○ | ○ | **D** |
| Ich habe stets ein Ziel. | ○ | ○ | ○ | **A** |
| Es fällt mir schwer, nein zu sagen. | ○ | ○ | ○ | **B** |
| Ich kann andere für meine Ideen begeistern. | ○ | ○ | ○ | **C** |
| Mich interessiert Sport nur, wenn ich mich dabei mit anderen messen kann. | ○ | ○ | ○ | **D** |
| Wahrheit ist mir wichtig. | ○ | ○ | ○ | **A** |
| Die Telefonrechnung fällt immer höher aus als erwartet. | ○ | ○ | ○ | **B** |
| Um die Zukunft sorge ich mich wenig. | ○ | ○ | ○ | **C** |
| Es fällt mir schwer, über eigene Gefühle zu sprechen. | ○ | ○ | ○ | **D** |
| Der Zweck heiligt jedes Mittel. | ○ | ○ | ○ | **A** |
| Ich bemühe mich aktiv um meine Freunde und Bekannten. | ○ | ○ | ○ | **B** |
| Ich arbeite, um gut zu leben. | ○ | ○ | ○ | **C** |
| Es ist mir sehr unangenehm, wenn ich um den Preis handeln soll. | ○ | ○ | ○ | **D** |

## Die vier Geldtypen

| | Stimmt genau | teils, teils | stimmt gar nicht | |
|---|:---:|:---:|:---:|:---:|
| Vertrauen ist gut, Kontrolle ist besser. | ○ | ○ | ○ | **A** |
| Ich lade gerne Leute ein. | ○ | ○ | ○ | **B** |
| Manchmal verfalle ich in einen regelrechten »Kaufrausch«. | ○ | ○ | ○ | **C** |
| Ich bevorzuge exklusive Sportarten. | ○ | ○ | ○ | **D** |
| Sicherheit ist mir sehr wichtig. | ○ | ○ | ○ | **A** |
| Ich spende oft. | ○ | ○ | ○ | **B** |
| Wenn ich Frust habe, gönne ich mir etwas. | ○ | ○ | ○ | **C** |
| Wenn es drauf ankommt, löse ich Probleme lieber alleine. | ○ | ○ | ○ | **D** |
| Angst ist ein schlechter Ratgeber. | ○ | ○ | ○ | **A** |
| Ich mag die Gesellschaft von Kindern. | ○ | ○ | ○ | **B** |
| Ich lasse Dinge auf mich zukommen. | ○ | ○ | ○ | **C** |
| Was mein Äußeres anbelangt, bin ich durchaus eitel. | ○ | ○ | ○ | **D** |
| Man muss sich überwinden, um seine Ziele zu erreichen. | ○ | ○ | ○ | **A** |
| Das Glück der anderen ist auch meines. | ○ | ○ | ○ | **B** |
| Bei der Geldanlage binde ich mich nicht gerne langfristig. | ○ | ○ | ○ | **C** |
| Ich arbeite gern für mich allein; Teamwork ist nicht meine Sache. | ○ | ○ | ○ | **D** |
| Steter Tropfen höhlt den Stein. | ○ | ○ | ○ | **A** |
| Für meine Altersvorsorge hoffe ich auf die Solidarität der anderen. | ○ | ○ | ○ | **B** |

|  | Stimmt genau | teils, teils | stimmt gar nicht |  |
|---|---|---|---|---|
| Ich handle oft sehr impulsiv. | ○ | ○ | ○ | **C** |
| Nur der Stärkere siegt. | ○ | ○ | ○ | **D** |
| Wenn ich mich mit Leuten verabrede, frage ich mich schon, was mir das bringt. | ○ | ○ | ○ | **A** |
| Ich gebe lieber, als zu nehmen. | ○ | ○ | ○ | **B** |
| Mein Konto ist oft überzogen. | ○ | ○ | ○ | **C** |
| Die Dinge die ich besitze, sind mir sehr wichtig. | ○ | ○ | ○ | **D** |
| Mein Besitz gibt mir Sicherheit. | ○ | ○ | ○ | **A** |
| Beim Schenken schau ich nicht aufs Geld. | ○ | ○ | ○ | **B** |
| Ich liebe die Abwechslung. | ○ | ○ | ○ | **C** |
| Haste was, biste was. | ○ | ○ | ○ | **D** |
| Man braucht schon Regeln, an die man sich halten kann. | ○ | ○ | ○ | **A** |
| Ich engagiere mich sozial. | ○ | ○ | ○ | **B** |
| Ich langweile mich schnell. | ○ | ○ | ○ | **C** |
| Manchmal beneide ich andere. | ○ | ○ | ○ | **D** |
| Ich kann mich nur auf mich selbst verlassen. | ○ | ○ | ○ | **A** |
| Meine Steuererklärung schiebe ich so lang wie möglich hinaus. | ○ | ○ | ○ | **B** |
| Prinzipiell bin ich optimistisch. | ○ | ○ | ○ | **C** |
| Manchmal mache ich meinem Ärger lautstark Luft. | ○ | ○ | ○ | **D** |
| Wenn es sein muss, setze ich mich »mit Gewalt« durch. | ○ | ○ | ○ | **A** |

|  | Stimmt genau | teils, teils | stimmt gar nicht | |
|---|:---:|:---:|:---:|:---:|
| Man sieht nur mit dem Herzen gut. | ○ | ○ | ○ | **B** |
| Ich lebe ganz im Hier und Jetzt. | ○ | ○ | ○ | **C** |
| Die Frage, wer Schuld an etwas hat, spielt für mich eine große Rolle. | ○ | ○ | ○ | **D** |
| Wenn ich perfekt bin, kann mir nichts passieren. | ○ | ○ | ○ | **A** |
| Ich bete regelmäßig. | ○ | ○ | ○ | **B** |
| Ich bin ein spontaner Mensch. | ○ | ○ | ○ | **C** |
| Wenn ich bei einer Versteigerung einen Gegenstand erwerben möchte, gehe ich mit meinen Geboten sehr weit. | ○ | ○ | ○ | **D** |
| Trinkgeld geb ich nie. | ○ | ○ | ○ | **A** |
| Ich kaufe häufig Ökoprodukte. | ○ | ○ | ○ | **B** |
| Vorfreude erlebe ich häufig. | ○ | ○ | ○ | **C** |
| Ich tue mich schwer damit, mangelhafte Ware zu reklamieren. | ○ | ○ | ○ | **D** |
| Nur wenn ich etwas durchschaue, fühle ich mich sicher. | ○ | ○ | ○ | **A** |
| Ich freue mich, wenn ich um Rat gefragt werde. | ○ | ○ | ○ | **B** |
| Meine Altersversorgung ist mir im Moment noch nicht wichtig. | ○ | ○ | ○ | **C** |
| Den Spruch »Geiz ist geil« finde ich gut. | ○ | ○ | ○ | **D** |

## Auswertung

Zählen Sie nun zusammen, wie oft Sie für A, B, C und D »stimmt genau oder teils, teils« angekreuzt haben

A  Anzahl »stimmt genau«

    \_\_\_\_\_ multipliziert mit 2 = \_\_\_\_\_
    + Anzahl teils, teils    \_\_\_\_\_
      Ergebnis A     = \_\_\_\_\_ Dagobert-Typ

B  Anzahl »stimmt genau«

    \_\_\_\_\_ multipliziert mit 2 = \_\_\_\_\_
    + Anzahl teils, teils    \_\_\_\_\_
      Ergebnis B     = \_\_\_\_\_ Sterntaler-Typ

C  Anzahl »stimmt genau«

    \_\_\_\_\_ multipliziert mit 2 = \_\_\_\_\_
    + Anzahl teils, teils    \_\_\_\_\_
      Ergebnis C     = \_\_\_\_\_ Hans-im-Glück-Typ

D  Anzahl »stimmt genau«

    \_\_\_\_\_ multipliziert mit 2 = \_\_\_\_\_
    + Anzahl teils, teils    \_\_\_\_\_
      Ergebnis D     = \_\_\_\_\_ Snoopy-Typ

## Ergebnis

*Kaum Unterschiede in der Anzahl der Buchstaben:* Wenn Sie die vier Buchstaben in etwa *gleich häufig angekreuzt* haben und der Unterschied zwischen dem höchsten und dem niedrigsten Ergebnis nicht mehr als fünf beträgt, dann gehören Sie zu den glücklichen Menschen, die ihre Bedürfnisse bereits jetzt sehr balanciert ausleben. Schon heute nutzen Sie Ihren inneren Reichtum ganz bewusst. Gratulation! Für Sie dürfte es nun sehr spannend sein, Ihre persönliche Vermögensbilanz in Kapitel 3 aufzustellen und dabei festzustellen, wie reich Sie schon heute tatsächlich sind.

    *Mehr als fünf Punkte Abstand zwischen der Anzahl des am häufigs-*

*ten und des am seltensten angekreuzten Buchstabens:* Der Wert, bei dem Sie das höchste Ergebnis erzielt haben, ist besonders wichtig. Er zeigt an, welchen Geldtyp Sie derzeit am stärksten repräsentieren – entweder weil Sie das von ihm dargestellte Grundbedürfnis im Moment besonders intensiv ausleben, oder weil dieses Bedürfnis Ihr Denken so stark bestimmt, weil Sie in diesem Feld Defizite haben.

Lesen Sie sich also zunächst die Typologie des bei Ihnen am stärksten vertretenen Geldtyps durch und überlegen Sie dabei, in welchem seiner Verhaltensweisen Sie sich wiederfinden können. Nicht alle der beschriebenen Eigenschaften werden dabei auf Sie zutreffen, allerdings werden Sie bei der Charakterisierung dieses Typs auf einige Aspekte stoßen, die Ihnen sehr wohl vertraut sind und die Sie davon abhalten, sich so rundherum zufrieden zu fühlen.

Wenden Sie sich im zweiten Schritt dem Geldtyp zu, den Sie am seltensten angekreuzt haben. Denn es ist eine sehr lohnende Angelegenheit, sich auch mit den Eigenschaften Ihres »Gegenspielers« auseinander zu setzen. Die positiven Verhaltensweisen dieses Geldtyps können Ihnen dabei helfen, Ihren inneren und äußeren Reichtum zu steigern. Denn er birgt viele Eigenschaften, die Ihnen noch fehlen, um Ihre Grundbedürfnisse in ein Gleichgewicht zu bringen.

Wenn Sie sich mit den für Sie wichtigen Geldtypen auseinander gesetzt haben, dann sollten Sie noch einen weiteren Schritt wagen, um mehr zu erfahren: Nehmen Sie sich die Zeit, Ihre persönliche Vermögensbilanz zu erstellen.

Dabei erhalten Sie einen verlässlichen Eindruck über Ihr materielles Guthaben. Aber Sie ziehen auch Bilanz über Ihr immaterielles Vermögen, und das ist für Ihren inneren Reichtum mindestens so wichtig wie Geld, Häuser oder Finanzanlagen. Dabei werden Sie feststellen, dass Ihr Gesamtvermögen schon heute wesentlich größer ist, als Sie bislang immer dachten. Aber Sie werden zugleich auf Bereiche stoßen, die noch nicht so weit entwickelt sind, wie sie sein könnten. Bei diesem Prozess helfen Ihnen die Übungen in Kapitel 4.

Die Auswertung des Geldtyp-Tests und die Erstellung Ihrer Vermögensbilanz sind wichtige Vorarbeiten, um aus den Geld-Tipps in Kapitel 4 maximalen Nutzen zu ziehen.

## Der Dagobert-Typ

Wer kennt ihn nicht, Dagobert Duck, den reichsten Mann der Welt, dessen Vermögen auf mehrere Fantastillionen geschätzt wird? Selbst wer nicht zu den Micky-Maus-Lesern gehört, assoziiert mit dem backenbärtigen Erpel vor allem einen Charakterzug: die Leidenschaft für das Geld.

Unzählig sind die Comics, die von Dagoberts Liebe zum Geld erzählen. Mindestens einmal am Tag badet er in seinen Goldtalern, findet es wunderbar, wie ein Maulwurf darin herumzuwühlen und sich die Münzen auf den Kopf prasseln zu lassen. Und weil er seine Taler so liebt, kann er sich kaum von einem von ihnen trennen. Deshalb lässt er sich auch von seinen finanziell minderbemittelten Neffen zum Eisessen einladen. Sein Verhältnis zum Reichtum ist aber nicht ungetrübt, denn Dagobert wird Tag und Nacht von der Angst geplagt, sein Geld verlieren zu können. Und tatsächlich ist sein Erzfeind, die Panzerknacker AG, eine permanente Bedrohung. Die Panzerknacker lassen sich allerhand einfallen, um ihn um sein Vermögen zu bringen. Sie kaufen beispielsweise das Grundstück neben dem Stausee, in dem Dagobert sein Vermögen versenkt hat, und brennen mit riesigen Brennspiegeln Löcher in die hölzerne Staumauer, bis sie bricht und der ganze Zaster auf ihr Grundstück donnert. Mit List gelingt es Dagobert, sein Vermögen wieder zurückzubekommen: Er erkennt zunächst die neuen Besitzer an, hat aber noch einen Wunsch, den ihn die Gauner nicht verwehren können. Er möchte noch einmal, von einem Felsen, in sein geliebtes Geld springen, darin herumschwimmen und sich die Taler auf den Kopf prasseln lassen. Die Panzerknacker sind verblüfft über den Alten, der noch einmal wie ein Delfin durch seine Taler saust. Voller Bewunderung bekennen sie: »Raffinierte Brüder, diese Plutokraten«, und springen hinterher. Doch im Gegensatz zu Dagobert, der die Geschmeidigkeit hat, mit seinem Vermögen richtig umgehen zu können, knallen die Panzerknacker mit ihren Dickschädeln auf die Goldtaler und sind damit außer Gefecht gesetzt. So kann sich Dagobert sein geliebtes Geld wieder zurückholen.

Mit dem Comic hat unser Dagobert-Geldtyp vor allem zwei Dinge gemein: die Wertschätzung des Geldes und das Engagement, es zu schüt-

zen. Denn dieser Typ zeichnet sich durch das Grundbedürfnis nach Sicherheit und Kontrolle aus.
Wie verhalten sich nun diese Dagobert-Geldtypen im Alltag?

## Sicherheit ganz groß geschrieben

Zunächst einmal spielt für Dagobert-Typen das Thema Sicherheit natürlich eine herausragende Rolle: Das beginnt damit, dass sie beim Geld sichere Anlageformen bevorzugen, beispielsweise das Sparbuch, bei dem es zwar nur niedrige Zinsen gibt, das aber so sicher ist wie kaum eine andere Geldanlage. Selbst wenn die Bank, bei der das Sparbuch angelegt ist, Pleite geht, ist das Geld trotzdem nicht weg, denn im Fall der Fälle springt der so genannte Einlagensicherungsfonds ein und die Sparbuchbesitzer bekommen garantiert ihr Geld zurück. Etwas vermögendere Dagobert-Typen kaufen sich Festgeld, das ein paar Zehntel mehr Zinsen als das Sparbuch bringt, aber immer noch genug Sicherheit bietet. Neuerdings interessieren sich die Dagobert-Geldtypen auch wieder für Gold, das in den vergangenen Jahrzehnten etwas ins Abseits geriet. Während in den letzten Jahren das Metall vor allem für Schmuck und medizinische Zwecke genutzt wurde, verlegen sich mehr und mehr Dagobert-Typen darauf, sich international gängige Münzen in den Safe zu legen. Von der deutschen Goldmark bis hin zum südafrikanischen Krügerrand, von der goldenen One-Dollar-Münze bis hin zum australischen Nugget haben Goldmünzen bei Dagobert-Typen Hochkonjunktur.

Aufgrund dieses Sicherheitsdenkens sind Dagobert-Typen auch passionierte Immobilienkäufer. Das eigene Haus bedeutet für sie das Versprechen, niemals auf der Straße sitzen, sich keinen unangenehmen Vermietern unterordnen, keine ungeplanten Mietsteigerungen akzeptieren zu müssen. Für ihr eigenes Haus sind sie bereit, eine ganze Menge zu opfern: beispielsweise 30 Jahre lang die Hypothek abzubezahlen, dafür lieber keinen Urlaub zu machen und auch beim Einkaufen jeden Cent zweimal umzudrehen. Was die Finanzierung ihres Hauses anbelangt, sind sie konservativ, wie könnte es anders sein: Sie sind die typischen Bausparer. Sie nehmen lieber langfristige Kredite in Anspruch, die zwar um einige zehntel Prozent teurer als kurzfristige Kredite sein mögen, ihnen dafür aber größtmögliche Planbarkeit bieten. Ihre Sache ist es nicht, darauf zu vertrauen, dass die Zinsen schon sinken werden und sie in fünf Jahren einen günstigeren Immobilienkredit abschließen können.

Ist das Haus dann gekauft, wird es in mehrfacher Hinsicht gesichert. Das beginnt beim Einbruchschutz. Dagobert-Typen sind nicht eher beruhigt, bevor sie alle potenziellen Schwachstellen so gut wie möglich ausgemerzt haben: Sicherheitsschlösser, Bewegungsmelder, Fenstersicherungen, Überwachungskameras und gelegentlich auch Standleitungen zur Polizei oder zum Security-Dienst sind die Vorkehrungen, mit denen Dagoberts bestens vertraut sind. Für Goldmünzen, Schmuck, Bargeld und wichtige Dokumente darf auch der Safe im Schlaf- oder Wohnzimmer nicht fehlen.

Doch die Innovationen der Sicherheitsfirmen genügen nicht, um Dagobert-Typen ein Gefühl von Sicherheit zu vermitteln. Sie gehören zugleich zu den besten Kunden der Versicherungsmakler. Keine Frage, dass sie längst mindestens eine Lebensversicherung abgeschlossen haben, mit der sie ihre Familie davor schützen, für den Fall, dass ihnen etwas passiert, finanziell in Bedrängnis zu kommen. Sie haben eine Hausratversicherung und eine Elementarversicherung, die ihnen Schäden durch Hagelschlag, Sturm oder Flut ersetzt. Auch die neu geschaffene Terrorismus-Versicherung interessiert sie.

### Lieber angestellt als selbstständig

Auch was seine Jobs anbelangt, nimmt Sicherheit beim Dagobert-Typ einen hohen Stellenwert ein. Er ist lieber Angestellter als Selbstständiger. Der Dagobert-Typ braucht das Gefühl, am Ende des Monats mit einem fixen Gehalt rechnen zu können. Er braucht feste Kündigungsfristen und die Gewissheit, dass die Arbeitslosenversicherung einspringt, sollte er seinen Job wirklich verlieren. In Zeiten hoher Arbeitslosigkeit leidet Dagobert naturgemäß ganz besonders unter der potenziellen Unsicherheit, arbeitslos werden zu können. Er gehört zu den Patienten, die mit Symptomen von Kopfschmerzen, Kreuzschmerzen oder Müdigkeit aufgrund schlafloser Nächte die Wartezimmer füllen.

## Weltmeister im Sparen

Auch wenn man es nicht unbedingt als Geiz bezeichnen kann – der durchschnittliche Deutsche hält sein Geld eisern zusammen und reagiert in dieser Hinsicht wie ein typischer Dagobert-Typ. Die Wochenzeitung *Die Zeit* schreibt in ihrer Spezialausgabe zum Thema Geld vom Oktober 2002: »Der Durchschnittsdeutsche von heute pflegt seinen Besitz – und stirbt mit einem Vermögen von 150000 Euro. Anders gesagt, die Deutschen verhalten sich ganz ähnlich wie ihre Vorfahren vor 2000 Jahren.« Die alten Germanen hatten von Zeit zu Zeit recht profitable Raubzüge auf der römischen Seite des Limes unternommen. »Aber statt die erbeuteten Goldbecher gegen ein paar fette Wildschweinchen zu tauschen, bildeten sie sich ein, sie müssten vorsorgen für das Leben nach dem Tod. Weil sie nicht verarmt in Walhalla einziehen wollten, nahmen sie ihre Reichtümer mit ins Grab«, schildert Autor Wolfgang Uchatius. Auch heute rackern sich die Deutschen »jahrelang ab, gehen morgens früh aus dem Haus und abends müde ins Bett, nur um einen Reichtum anzuhäufen, von dem sie zu einem großen Teil nichts haben, weil sie ihr Geld nicht ausgeben. Stattdessen helfen sie lieber den Banken und Versicherungen, den Aktien- und Immobilienfonds, den Bausparkassen und Investmenthäusern, auf deren Konten sich ihr Vermögen häuft.« Als Hauptantrieb für dieses lustfeindliche Verhalten fand der Mannheimer Wirtschaftsprofessor Axel Börsch-Supan die Altersvorsorge und den Schutz vor unvorhergesehenen Ereignissen heraus. In diesem Verhalten unterscheiden sich die Deutschen übrigens deutlich von anderen Nationen: Während die Amerikaner weit über ihre Verhältnisse konsumieren, sparen die Deutschen viel mehr. Wenn der durchschnittliche Deutsche in den Ruhestand geht, hat er so viel angehäuft, dass er allein davon locker zehn Jahre leben könnte – ohne die Rente. »Das deutsche Spar-Rätsel« nennt Axel Börsch-Supan dieses Verhalten.

Erklären lässt sich dieses Verhalten durch die Lustfeindlichkeit vieler Dagobert-Typen. Finanzminister Hans Eichel outet sich gern mit dem Satz: »Sie wissen ja, ich bin ein Konsummuffel.« Tatsächlich kaufen die Deutschen in der Wirtschaftskrise so wenig wie selten zuvor. Wenn der Kleiderschrank voll ist, der Computer noch gut funktioniert, dann sehen viele Dagoberts keine Veranlassung dafür, zuzugreifen. Spontaneität ist nicht ihr Ding beim Konsum. Selbst nie da gewesene Preisreduktionen im Weihnachtsgeschäft des Jahres 2002 konnten sie beispielsweise nicht dazu bringen, etwas zu kaufen, was sie nicht brauchen – von Spontaneität keine Spur.

**Konsum will geplant sein**

Aus diesem Grund schreiben Dagobert-Typen gern Einkaufszettel, bevor sie einen Supermarkt betreten. Das akribische Auflisten dessen, was sie wirklich brauchen, gibt ihnen die Sicherheit, den Verlockungen des Geschäftes widerstehen zu können.

Bei größeren Anschaffungen bereiten sich Dagobert-Typen intensiv auf den Kauf vor. Sie sind die typischen Leser der Zeitschrift *Stiftung Warentest*, die eine Waschmaschine oder einen Fernseher danach kaufen, wie gut sie im Urteil der Prüfer abgeschnitten haben. Sie können Tage und Wochen mit der Vorbereitung des Einkaufs verbringen, dabei fachsimpeln sie auch gerne mit Bekannten, von denen sie annehmen, dass sie von der Materie etwas verstehen. Das muss aber schon sein: Ohne Fachkompetenz könnten sie die Beurteilungen anderer nicht für voll nehmen. Es steht außer Frage, dass sie beim Autokauf im Vorfeld intensiv *Auto Bild* oder *Auto Motor und Sport* gelesen haben. Dabei steht bei ihnen naturgemäß ein Kriterium im Vordergrund: die Sicherheit, die der fahrbare Untersatz bietet. Wenn sie es sich leisten können, kaufen sie gerne Volvo oder Mercedes.

Wenn seine Entscheidung gefällt ist, dann fackelt der Dagobert-Typ nicht mehr lange. Er braucht kein eingehendes Beratungsgespräch mehr, weil er auf das Urteil seiner externen Berater vertraut. Allerdings macht er sich durchaus die Mühe, den günstigsten Anbieter seines ausgewählten Produktes zu suchen. Er recherchiert nach Einkaufsquellen im Internet, studiert die Anzeigen in der Tageszeitung, wirft auch die beigelegten Prospekte nicht in den Müll, ohne sie wenigstens überflogen zu haben. Der Dagobert-Typ gehört zu den Schnäppchenjägern, die für den Anzug von Boss nach Nürtingen fahren, weil er dort nur 40 Prozent des üblichen Handelspreises kostet. Er will auf Nummer sicher gehen, dass er nicht mehr dafür zahlt, als unbedingt sein muss. Die Geld-zurück-Garantie der Optikkette Fielmann, die dann greift, wenn der Kunde die Brille woanders billiger bekommt, zielt auf die Befindlichkeit der Dagobert-Typen.

## Der große Kontrolleur

Sicherheit und Kontrolle – von diesen Motiven wird auch das Beziehungsleben des Dagobert-Typs gesteuert. Weil er Angst hat, abgewiesen zu werden, geht er beim Anbandeln von vornherein keine Risiken ein. Er begnügt sich lieber mit dem Spatzen in der Hand, anstatt die Taube auf dem Dach anzustreben. Um Menschen, die bei ihm Herzklopfen auslösen, macht er lieber einen großen Bogen, als sich als Verehrer oder Verehrerin eine Blöße zu geben. So beschränkt er sich selbst und bleibt in persönlichen Beziehungen öfter hinter seinen tatsächlichen Chancen zurück – ganz einfach, weil er auf Nummer sicher gehen möchte.

»Vertrauen ist gut, Kontrolle ist besser« – dieser Spruch könnte von Dagobert stammen. Dagobert-Frauen zum Beispiel finden es ganz normal, den Tascheninhalt ihres Liebsten auf Kompromittierendes hin zu inspizieren oder die Kontoauszüge der Kreditkarte auf verdächtige Ausgaben hin zu überprüfen. In Zeiten der Mobiltelefone findet es so mancher Dagobert ganz natürlich, die Kurznachrichten auf dem Mobiltelefon seiner Partnerin zu lesen. Die Detekteien, die in größeren Städten ihre Dienste anbieten, rekrutieren einen großen Teil ihrer Kunden aus dieser Gruppe: Wenn es darum geht, die Treue des Partners oder der Partnerin überprüfen zu lassen, sind Dagobert-Typen durchaus dazu bereit, mehrere tausend Euro auszugeben.

Dagoberts gehören darüber hinaus zu den Menschen, die eine Beziehung instrumentalisieren: Bevor er eine neue Bekanntschaft weiter verfolgt, fragt er sich schon, was ihm der Kontakt einbringen könnte. Wobei die Frage: »Was bringt es mir«, nicht unbedingt materieller Natur ist. Der Dagobert-Typ schätzt es sehr, sich Dinge von Fachleuten erklären zu lassen. Deshalb ist er über jeden Experten hocherfreut, den er in sein Telefonbuch eintragen kann.

## Durchblick in allen Lebenslagen

Dagobert-Typen sind vom Bedürfnis getrieben, Dinge zu durchschauen, um sie kontrollieren zu können. Viele Naturwissenschaftler haben einen ausgeprägten Dagobert-Anteil: Sie streben danach, die Gesetze der Physik, der Chemie, der Biologie oder der Wirtschaft zu erkunden. Die Modelle der Volkswirtschaft, die darauf abzielen, die ökonomische Entwicklung vorhersehbar zu machen, entspringen ebenso dem Denken des Dagobert wie das Instrumentarium der Chartanalyse, mit dem sich die Verläufe der Aktienkurse vorhersehen lassen sollen. Verhält sich die Börse dann so, wie es die Regeln vorhersagen, fühlt sich der Dagobert-Typ gut. Im Börsentaumel der Jahre 2001 und 2002 kam er sich allerdings so vor, als hätte man ihm den Boden unter den Füßen weggezogen. Nichts konnte er mehr erklären, nichts kontrollieren, ein Zustand, der für Dagobert untragbar ist. In solchen für ihn unkontrollierbaren Situation neigt er zu vermeintlichen Kurzschlusshandlungen. In dem Moment, in dem er sich über seine Verluste keine Illusionen mehr macht (nach dem Motto: für Börsengeschäfte muss man einen langen Zeithorizont einplanen), aktiviert er das Bedürfnis, auch darüber Kontrolle zu haben. Er überrascht seinen Bankberater mit dem Gefühlsausbruch: »Jetzt reicht es mir!«, und verkauft ohne Rücksicht auf Verluste alle seine Aktien. Im schmerzhaften Verkauf seiner Papiere bewahrt er die Kontrolle, nach der er sich immer sehnt. Im »Reinen-Tisch-Machen« ist Dagobert dann konsequent: Er hält sich von Aktien fern und wirft Börsenzeitung, die er als Depotkunde bekommt, ungelesen in den Papierkorb.

> **Kopf oder Bauch: Wie treffen Sie Entscheidungen?**
>
> Früher gingen Ökonomen davon aus, dass sich die wirtschaftenden Menschen vernünftig verhalten, ihre Entscheidungen abwägen, ihren eigenen Vorteil und die künftigen Folgen ihres Tuns gut im Blick haben, als wären sie allesamt Dagobert-Typen. Die Wirtschaftswissenschaft nannte dieses Subjekt »homo oeconomicus« und legte es ihren Theorien zugrunde. Heute weiß man, dass Emotionen im Marktgeschehen eine wesentliche

Rolle spielen. Die Wegbereiter für diese Erkenntnis waren der Psychologe Daniel Kahnemann und der Ökonom Vernon Smith, die für ihre Arbeiten im Jahr 2002 den Nobelpreis für Wirtschaftswissenschaften bekommen haben. Insbesondere handeln Menschen mehr emotional als rational, wenn sie unsicher sind und nicht alle Informationen haben, die sie eigentlich bräuchten. Nachrichten und Neuigkeiten werden außerdem sehr unterschiedlich bewertet. Wird die eigene Erwartung erfüllt und bestärkt die Information eine Person in ihrem eigenen Weltbild, wirkt die Meldung glaubwürdiger. Fehlen Zeit und Informationen, greift man auf so genannte Heuristiken zurück, was in der Praxis heißt, dass der Bauch entscheidet. Das ist ein Rückgriff auf die Vergangenheit und passt häufig zu der Person. Obwohl Angst bekanntlich kein guter Ratgeber ist, hilft es aber, sich seiner augenblicklichen Stimmungen und Gefühle bewusst zu werden.

## *Wie würden Sie entscheiden?*

1. Jemand lädt sie ein, bei einem Münzspiel mitzumachen. Fällt die Münze auf den Kopf, gewinnen Sie 200 Euro, zeigt sie dagegen eine Zahl, verlieren Sie 100 Euro. Wie entscheiden Sie sich:
   - ☐ Ja, mache ich.
   - ☐ Nein, mache ich nicht.
   - ☐ Ja, wenn ich 100 Versuche habe.

2. Sie kaufen in einem Kaufhaus ein. Welcher Preisnachlass wäre für Sie ein größerer Kaufanreiz?
   - ☐ 10 Euro auf ein 30-Euro-T-Shirt.
   - ☐ 10 Euro auf einen 500-Euro-Fernseher.
   - ☐ Beide Angebote sind gleichwertig.

3. Sie sind an einem Strand während Ihrer wohlverdienten Sommerferien. Die Sonne brennt, und Sie haben großen Durst auf Ihr Lieblingsbier. Wo wären Sie bereit, für Ihr Bier mehr auszugeben:
   - ☐ In der Bar eines First-Class-Hotels?
   - ☐ In einem schäbigen Lebensmittelladen?
   - ☐ Weder-noch. Sie würden nur den gleichen Preis wie in der Heimat zahlen.

## Auflösung

*Frage 1:* Der »homo oeconomicus« hätte sich für die dritte Antwortmöglichkeit entschieden, wenngleich bereits ein einmaliger Wurfversuch mathematisch Sinn macht. Die meisten Menschen, so hat der bekannte Ökonom Paul Samuelson herausgefunden, würden es ablehnen, überhaupt einen Münzwurf zu wagen, weil sie zu risikoscheu sind.

*Frage 2:* Für den »homo oeconomicus« sind beide Rabattvarianten im wahrsten Sinne gleichwertig, denn die Ersparnis beträgt jeweils 10 Euro. Für den Durchschnittsverbraucher ist der Preisnachlass auf das T-Shirt interessanter, da er den relativen Vorteil auf den Ursprungspreis im Auge hat.

*Frage 3:* Der »homo oeconomicus« würde nicht für ein und dasselbe Produkt unterschiedliche Preise zahlen. Der durstige Urlauber ist dagegen fast immer bereit, für das Bier aus dem Hotel mehr zu zahlen, denn: »Man gönnt sich ja sonst nichts.«

## Dagobert – der Vater der Industrialisierung

Stechuhren, elektronische Zeiterfassungssysteme, das alles sind Instrumente, die dem Denken des Dagobert entspringen. Henry Ford, Erfinder der industriellen Massenfertigung von Automobilen, setzte im Dagobertschen Sinn Maßstäbe: Er war der Erste, der den komplizierten Vorgang des Autobauens in berechen- und planbare Teilschritte zerlegte, die sich in höherer Geschwindigkeit als vorher beliebig oft wiederholen ließen. Ohne diese Logik wäre das Wirtschaftswachstum des vergangenen Jahrhunderts nicht möglich gewesen, nur so ließ sich die industrielle Massenfertigung so effizient machen, dass ehemalige Luxusgüter wie Autos, Uhren, Fernseher, Videorecorder, Computer oder Mobiltelefone so billig wurden, dass die breite Bevölkerung sie sich leisten konnte.

## Haltung und Selbstdisziplin

Auch am Arbeitsplatz ist Dagobert sehr effizient. Er strukturiert Projekte in überschaubare Teile, die er dann pünktlich und gewissenhaft abarbeitet. Er nutzt intensiv die Kalenderfunktion auf seinem Computer und ist auch bei Verabredungen immer pünktlich, sofern er selbst die Pünktlichkeit steuern kann. Wenn er im Stau steht und auf keine Umleitung ausweichen kann, dann reagiert er darauf äußerst ungehalten. Der Dagobert-Typ ist ein großer Anhänger von strukturierten Tagesabläufen. Dass ein genau geplanter Tagesablauf aber auch zum Korsett werden kann, zeigt das Beispiel des Königsberger Philosophen Immanuel Kant. So berichtet ein zeitgenössischer Biograf von den Besuchen Kants bei seinem Freund Josef Green: »Kant ging jeden Nachmittag hin, fand Green in einem Lehnstuhle schlafend, setzte sich neben ihn, hing seinen Gedanken nach und schlief auch ein; dann kam Bankdirektor Ruffmann und tat ein Gleiches, bis endlich Motherby zu einer bestimmten Zeit ins Zimmer trat und die Gesellschaft weckte, die sich dann bis sieben Uhr mit den interessantesten Gesprächen unterhielt. Diese Gesellschaft ging so pünktlich um sieben Uhr auseinander, dass ich öfters die Bewohner der Straße sagen hörte: es könne noch nicht sieben sein, weil der Professor Kant noch nicht vorbeigegangen wäre.« (Quelle: Weischedel, Wilhelm: *Die philosophische Hintertreppe* © 1966 by Nymphenburger in der F. A. Herbig Verlagsbuchhandlung GmbH, München)

Berichte oder Anweisungen für seine Kollegen formuliert Dagobert deutlich; das Wort »eigentlich« verwendet er nur selten. In Bezug auf sein Arbeitsergebnis hat er klare Vorstellungen. Wenn er alleine für sich arbeitet, dann ist das kein Problem, wohl aber bei Teamwork. Wenn die anderen nicht so funktionieren, wie er es möchte, macht er ihre Aufgabe kurzerhand selbst. Das ist auch der Grund, warum er sich regelmäßig ein zu großes Arbeitspensum auflädt. Gleiches gilt auch zu Hause: Dagobert-Typen trauen es anderen oft nicht zu, die Spülmaschine richtig einzuräumen, die Wäsche richtig zu waschen oder dem Baby die Windel richtig zu wechseln.

Überhaupt zeigt Dagobert im Berufsleben Haltung: Er bewahrt nach außen die Form, gibt nicht jedem spontanen Gefühl nach, auch wenn es Kraft kostet. »Qualität kommt von Qual«, dieser Leitspruch, den Wolf Schneider, der ehemalige Leiter der Hamburger Journalistenschule, prägte, entspringt dieser Haltung. Sich selbst zu disziplinieren hat Vor- und Nachteile: In sehr turbulenten Umgebungen, in denen sich alles von einem Tag auf den anderen ändert, wirkt Dagobert mit seinem Ehrenkodex auch wie eine Innovationsbremse. In extrem turbulenten Umwelten kann Dagobert mit seiner Selbstdisziplin aber auch zum Orientierungspunkt werden. Der Arbeitspsychologe Professor Gerhard Blickle von der Universität Mainz beispielsweise ist davon überzeugt, dass »es wichtig ist, sich selbst zu kontrollieren, wenn man bei anderen etwas bewirken möchte«.

**Neigung zur Sucht**

Das bedeutet nun nicht, dass Dagobert-Typen reine Moralapostel wären. Sie sind durchaus suchtanfällig zum Beispiel für Alkohol, Zigaretten, Sex oder Glücksspiel. Dieser scheinbare Widerspruch zu ihrem eigenen Kontrolldenken lässt sich damit erklären, dass sie auf die Verbote anderer allergisch reagieren. Für sie wird das, was verboten ist, erst richtig attraktiv. Literarisches Beispiel dafür ist Professor Rath im »Blauen Engel« von Heinrich Mann: Der ehemals hochdisziplinierte Gymnasialprofessor verfällt hemmungslos den Reizen der Tingeltangel-Sängerin Lola, die im gleichnamigen Film von Marlene Dietrich so hinreißend dargestellt wird.

**Regelmäßige Gesundheitschecks**

Trotz der Gefahr durch Süchte lebt der Dagobert-Typ tendenziell gesünder als andere Geldtypen. Er geht regelmäßig zu den empfohlenen Vorsorgeuntersuchungen, lässt sich auf Herz und Nieren durchchecken, kennt seinen Blutdruck und seinen Cholesterinwert. Allerdings haben Dagobert-Typen mit der Figur eher ein Problem. Ist er nicht von vornherein schlank, zählt der Dagobert-Typ gern Kalorien und achtet streng aufs Fett. Die äußere Kontrolle durch Fettpunktekonto oder Diäten liegt zwar in seiner Natur, kann jedoch den Hunger nur schwer bremsen. Wenn die Waage erst einmal Alarm schlägt, hat er auch kein Problem damit, eine Diät zu machen oder sogar ein Fastenprogramm durchzuhalten: Das Erfolgserlebnis, seinen Hunger kontrollieren zu können, entschädigt ihn für entgangene Genüsse, die ihn sowieso nicht allzu sehr anfechten: Er ist kein sehr ausgeprägter Genussmensch, sondern eher Asket, was nicht im Widerspruch zur Suchtanfälligkeit stehen muss.

Beim Sport ist der Dagobert-Typ übrigens meistens derjenige, der mit einer Pulsuhr herumläuft und beim Joggen genau wissen will, wie schnell sein Herz schlägt. Fahrrad-Ergometer, die die erreichte Geschwindigkeit und die zurückgelegte Strecke anzeigen, gehören zu seinen Lieblingsspielsachen.

## Weitsichtige Urlaubsplanung

Wenn Dagobert-Typen eine Urlaubsreise antreten, dann geschieht dies nicht ohne vorherige Planung. Reisen ins Blaue sind ihnen ein Graus. Sie müssen genau wissen, wo sie nachts ihr Haupt betten. Schon ein Jahr vor der Reise wälzen sie Kataloge, ziehen Vergleiche und buchen frühzeitig, um sicherzugehen, dass sie auch tatsächlich das Zimmer mit Meerblick bekommen. Die Reiseführer haben sie selbstverständlich schon vor Reiseantritt studiert und verblüffen die anderen Reisegäste mit ihrer Sachkenntnis. Für die Veranstalter und Hoteliers sind sie nicht die angenehmsten Kunden, denn sie kennen ihre Rechte genau und fordern sie ein. Wenn nicht alles so ist wie im Katalog angegeben, dann führen Dagobert-Typen genau Buch über die Unzulänglichkeiten und ruhen nicht eher, bis sie einen angemessenen Schadensersatz dafür bekommen haben. Bei Abenteuerreisen sind Dagobert-Typen ideale Gefährten. Sie haben sich nämlich schon lange im Vorfeld mental mit den möglichen Risiken auseinander gesetzt und sich akribisch darauf vorbereitet. In die Sahara zum Beispiel wagen sie sich nur mit dem eigenen Geländewagen, wenn sie auch dazu in der Lage sind, den Motor auseinander zu nehmen und zu reparieren. Keine Frage, dass sie niemals ohne einen Wasservorrat für mindestens eine Woche fahren würden. Wenn Sie krank werden, dann sollten Sie sich am besten an Dagobert wenden: Er hat auch für diesen Fall die notwendigen Medikamente im Gepäck.

## Deutschland ist das ideale Land für Dagobert

Weil die Deutschen insgesamt recht stark dazu tendieren, Dinge zu kontrollieren, haben wir immer wieder andere Nationen verblüfft: Ohne Dagobert-Haltung wäre das Wirtschaftswunder nach dem zweiten Weltkrieg ebenso wenig möglich gewesen wie die jahrzehntelange Spitzenstellung bei Exportgütern. Das positiv wirkende Bedürfnis nach Sicherheit und Kontrolle hat allerdings auch seine Schattenseiten: Weil die Dagobert-Deutschen fast krampfhaft an ihren sozialen Sicherungssystemen festhalten, ist Wandel und Weiterentwicklung derzeit kaum möglich. Für den einzelnen Dagobert ist die aktuelle Wirtschaftsflaute besonders mit Ängsten verbunden: Er leidet darunter stärker als die anderen Geldtypen. Er hat in der Vergangenheit den bislang so gut funktionierenden Dagobert-Mechanismen oft sein Privatleben untergeordnet. So mancher Dagobert hat seine sozialen Kontakte zugunsten seines beruflichen Engagements hintangestellt und leidet nun, besonders wenn sein Job dem Rotstift zum Opfer fiel, unter Einsamkeit. Weil ihm das Lockere, Spielerische, Genussvolle suspekt ist, fehlt ihm ein wenig die Leichtigkeit, seinen Blick auf die immateriellen Vermögenswerte zu lenken, die gerade in schwierigen Zeiten das Leben so bereichern.

## Der Sterntaler-Typ

Märchen, mögen sie noch so fantastisch anmuten, beinhalten meist eine Grundweisheit, sie repräsentieren einen Archetypus, der für ein Muster menschlichen Verhaltens steht. Das Märchen vom Sterntaler handelt – wenn auch in überspitzter Form – von dem Verhalten, das für diejenigen Menschen typisch ist, bei denen das Grundbedürfnis nach Bindung besonders stark ausgeprägt ist: Es geht darum, dem Wohlergehen anderer, und der Beziehung zu ihnen, höchste Priorität einzuräumen – und dabei erst einmal nicht an den eigenen materiellen Vorteil zu denken.

### *Das Märchen vom Sterntaler*

Es war einmal ein frommes Mädchen, dem waren Vater und Mutter gestorben und es war so arm, dass es kein Kämmerchen mehr hatte, darin zu wohnen, und kein Bettchen mehr, darin zu schlafen und endlich gar nichts mehr als die Kleider auf dem Leib und ein Stückchen Brot in der Hand, das ihm ein mitleidiges Herz geschenkt hatte. Und weil es so von aller Welt verlassen war, ging es hinaus in die Welt. Da begegnete ihm ein armer Mann, der sprach: »Ach, gib mir etwas zu essen, ich bin so hungrig.« Es reichte ihm sein Brot und ging weiter.

Da kam ein Kind, das jammerte und sprach: »Es friert mich so an meinem Kopfe, schenk mir etwas, womit ich ihn bedecken kann.« Da tat es seine Mütze ab und gab sie ihm. Und als es noch eine Weile gegangen war, kam wieder ein Kind und hatte kein Leibchen an und fror. Da gab es ihm seins. Und noch weiter, da bat eins um ein Röcklein, das gab es auch von sich hin. Endlich gelangte es in einen Wald, und es war schon dunkel geworden, da kam noch eins und bat um ein Hemdlein, und das Mädchen dachte: »Es ist dunkle Nacht, da sieht dich niemand, du kannst wohl dein Hemd weggeben«, und zog das Hemd aus und gab es auch noch hin.

Und wie es so dastand und gar nichts mehr hatte, fielen auf einmal die Sterne vom Himmel und waren lauter harte, blanke Taler. Und ob es gleich sein Hemdlein weggegeben, so hatte es ein neues an, und das war vom allerfeinsten Linnen. Da sammelte es sich die Taler hinein und war reich sein Lebtag.

Die wohl berühmteste Sterntaler-Frau ist Mutter Teresa. Die katholische Ordensschwester albanischer Abstammung lebte 20 Jahre als Ordensfrau in Kalkutta, bis sie 1946 zu ihrer eigentlichen Aufgabe fand, Einsamen und Sterbenden zu helfen. 1950 gründete sie in Kalkutta, dort, wo die Not am größten war, den Orden »Missionarinnen der Nächstenliebe«. Sie nahm sich der Sterbenden in den Straßen an und sorgte dafür, dass diese ihre letzten Stunden oder Tage in einer menschenwürdigen Umgebung verbringen konnten. »Der Erfolg? Ein dankbarer Blick aus brechenden Augen«, schrieb der englische Journalist Malcolm Muggeridge. Materielles war für den »Engel der Armen«, wie die Preisträgerin des Friedensnobelpreises des Jahres 1979 auch genannt wird, kein Kriterium.

Tatsächlich belegen Studien: Selbstloses Engagement nutzt auch den Helfern. »Der Mensch ist von Natur aus hilfreich, edel und gut« – mit seiner optimistischen Sicht der Dinge hatte der französische Philosoph Jean-Jacques Rousseau vor mehr als 200 Jahren offensichtlich bereits tief in die Doppelhelix unserer Gene geblickt. Denn das Bedürfnis zu helfen, davon ist der Autor Allan Luks überzeugt, ist nicht nur erlernt, sondern angeboren. Luks sieht das in der spontanen Bereitschaft, einem in Not geratenen Menschen beizustehen, bestätigt und durch das Prestige, das Helfertätigkeiten genießen. Amerikaner nennen das Hochgefühl, das eintritt, wenn man jemandem geholfen hat und dafür Anerkennung erntet, *helper's high*.

## Die Stützen unserer Gesellschaft

Ohne Sterntaler-Typen könnte unsere Gesellschaft in der gewohnten Form nicht funktionieren. Ohne die aufopfernden Krankenschwestern würde in den Kliniken der Notstand ausbrechen. Ohne Kindergärtnerinnen würden Kinder weniger engagiert in ihrer Entwicklung gefördert. Ohne Heilpädagogen wären behinderte Menschen in unserer Gesellschaft noch stärker benachteiligt, als sie es von Natur aus ohnehin schon sind. Fest steht aber auch, dass diejenigen, die sich in einem sozialen Beruf engagieren, gegenüber den anderen Geldtypen finanziell häufig zu kurz kommen.

Die gesellschaftliche Gruppe, die den Typus des Sterntalers am häufigsten repräsentiert, sind Hausfrauen. Sie verwöhnen ihre Babys, sorgen dafür, dass die Kleinkinder rechtzeitig vom Kindergarten abgeholt

## Die vier Geldtypen 65

werden, überwachen bei ihren Schulkindern die Hausaufgaben, sorgen für das leibliche Wohl ihrer Ehemänner, halten die Wohnung sauber und den Kühlschrank gefüllt. Sie sind es auch, die sich in Deutschland am stärksten in der Altenpflege engagieren: Ende 1998 wurden über 70 Prozent der Pflegebedürftigen zu Hause gepflegt; nur knapp 30 Prozent waren auf ein Pflegeheim angewiesen. Das Statistische Bundesamt hat Anfang der neunziger Jahre herausgefunden, dass rund zwei Drittel der jährlich erbrachten 124 Milliarden Arbeitsstunden in Deutschland auf unbezahlte Arbeit entfallen!

Würde man die Leistung der Hausfrauen in finanzieller Hinsicht berechnen, käme man auf unglaubliche Zahlen. Nehmen wir nur einmal eine Mutter mit einem Kleinkind, das noch keine Nacht durchschläft. Von sagen wir realistisch 7 Uhr morgens bis 20 Uhr abends ist sie damit im Dauereinsatz, das macht täglich 13 Stunden, sieben Tage die Woche. Auch nachts hat sie keine Freizeit, denn sie steht sozusagen im »Bereitschaftsdienst« Gewehr bei Fuß, damit die Bedürfnisse ihres Kleinen zu jeder Zeit erfüllt werden können. Setzt man für die Vielfachbelastung einer Hausfrau nur den Mindestlohn für eine Haushälterin in Höhe von 8,34 Euro an (und bewertet jede Nachtwache pauschal mit 25 Euro), dann ergibt das einen Monatslohn von tatsächlich 4002,60 Euro. Das ist viel für einen Berufsstand, dessen offizielle Anerkennung weit hinter dem zurückliegt, was seine Leistungen eigentlich wert sind.

Darüber hinaus werden aufgrund ihrer Familienarbeit Hausfrauen im Alter sogar diskriminiert. Während sich kinderlose Frauen durch ihre Berufstätigkeit einen eigenen Rentenanspruch schaffen, gehen »Nur-Hausfrauen« oft leer aus. Sie sind es, die mit viel Engagement die Arbeitnehmer, die später Rente zahlen, aufziehen, bei diesem Engagement selbst aber nur einen geringen Rentenanspruch erwerben. Ihre eigenen Kinder zahlen für andere, sie selbst haben keine große finanzielle Unterstützung zu erwarten. Dies wird von offizieller Seite bestätigt: Im *Dritten Bericht zur Lage der älteren Generation in der Bundesrepublik Deutschland* heißt es: Verheiratete Frauen (darunter viele Hausfrauen) können derzeit im Alter von 65 Jahren mit einem Rentenanspruch von durchschnittlich 437 Euro rechnen. Der Rentenanspruch von Frauen, die ihrer Erwerbsarbeit nachgehen, ist im Vergleich dazu doppelt so hoch, nämlich 877 Euro. Da helfen auch die drei Jahre Erziehungszeit nicht viel, die Frauen in der gesetzlichen Rentenversicherung für jedes Kind, das nach dem 1. Januar 1992 geboren wurde, angerechnet werden.

## Die Hilfskonstruktion vom »schlechten« Geld

Weil Sterntaler-Typen aufgrund ihrer sozialen Ader zwangsläufig gelernt haben, sich mit wenig Geld zufrieden zu geben, greifen sie häufig zu Hilfskonstruktionen, um sich diesen Zustand erträglich zu machen. Gerade bei Berufsgruppen, die sich sozial engagieren, herrscht deshalb häufig die Einstellung, Geld sei schmutzig. Es gibt viele Redensarten, die dem Wort eine negative Bedeutung verleihen, wie »Geld macht nicht glücklich« oder »Geld verdirbt den Charakter«. Durch diese negative Einstellung zum Geld blockieren sich viele Sterntaler selbst gegenüber den Möglichkeiten, die Geld ihnen bieten kann.

## Monetäre Abwehrhaltung

Weil Geld für sie etwas Negatives ist, haben viele Sterntaler keine Lust sich darum zu kümmern und es zu vermehren. Gespräche mit Bankern sind ihnen ein Gräuel, und für Informationen in diese Richtung haben sie selten ein offenes Ohr. Den Lohnsteuerjahresausgleich, der ihnen die dringend benötigte Steuerrückzahlung bescheren könnte, schieben sie so lange wie möglich nach hinten.

## Für sie bleibt oft zu wenig übrig

Aufgrund ihrer Einstellung, dass Geld nicht wichtig sei, denken sie auch bei ihrer Eheschließung nicht daran, sich für später abzusichern. Sie sind sich ihrer Liebe ja sicher, heiraten nicht aus Berechnung und halten es für höchst unanständig, bei dieser wichtigsten Lebensentscheidung das Thema Geld zu thematisieren. So sind unter Sterntaler-Typen häufig Frauen vertreten, die im Falle einer Scheidung um ihre Existenz gebracht werden. Von derartigen Fällen berichtet beispielsweise Doris Manthei von der Wiesbadener Beratungsstelle »BerufsWege für Frauen«. Nach ihrer Beobachtung stehen auch gut situierte Frauen nach der Trennung oft vor dem Nichts, weil es ihr Ehemann geschickt versteht, sein zu teilendes Einkommen ihrem Zugriff zu entziehen. Dass sie so übers Ohr gehauen werden, halten Sterntaler-Frauen oft erst dann für möglich, wenn es für sie zu spät ist.

Ähnlich steht es mit ihrer eigenen Altersversorgung. Sterntaler glauben an das Solidarprinzip. Sie gehen davon aus, dass sich im Alter die Menschen um sie sorgen werden, denen sie in ihrer aktiven Zeit Fürsorge geschenkt haben. Manchmal geht diese Idee auf, aber in den meisten Fällen nicht so wie erhofft. Sterntaler-Typen gehören zu den Menschen, die häufig von Altersarmut betroffen sind. Weil sie durch das weitmaschige Netz der gesetzlichen Rentenversicherung fallen. Oder aber weil das Leben ganz anders als erhofft spielt: Häufig sind Entwürfe für den Ruhestand durchkreuzt worden, weil beispielsweise die eigenen Kinder sich im Ausland eine eigene Existenz aufgebaut haben. Oder weil sie sich mit Partnern zusammengetan haben, die ganz andere Vorstellungen von Familiensinn haben. Was für Geld gilt, gilt für die Zeit umso mehr. Weil Sterntaler-Typen schlecht Nein sagen können, besteht bei ihnen oft die Gefahr, sich zu überlasten. Weil sie sich als Helfer bewährt haben, werden sie von allen Seiten um Hilfe gebeten. Anfangs freuen sie sich sogar darüber, dass sie von anderen Mitmenschen bei Problemen oft ins Vertrauen gezogen werden. Aber irgendwann überschreitet ihre Hilfsbereitschaft die Grenzen dessen, was ihnen selbst gut tut.

## Absage an den konventionellen Konsum

Weil Geld für Sterntaler-Typen oft fragwürdig ist, begeistern sie sich selten für den Konsum. Sie zählen nicht zu den Menschen, die gerne einen Schaufensterbummel machen. Wenn sie etwas kaufen, dann stellen sie ihre eigenen Bedürfnisse oft hintenan. Viele Hausfrauen berichten davon, dass sie mit ihrem ohnehin knappen Geld eher für ihre Kinder neue Schuhe kaufen, als sich selbst etwas Neues zu leisten. Ähnliches gilt auch für engagierte Familienväter, die lieber ihren Anzug so lange anziehen, bis er an den Ärmeln zu glänzen beginnt, als die Familienkasse mit einer Anschaffung zu belasten. Sterntaler-Typen gehören zu den Flohmarktkäufern, denen es durchaus nichts ausmacht, dass vorher jemand anderes das erstandene Stück genutzt hat. Manche von ihnen haben sich bewussten Konsumverzicht auf die Fahnen geschrieben und erinnern damit an ein Armutsideal, wie es Franz von Assisi geprägt hat.

### Engagierte Käufer von Bioprodukten

Bei allem Verzicht gibt es jedoch durchaus Bereiche, in denen sich Sterntaler zu äußerst bewussten Konsumenten verwandeln, nämlich wenn es um die Gesundheit der ihnen anvertrauten Kinder und Familienmitglieder geht. Fast Food, Zuckerzeug oder gar genmanipulierte Lebensmittel kommen für sie nicht infrage. Sterntaler-Typen sind typische Kunden von Biobauern und -läden und sind bestens informiert über die Gefahren, die industriell verarbeitete Lebensmittel in sich bergen. Aus diesem Grund sind sie Anhänger der Frischküche und machen sich gerne die Mühe, aufwändig zu kochen. Allerdings hat Kochen und Essen für sie weniger mit Genuss als mit gesunder Ernährung zu tun. Es macht ihnen nichts aus, auf opulente Sahnesaucen zu verzichten, wenn es nur dem Wohlbefinden des von Allergien geplagten Ehemannes dient.

Überhaupt können sich Sterntaler-Typen für alternative Formen des Konsums begeistern. Konzepte, die die gemeinsame Nutzung eines im Kollektiv angeschafften Gegenstandes vorsehen, sind ganz nach ihrem Geschmack, zum Beispiel Car-Sharing oder Tauschringe.

### Wenn Sterntaler Beziehungen kaufen

So heil, wie sie klingt, ist die Welt der Sterntaler-Typen aber nicht immer. So stark das Bedürfnis nach Nähe und Bindung auch ausgeprägt sein mag, so gibt es doch viele Sterntaler, die sich im Umgang mit anderen Menschen schwer tun. Ein unsicherer Bindungsstil (wo er herkommt, haben wir bereits ausführlich in Kapitel 1 beschrieben) kann zwei ganz unterschiedliche Verhaltensmuster zur Folge haben. Manche Sterntaler entwickeln ein Helfersyndrom, das dazu führt, dass sie immer nur geben, ohne einen Ausgleich dafür annehmen zu wollen. Später wundern sie sich, weil sich diejenigen, denen sie so aufopferungsvoll geholfen haben, immer mehr von ihnen zurückziehen, ohne ihnen die erhoffte Zuneigung oder Dankbarkeit entgegenzubringen. »Solche Helfer bleiben einsam und sind oft verbittert«, weiß der Psychologe Bert Hellinger. Der Grund liegt auf der Hand: »Wer nur geben will, hält fest an einer Überlegenheit, die nur vorübergehend sein darf, weil sonst dem anderen die Ebenbürtigkeit verweigert wird«, so erklärt der Begründer der systemischen Familientherapie diesen Mechanismus, der für manchen Sterntaler-Typen einen großen Stolperstein in Sachen Lebensglück darstellt.

Häufig tendieren unsichere Sterntaler-Typen auch dazu, sich die gewünschte menschliche Nähe mit Geld zu erkaufen. Sterntaler müssen nicht Millionäre sein, um diese Verhaltensweisen zu entwickeln. Denn Sterntaler mit unsicherem Bindungsstil leben oft über ihre finanziellen Verhältnisse, um den oder die Angebetete in die nobelsten Lokale führen zu können. Sie geben viel Geld für Geschenke aus, in der Hoffnung, dass sich damit die ersehnte Liebe einstellt.

## Begeisterung für transzendente Ideale

Das Bedürfnis nach Bindung geht bei den Sterntaler-Typen weit über das Zwischenmenschliche hinaus. Sterntaler engagieren sich häufig für den Umweltschutz, denn sie empfinden nicht nur Verantwortung für ihr unmittelbares Umfeld, sondern für den ganzen Planeten. Sie sind häufig spirituell interessiert und gehören oft einer Glaubensgemeinschaft an. Für diese Ideen und Ideale sind sie durchaus bereit, Geld auszugeben. Sie zahlen ohne mit der Wimper zu zucken für die Mitgliedschaft im Bund Naturschutz oder im Alpenverein. Wenn das Rote Kreuz zum Spenden für Flutopfer aufruft, ist es keine Frage, dass sie mit dabei sind. Und sie schreiben nicht nur einen Pro-forma-Betrag auf den Überweisungsschein, sondern eine Summe, die ihrem Geldbeutel wehtut. Die flackernden Zeichen der Sterntaler-Haltung sind tagtäglich im Frankfurter Liebfrauen-Kloster zu besichtigen. Unweit des Bankenviertels mit seinem dem Mammon geweihten Wolkenkratzern existiert dort eine spirituelle Nische, die täglich Tausende von Menschen anzieht. Wie die Brüder des

Minoriten-Klosters berichten, werden dort zu Ehren Marias monatlich mehr als 40 000 Kerzen entzündet.

Doch anders als in der Bibel beschrieben reicht es in der heutigen Welt nicht aus, sich ausschließlich Reichtümer im Himmelreich anzusammeln. Denn nur die wenigsten Sterntaler-Typen sind zum Heiligen geboren wie Franz von Assisi oder Mutter Teresa. Gerade weil sie so an ihrem Mitmenschen interessiert sind, ist es wichtig, die Bedeutung des Geldes nicht aus den Augen zu verlieren. Denn Geld kann sie in ihrer Sinnsuche und dem tiefen Bedürfnis nach Bindung sehr positiv unterstützen. Der amerikanische Psychologe Professor Jacob Needleman, der sich jahrzehntelang mit dem Phänomen Geld beschäftigt hat, kommt zu dem Fazit: »Unser Leben ist eine Hölle, nicht weil Geld so wichtig für uns ist, sondern weil es nicht wichtig genug ist.« Für ihn ist Geld ein einzigartiges Mittel der Selbsterkenntnis. »Richtig verwendet, erlaubt uns das Geld zu leben, zu essen, zu trinken, uns zu beschützen, unseren Familien und Freunden zu helfen, unsere Gesundheit zu erhalten und bestimmte Ziele zu erreichen«, schreibt er in seinem Buch *Geld und der Sinn des Lebens*. Gerade die Sterntaler-Typen sind deshalb gefordert, Geld größere Beachtung zu schenken. Denn Geld kommt zu dem, der es liebt.

## Der Hans-im-Glück-Typ

Mit ihrer Unbekümmertheit, ihrer Begeisterungsfähigkeit für Neues, erinnern die vom Bedürfnis des Lustgewinns gesteuerten Geldtypen an die Geschichte von Hans im Glück: Es ist die Parabel von einem Menschen, der ein großes Vermögen für das Glück des Augenblicks hingibt und am Ende mit leeren Händen dasteht.

### *Das Märchen von Hans im Glück*
(frei nach den Brüdern Grimm)

Sieben Jahre lang hatte Hans in einer Hamburger Werbeagentur als Grafiker gearbeitet, da hatte er von der Großstadt genug und fand es an der Zeit, wieder in die rheinische Provinz zurückzukehren. Und weil er in einer Phase bei der Werbeagentur eingestiegen war, als es ihr noch gut ging, hatte er ein dickes Depot an Genussscheinen angesammelt, das er nun als Startkapital für sein neues Leben mitnehmen konnte. Als er nach seiner Kündigung ein letztes Mal über die Rotenbaum-Chaussee bummelte, stand er plötzlich vor seinem Traumauto: einem gelben Porsche Boxter, noch keine drei Jahre alt, und er stand zum Verkauf, wie auf einem Zettel zu lesen war. Der Kaufpreis entsprach fast genau dem Betrag in seinem Depot – und das wertete Hans als Zeichen des Himmels. Er rief sofort per Handy den Verkäufer des Porsches an und wurde nur eine Stunde später mit ihm handelseinig. Schon am nächsten Tag hatte Hans sein neues Auto auf seinen Namen umgemeldet und er konnte die erste Spritztour machen in Richtung Süden, seinem Ziel. 180, 200, 220 Kilometer die Stunde – er fuhr wie im Rausch. Als er bei Osnabrück von der Autobahn abfuhr, um zu Mittag zu essen, passierte das Unglück: Er war zu schneidig in die Ausfahrt eingebogen und landete im Straßengraben. Doch er hatte Glück: Ihm selbst war nichts passiert, aber der Porsche sah ziemlich ramponiert aus.

Der Inhaber des Abschleppdienstes, der ihn und sein Auto nach Bramsche brachte, machte ihm gleich ein Angebot. Er wollte den Porsche in Zahlung nehmen und Hans sollte sich aus seinen Gebrauchtwagen ein Auto im Wert von 10.000 Euro aussuchen. Hans nahm das Angebot an und entschied sich für einen Jeep. Der würde ihm im Bergischen Land gute Dienste leisten. Denn dort besaß er ein Stück Wald, das er von seinem Vater geerbt hatte. Voller Vorfreude probierte er das neue Auto gleich im Teutoburger Wald aus, und weil es dort wochenlang stark geregnet hatte, waren die Wege sehr morastig. Mit Schmackes fuhr er hinein, dass der Schlamm nur so spritzte, er jubilierte vor Vergnügen – bis er in einem Schlagloch stecken blieb. Alleine bekam er den Wagen nicht frei, deswegen war er richtig erleichtert, als endlich ein Bauer auf einer Geländemaschine des Wegs kam. Der half ihm zunächst, den Jeep aus dem Schlagloch zu befreien und bot ihm an, ihn gegen das Motorrad zu tauschen. Hans willigte ein und fuhr mit der neuen Maschine in das nächste Dorf, um sich eine Unterkunft zu suchen. Weil er Hunger und Durst hatte, ging er gleich in die Dorfkneipe. Dort traf er auf einen verrückten Tüftler, der eine Popcornmaschine für Wirtshäuser entwickelt hatte. Hans war schlagartig fasziniert von der Apparatur, die wie eine Espressomaschine aussah und nach Einwurf von einem Euro auf Knopfdruck süßes oder salziges Popcorn frisch zubereitete. Plong, plong, plong, die Maiskörner, die in der Maschine zu Popcorn aufknallten, klangen in seinem Kopf wie prasselnde Eurostücke. Er sah sich vor seinem geistigen Auge schon durch diesen Apparat zum Millionär werden. Noch am gleichen Abend überredete er den schrulligen Bastler, ihm die Rechte für seine Popcornmaschine abzutreten, im Gegenzug gab er ihm die Geländemaschine in Zahlung. Mit schwerem Gepäck fuhr Hans am nächsten Morgen nach Hamburg zurück, um auf die Erfindung sofort ein Patent anzumelden. Das, was ihm sein Anwalt wenige Tage später sagte, war mehr als ernüchternd: Ein amerikanischer Großkonzern hatte sich längst die Weltrechte für einen ähnlichen Apparat gesichert, seine Version war vollkommen wertlos. Doch Hans war alles andere als betrübt, als er dies hörte. Denn in den vergangenen Nächten hatte er kaum ein Auge zugetan, so sehr hatten ihn die Sorgen gedrückt, was nun an Arbeit auf ihn zukommen würde: Geschäftspläne, Verhandlungen mit Banken, Verkaufsgespräche mit Kneipenwirten waren ihm auf einmal wie ein Alptraum vorgekommen. Er warf die Maschine auf den Müll und war plötzlich sehr erleichtert. Mit leeren Händen und unbelastet von seiner Vergangenheit kehrte er in seine Heimat zurück, wo schon seine Mutter auf ihn wartete.

## Weltmeister im Genießen

Kein anderer Geldtyp kann so im Genießen aufgehen wie der Hans-im-Glück-Typ. Hören, schmecken, riechen, fühlen – in der faszinierenden Welt der Sinneswahrnehmungen ist Hans-im-Glück Experte. Er weiß um die Magie der Düfte, weiß die Geruchsrichtungen gezielt einzusetzen. In seinem Badezimmer sind die großen Namen der Parfumeure alle vertreten und das nicht in der Sparversion, sondern gleich in den großen Flaschen.

Was für Parfums gilt, das gilt auch für Wein. Hans-im-Glück-Typen vermögen zu schmecken, aus welcher Region und sogar aus welcher Lage er kommt, sie wissen alles darüber, wie man edle Weine fachmännisch behandelt. Hans-im-Glück-Typen sind natürlich auch begnadete Köche, essen ist für sie keine Nahrungsaufnahme, sondern in erster Linie Genuss.

Während alternde Hans-im-Glück-Typen ihre Genussfähigkeit immer weiter verfeinern, gibt es auch eine moderne Variante des hedonistischen Genießens. Sie hat der Journalist Matthias Heine in der *Welt* so beschrieben: »Der Moment, in dem ein Nahrungstrend den Bezirk elitärer Experimentierer überschreitet, lässt sich nachträglich nicht immer genau bestimmen. Für Nutella als Hauptbestandteil einer Mahlzeit ist die Grenzverletzung in dem Film »Abgeschminkt« von 1993 dokumentiert. Darin wecken zwei coole Stadtneurotikerinnen ihre beste Freundin, indem sie ihr einen Löffel Nussschokoladencreme unter die Nase halten. Diese Handlung beschreibt einen bestimmten Typus junger Frauen: Die widersprüchliche Quartalshedonistin, die so gut wie nichts isst, aber wenn, dann entweder Kartoffelchips oder Nutella. Wie jede Nahrungsentscheidung in der Überflussgesellschaft, in der uns nichts mehr vom Mangel diktiert wird, ist auch diese ein soziales Statement. Es besagt: »Ich habe den eisernen Willen, mir meinen Modellkörper zu erhalten, aber ich bin dennoch ein sinnliches, allen Genüssen aufgeschlossenes Vollweib.«

### Immer auf der Jagd nach dem neuesten Kick

Die Zeit der New Economy war eine Phase, in der Hans-im-Glück-Typen geradezu aufblühten. Von der After-Business-Party, auf der sie bei lauter Musik nach Büroschluss tanzten bis hin zum Stehempfang in der edlen Havanna-Lounge, wo sie sich mit Finger Food der Kunst des Smalltalks hingaben – all diese Anlässe waren ganz nach ihrem Geschmack. Sie passten vom Typus total in die Zeit des »Immer weiter, immer schneller, immer höher«. Selbstverständlich gehörten Hans-im-Glück-Typen zu denjenigen, die sich am Bungeeseil todesmutig in die Tiefe stürzten, um damit den ultimativen Kick zu erleben. Sie sind Snowboarder statt Skifahrer, Fallschirmspringer statt Federballspieler, Rafter statt Ruderer. Hans-im-Glück-Typen langweilen sich schnell und dieser Charakterzug hat sowohl eine positive als auch eine problematische Seite.

### Der große Kreative

Hans-im-Glück-Typen sind kreativ. Weil sie das herkömmliche, althergebrachte als furchtbar langweilig empfinden, werden sie einfach selber aktiv und erfinden Neues, was es in dieser Form bisher noch nicht gab. Und sie haben dazu noch die Gabe, andere Menschen dafür zu begeistern. Die brauchen sie auch, denn für die Mühen des Alltags, der sich unweigerlich einstellt, sind sie nicht geschaffen. Sie brauchen Leute, die sie in der anstrengenden Umsetzung ihrer Idee unterstützen. Denn im Grunde ihres Herzens sind sie zutiefst faule Menschen. Aber weil sie eine ungebremste Begeisterung ausstrahlen, gelingt es ihnen, ihre Gefolgsleute damit anzustecken. Sie sind die geborenen Motivatoren, formulieren die Vision und vermögen es, ihre Leute zu Höchstleistungen anzustacheln. Aus diesem Grund finden sich unter den Hans-im-Glück-Typen auch viele Selfmade-Millionäre, die es aus eigener Kraft geschafft haben, vielleicht von ganz unten, eine Marktnische zu finden und sie zu besetzen.

### Optimistische Lebenseinstellung

Möglich wird der Erfolg des Hans-im-Glück-Typen durch seine positive Lebenseinstellung. Er ist fest davon überzeugt, dass das Schicksal es gut mit ihm meint, manchmal hält er sich sogar für einen Liebling der Götter. Auch Rückschläge vermag er mit seiner rosaroten Brille zu deuten, wie im Märchen: Da hat Hans im Glück alles verloren, er sieht den zuletzt eingetauschten Mühlstein in der Tiefe des Brunnens versinken und was tut er: Er springt vor Freuden auf, kniet dann nieder und dankt Gott mit Tränen in den Augen dafür, dass er ihm die Gnade erwiesen hat und ihn auf eine so gute Art von den schweren Steinen befreit hat, die ihm am Schluss doch hinderlich gewesen waren. »So glücklich wie ich«, ruft er im Original-Märchen aus, »gibt es keinen Menschen unter der Sonne.« Mit leichtem Herzen und frei von aller Last springt er nun fort, bis er daheim bei seiner Mutter ankommt.

## Zocken als Geschäftsprinzip

Hans-im-Glück-Typen sind bereit, alles auf eine Karte zu setzen. Wie der Münchner Filmproduzent Bernd Eichinger beispielsweise, der das Geld der Neuen Constantin Film immer wieder für gewagte Filmprojekte mit ungewissem Ausgang einsetzt. »Geld ist für mich nur ein Treibstoff, um meine Ideen umsetzen zu können«, beschreibt Deutschlands bekanntester Filmproduzent seine persönliche Einstellung zum Mammon.

Es verwundert nicht, dass viele Hans-im-Glück-Typen eine Affiniät für die risikoreiche Börse entwickeln – sei es, indem sie ihr Unternehmen selbst an der Börse lancieren oder als Anleger selbst Aktien kaufen. Von EM.TV bis zum Online-Modeshop Boo.com – unter den Firmenchefs des Neuen Marktes gab es viele Hasardeure, die ihr Glück an der Börse suchten.

Auch unter den Käufern von Aktien des Neuen Marktes finden sich viele Hans-im-Glück-Typen. Sie sind die typischen *day-trader*, schnelle Entscheider, die aus den täglichen Preisschwankungen an den Börsen Profit zu machen versuchen und permanent Aktien kaufen, verkaufen, das schnelle Geschäft wittern und entsprechend schnell zugreifen.

Weil sie bei ihren Börsengeschäften keine kleinen Beträge einsetzen, sind sie von den Turbulenzen der Börse auch besonders betroffen: In den Zeiten des Börsen-Hypes gehörten sie zu den ganz großen Gewinnern, jetzt nach dem Einbruch allerdings auch zu den großen Verlierern. Manche von ihnen haben sogar Kredite aufgenommen, um ihren Geldeinsatz an der Börse erhöhen zu können. »Wie gewonnen, so zerronnen«, könnte eine Weisheit sein, die Hans-im-Glück-Typen auf der Achterbahn ihres Lebens ständig begleitet.

## Nie reicht das Geld

Weil sein Geschmack so exquisit ist, hat er große Schwierigkeiten, mit seinem Geld auszukommen, mag er auch noch so gut verdienen als Kreativer in einer Werbeagentur, Selbstständiger oder Schauspieler.

Es reicht nie, um seine Lust am Konsum wirklich befriedigen zu können. Hans-im-Glück ist der typische Käufer von teuren Sportautos. Überall ist er ein gerngesehener Gast, denn er macht Umsatz: Er ist ein eifriger Nutzer der Weinkarte und lässt sich vom Maître gerne die Tagesempfehlung des Restaurants schmackhaft machen, ohne dabei nach dem Preis zu fragen. Er achtet sehr auf seine Kleidung, was selbstverständlich auch für die weibliche Ausprägung des hedonistischen Lebensprinzips gilt.

## Kein Gedanke an später

Weil Hans-im-Glück-Typen so sehr im Hier und Jetzt leben, verschwenden sie kaum einen Gedanken an ihre finanzielle Zukunft. Sie sind es gewohnt, ihr Geld für den schnellen Konsum auszugeben. Es widerstrebt ihnen, längerfristige finanzielle Dispositionen zu treffen oder sich länger zu binden. Daher sind sie die typischen Mieter. Sie wollen zwar eine schöne Wohnung, aber sich dafür 30 Jahre lang krumm zu legen, das kommt für Hans-im-Glück-Typen nicht in Frage. Ihr Zeithorizont ist kurz, Gedanken ans Alter sind ihnen lästig. Dann sind sie ohnehin wahrscheinlich schon tot oder sind mittlerweile Millionäre geworden.

Wenn sie beispielsweise Biografien von weltberühmten Hans-im-Glück-Typen lesen, wie etwa die von Casanova, dann interessieren sie sich nur für das Spannende, Schillernde, Lustvolle im Leben des berühmten Frauenhelden. Sie interessieren sich für die Erfolge von Casanova als Kosmopolit, Autor Dutzender von Büchern, Theaterstücken und Pamphleten des Alchimisten und Juristen – und nicht für die Schattenseiten, die auch in seinem Leben unvermeidlich waren. Wie etwa Casanova die letzten Jahre seines Lebens verbrachte, wie er nach zahllosen Reisen schließlich als Bibliothekar des Grafen Waldsteins im böhmischen Dux landete. Dort lebte er 13 Jahre, vom September 1785 bis zu seinem Tod

# Die vier Geldtypen

im Juni 1797, und litt unter den Widrigkeiten des Alltags, die seinem anspruchsvollen Ego mehr und mehr zu schaffen machten.

Warum sollten sich Hans-im-Glück-Typen auch dafür interessieren? Schließlich hat Casanova doch einen Gönner gefunden, der ihm ein Dach über dem Kopf und dazu ein großzügiges Auskommen bot. Schließlich ist doch auch das Märchen vom Hans im Glück gar nicht so schlecht ausgegangen

**Kein Maß und Ziel**

Mit ihrer ungezügelten Lebenslust haben Hans-im-Glück-Typen vor allem mit einem Hinderniss zu kämpfen: ständig übers Ziel hinaus zuschießen und damit öfter als nötig den Boden unter den Füßen zu verlieren. Sie bekommen Ärger, weil sie ihr Konto mal wieder zu sehr überzogen haben und die Bank sich weigert, ihnen die Kreditlinie zu erhöhen oder weil sie sich im Überschwang einer neuen Liebe völlig hingeben und damit ihre mühsam aufgebaute finanzielle Existenz aufs Spiel setzen. Für einen Menschen, der sie fasziniert, sind Hans-im-Glück-Typen nur allzu schnell bereit, alles aufzugeben. Ihre großen Erwartungen sind es, die Hans-im-Glück-Typen aus dem Gleichgewicht bringen. Sie lassen sich schnell von neuem verzaubern und sind schon bald völlig ernüchtert.

## Der Snoopy-Typ

Erinnern Sie sich noch an die Cartoonserie »Peanuts« und an ihre Helden Charlie Brown, Peppermint Patty, Linus, Lucy und den wohl berühmtesten Beagle der Welt namens Snoopy? Die Geschichten der Peanuts machten ihren Erfinder Charles M. Schulz reich und berühmt. Er hatte es geschafft, sich in die Herzen der Leser zu schleichen, geht es doch bei den Episoden um nichts weniger als um die großen Themen des Lebens: Liebe, Leidenschaft und Schmerz. Es geht aber auch um die Einsamkeit, ein Thema, das alle gleichermaßen bewegt. Jeder der Peanuts versucht auf seine Weise, mit der Einsamkeit fertig zu werden. Während Charlie Braun sich in sein eigenes Schneckenhaus verkriecht, wählt Snoopy eine Strategie, die Einsamkeit erst gar nicht zulässt, nämlich Größenwahn. So macht er Jagd auf den gefährlichen roten Baron, verwandelt sich bei Bedarf in einen Gentleman und imitiert mit seinen Ohren einen Hubschrauber. Er handelt nach dem Motto: Kann nicht, gibt's nicht. Die Grenzen der Welt treiben Snoopy zu fantastischen Höhenflügen an. Natürlich bekommt auch Snoopy nicht alles, was er will. Seinen schriftstellerischen Elan bremsen die Absagen durch den Verlag, und die Freiheit um seine Hütte bedroht die böse Nachbarskatze. Doch damit die Niederlagen nicht wirklich weh tun können, verdrängt Snoopy die Ursachen des Schmerzes. Und wenn es allzu schwierig wird, dann schwingt er sich aufs Dach seiner Hundehütte und träumt vom »american way of life«.

Ein besonders starkes Bedürfnis, sein Selbstwertgefühl zu steigern, treibt Snoopy dazu, seine Kapriolen zu schlagen, deshalb haben wir auch den vierten Geldtypen nach ihm benannt. Sein Verhalten kann sehr unterschiedlich ausfallen, je nachdem, ob er unter vermeintlicher Minderwertigkeit leidet oder aber an übersteigertem Selbstwertgefühl. Dabei geben sich die »Superhelden« kaum als Snoopy-Typen zu erkennen. Sie nutzen ihre finanziellen Möglichkeiten und die gesellschaftliche Anerkennung, um sich einen schützenden äußeren Rahmen aufzubauen, in dem sich das schwache Ich geborgen fühlt. Am anderen Ende der Skala sind die Snoopys, die sich nicht nur als minderwertige Aschenputtel fühlen, sondern diesen selbstkritischen Eindruck auch nach außen zum Ausdruck bringen. Nicht alle hier beschriebenen Eigenschaften und Verhaltensweisen werden deshalb auf diejenigen zutreffen, die beim Geldtypen-Test eine hohe Anzahl an D-Antworten angekreuzt haben.

## Von Ehrgeiz beseelt

»Ich bin beseelt von dem sinnlosen Ehrgeiz, eine Legende zu werden«, sagt der Entertainer Harald Schmidt über sich. Für viele Snoopy-Typen ist Ehrgeiz die treibende Kraft, die sie zu Höchstleistungen anspornt. Ohne Ehrgeiz hätte es der Bergsteiger Reinhold Messer niemals geschafft, alle Achttausender zu besteigen. Ohne ihren berüchtigten Ehrgeiz wäre Madonna ebensowenig vom amerikanischen Arbeiterkind zum weltweit größten weiblichen Popstar aufgestiegen, wie Microsoft-Gründer Bill Gates es niemals geschafft hätte, seine kleine Softwareschmiede zu einem Weltunternehmen zu machen.

Ehrgeiz ist eine wichtige Triebfeder in der Entwicklungsgeschichte der Menschheit an der Snoopy-Typen einen ganz entscheidenden Anteil haben, im Positiven wie im auch im Negativen: Hätten die Amerikaner den Russen nicht zuvorkommen wollen, wäre 1969 die erste Mondlandung niemals möglich gewesen. Ohne die Ambition, bei ihrer Jungfernfahrt einen neuen Streckenrekord aufzustellen, wäre vermutlich die Titanic nicht gesunken.

Den Ehrgeiz, den sie in ihrem Berufsleben an den Tag legen, können Snoopy-Typen auch in der Freizeit nicht abstreifen. Sport interessiert sie nur insofern, als sie sich dabei mit anderen messen können. Ihre bevorzugten Sportarten sind Tennis und Golf. Sie lieben Skirennen oder Radrennen, häufig trainieren sie für den Marathon. Sie lieben es, sich als die modernen Helden zu fühlen und jene magische Ziellinie zu erreichen, 42 Kilometer und 195 Meter nach dem Start, die beim New-York-Marathon beispielsweise 30 000 Teilnehmer mobilisiert. Snoopys, die dieses Ziel einmal erreicht haben, setzen sich gleich noch höhere, wie beispielsweise die Strecke in weniger als drei Stunden zu laufen, oder sie trainieren gleich für den »Ironman« (3,8 Kilometer schwimmen plus 180 Kilometer Fahrrad fahren plus 42,2 Kilometer laufen).

Dasselbe gilt für Gesellschaftsspiele wie etwa »Monopoly«: Kein anderer Geldtyp ist so versessen darauf, nur ja zu gewinnen, wie Snoopy. Es ist schließlich kein Spaß, sondern eine ernste Angelegenheit, bei der es nur um eines geht: den Sieg.

## Das geborene Arbeitstier

Auch wenn es nicht immer in Ehrgeiz ausartet, die Freude daran, sich auszuprobieren, macht viele Snoopys zu richtigen Arbeitstieren. Ganz im Sinne des Chicagoer Psychologieprofessors Mihaly Csikszentmihalyi, der die »Lust an der Leistung« und Arbeit als die stärksten Glücksquellen ausfindig gemacht hat. Menschen, die intensiv arbeiten, sind häufig so engagiert und absorbiert von dem, was sie tun, dass sie einen Grad der Selbstvergessenheit erreichen, den Csikszentmihalyi als »Flow-Zustand« bezeichnet: Flow entsteht dann, wenn eine Tätigkeit erfolgreich ausgeübt wird, in der die psychischen und körperlichen Fähigkeiten durch eine angemessene Aufgabe herausgefordert werden. Dabei gilt, dass Unterforderung Langeweile erzeugt und Überforderung Angst macht und frustriert. Das Meistern anspruchsvoller Aufgaben jedoch erhöht das Selbstwertgefühl und macht auf diese Weise glücklich. Für erfolgreiche Arbeit bekommen die Menschen in der Regel positives Feed-back: entweder durch messbare Erfolge, oder indem man positive Bewertungen durch die Umgebung erhält.

Snoopy-Typen brauchen Anerkennung, je mehr, umso besser. Sie sind diejenigen, die sich ins Zeug legen, bei der Verkäufertagung nur ja wieder als unangefochtener Star belobigt zu werden. Die Reise nach Mallorca, die sie von ihrem Chef als Belohnung bekommen, bedeutet für sie sehr viel mehr als die in Euro umgerechneten Reisekosten. Sie sind die Typen, für die man Orden erfunden hat.

Und weil sie aus ihrer Arbeit so viel Selbstbestätigung ziehen, leiden Snoopy-Typen häufig extrem darunter, wenn sie ihren Arbeitsplatz verlieren. Für sie ist ihr Job sehr viel mehr als nur Broterwerb, nämlich auch die stärkste Quelle der Selbstbestätigung, der sie alles andere wie Familie, Freunde oder Hobbys unterordnen. Sie sind häufig auch am Wochenende im Büro anzutreffen, weil sie ihren ganzen Ehrgeiz darin setzen, Projekte pünktlich und erfolgreich zu Ende zu bringen. Und schließlich macht ihnen ja die Arbeit auch so viel Spaß, dass andere Beschäftigungen dabei kaum mithalten können. Dürfen sie nicht mehr zur Arbeit gehen, fühlen sie sich wie Drogenabhängige, die auf Entzug sind.

## Unzulänglichkeiten als Antrieb

Der Motor, der Snoopys Ehrgeiz antreibt, wird häufig von vermeintlichen Unzulänglichkeiten gespeist, die sie empfinden. Napoleon beispielsweise wird nachgesagt, dass ihn seine geringe Körpergröße von 1,49 Meter dazu motivierte, schneller und zielgerichteter als seine Zeitgenossen zu sein. Historischen Quellen zufolge musste der spätere Kaiser von Frankreich in seiner Kindheit viel Spott wegen seiner Körpergröße und seines korsischen Akzentes ertragen. Ob für Kleopatra ihre extrem lange Nase der Beweggrund dafür war, in die Geschichtsbücher einzugehen, ist nicht überliefert. Fest steht jedoch, dass die ptolemäische Prinzessin seit ihrer Jugend eine Reihe erfolgreicher Strategien entwickelte, um andere für sich einzunehmen. Die Dichter der Antike wie Horaz, Vergil und Ovid beschreiben sie als eine Frau, die anmutig, gebildet und geistreich war. Darüber hinaus hatte sie die mächtigsten Männer der damaligen Zeit zu Liebhabern: Julius Cäsar und Marc Anton. Kleopatra, die letzte Königin Ägyptens, und ihr Bemühen, Kaiserin Roms zu werden, fesselt die Geschichtsschreibung und die Literatur seit 2 000 Jahren und beschäftigt unsere Fantasie als »die schönste aller Frauen.« Überhaupt spielt Schönheit für viele Snoopys eine wichtige Rolle. Sie lassen sich von den Werbebotschaften der Schönheitsindustrie einreden, dass nur diejenigen wirklichen Erfolg im Beruf und im Leben haben können, die makellos schön sind. Dazu gehören auch die jährlich 18 000 Frauen in Deutschland, die ihrem Aussehen operativ nachhelfen lassen.

## Zielgruppe für Werbebotschaften

Für die Hersteller von Markenartikeln sind Snoopy-Typen die interessanteste Zielgruppe. Denn kein anderer Geldtyp ist so markenbewusst und achtet so stark darauf, den neuesten Modetrend nicht zu verpassen.

Seine Konsumgüter schafft der Snoopy-Typ unter dem Gesichtspunkt des damit verbundenen Images an. Snoopys wissen genau, was derzeit angesagt ist, und das kaufen sie auch, egal ob sie es sich leisten können. Der Protagonist der Sparkassenwerbung verkörpert exemplarisch diesen Geldtyp: »Mein Auto, mein Haus, meine Yacht.« Geld ist für ihn dazu da, um den eigenen Selbstwert zu steigern. »Haste was, biste was«, lautet seine Lebenseinstellung.

Weil Snoopys immer ihre Kreditkarten dabei haben, geben sie oft mehr Geld aus, als sie sich eigentlich leisten können. Sie leben oft über ihre Verhältnisse und gehören zu den Konsumenten, die sich Autos, Videokameras oder DVD-Player auf Kredit anschaffen und dabei völlig den Überblick über ihre monatlich fälligen Ratenzahlungen verlieren. Das böse Erwachen kommt, wenn die Kreditlinie ausgeschöpft ist oder gar der Vollstreckungsbeamte vor der Tür steht.

### Standesgemäßes Repräsentieren

Egal welcher Berufs- oder Einkommensgruppe sie angehören: Für standesgemäßes Repräsentieren – das kann auch im Fußballclub stattfinden – ist Snoopy-Typen kaum etwas zu teuer. Sie gehören zu den Menschen, die sich immer als Erste die neueste Mode anschaffen oder eine Stilberaterin anheuern, um ihre Garderobe auf Vordermann bringen zu lassen. Um sich in feiner Gesellschaft nicht danebenzubenehmen, lesen sie Stilfibeln wie *Unsere Umgangsformen* von Gloria Fürstin Thurn und Taxis. Wenn sie es beruflich geschafft haben, lassen sie sich vom Stararchitekten für einen Millionenbetrag ein neues Haus hinstellen und vom populärsten Innenarchitekten einrichten. Natürlich haben sie auch beim Auto ihre Ansprüche, die Autoindustrie lebt zu einem Großteil von ihrem Bedürfnis, den eigenen Selbstwert im glänzenden Lack des fahrbaren Untersatzes gespiegelt zu sehen. Der Werbespruch »Weil ich es mir wert bin« ist Snoopy aus der Seele gesprochen und führt manchmal zu materiellen Exzessen.

## Die Börsenverluste plagen

Die Rezession, in der das Geld nicht mehr sprudelt, ist für Snoopy eine schwierige Zeit. Denn er gehört zu den vielen, die sich während des Börsenbooms dazu verleiten ließen, ins Aktiengeschäft einzusteigen, um nicht tatenlos zusehen zu müssen, wie die anderen reich werden. Er wollte vor seinen Bekannten nicht als dumm dastehen, indem er den beispiellosen Boom an der Börse verschlief. Schließlich vermehrten sich bis zum Börsencrash hierzulande »die Millionäre fast so schnell wie die Karnickel«, wie die Wochenzeitung *Die Woche* schrieb. Alle 6,9 Minuten gab es einen neuen Millionär, ermittelte das Statistische Bundesamt im Mai 2000, insgesamt hatten zur damaligen Zeit 252 000 Menschen in Deutschland in Mark gerechnet ein Millionenvermögen. Snoopy war natürlich dabei, als die Aktien von einem Höchststand zum anderen jagten, kaufte Aktien von Unternehmen, die er nur dem Namen nach kannte. Weil er noch schlauer sein wollte als die anderen Käufer, setzte er ganz besonders viel ein, um hinterher mit seinen Gewinnen glänzen zu können. Einige Snoopy-Typen nahmen sogar Kredite auf, um auf den Märkten einsteigen zu können. Dementsprechend schlimm sind jetzt ihre Verluste.

## Gier, Geiz und Neid – typische Unarten

Snoopy-Typen haben oft den Anspruch, etwas Besonderes zu sein, und können deswegen nicht genug davon bekommen, sich das durch Geld, Güter oder die Anerkennung durch andere bestätigen zu lassen. Eines der wohl bekanntesten Beispiele für dieses Verhalten ist Jack Welch, der ehemals als »bester Manager der Welt« gefeierte Ex-Chef des amerikanischen Mischkonzerns General Electric. Er ließ sich seinen Austritt aus der Firma in einer Weise versüßen, die der amerikanischen Bevölkerung übel aufstieß: Neben einer Pension von 9 Millionen Dollar zahlte ihm das Unternehmen ein voll ausgestattetes Luxusappartement in Manhattan inklusive Klopapier und Hauspersonal, Abo-Karten für die Metropolitan Opera und Sportstadien, die Gebühren für mehrere Golf-Clubs, Karten für Wimbledon und die French Open sowie VIP-Tickets für die

Olympischen Spiele. Allein die ständigen Benutzungsrechte für die Boeing 737 des Konzerns wären jährlich 3,5 Millionen Dollar wert. Nebenbei hatten seine Aktien zum damaligen Zeitpunkt einen Wert von rund 900 Millionen Dollar.

Diejenigen Snoopy-Typen, die ihre Gier nicht offen ausleben können, laufen Gefahr, neidisch zu werden. Die Psychologin Verena Kast beschreibt Neid folgendermaßen: »Wenn wir den Stich des Neides in uns spüren oder wenn wir ganz und gar von Gefühlen des Neides überschwemmt werden, dann fühlen wir uns nicht gut, wir fühlen uns dann auf jeden Fall in der schlechteren Position, haben die Überzeugung, im Vergleich zu anderen ungerechtfertigterweise schlechter wegzukommen, ohne eine Möglichkeit zu haben, dies in irgendeiner Weise zu ändern. Wir fühlen uns verletzt in unserem Selbstwertgefühl.« Neid ist also die Folge eines Gefühls von Minderwertigkeit. Neidische Menschen begehren etwas, was andere vermeintlich oder wirklich haben, können, sind oder bekommen.

Wie destruktiv Neid sowohl auf die Neider selbst als auch auf ihre Umgebung wirkt, beschreibt Helmut Schoeck in seinem Buch *Der Neid und die Gesellschaft*. Es gebe Neider, die sich die Schädigung ihres Gegners etwas kosten ließen. Die alte Augsburger Bauordnung habe dafür das Wort »Neidbau« geprägt und es folgendermaßen definiert: »Für einen Neidbau aber wird gehalten, wann einer seinen vorhabenden Bau offenbarlich zu seines Nachbars Schaden, ohne dringende Not vornimmt, oder aus solchem Bau gar schlechten oder gar keinen Nutzen, der Nachbar dagegen an Luft und Licht einen großen Schaden und Abgang hat.«

In der heutigen Zeit betätigen sich die Neider meistens als Innovationsbremsen: Weil sie neidisch sind auf diejenigen, die neue und gute Ideen haben, tun sie alles, was in ihrer Macht steht, um den Innovator ins Leere laufen zu lassen. Der Chefredakteur des *Handelsblatts* Bernd Ziesemer analysiert: »In kaum einem anderen Industrieland ist der Neid so stark ausgeprägt wie bei uns. In kaum einem anderen Land ist die Kritik an unterschiedlichen Einkommen und Entscheidungskompetenzen so stark. Nirgends sonst ist der Hass- und Hämejargon so ausgeprägt.« In die gleiche Richtung zielt der Wiener Künstler André Heller: »Die höchste Form der Anerkennung in Deutschland ist der Neid; und die meisten Künstler, Journalisten und Wissenschaftler wünschen einander das Scheitern.«

Aufgrund ihrer Selbstsucht sind Snoopy-Typen auch häufig anfällig für Geiz, der manchmal groteske Züge annehmen kann: So schickte der mehrfache Millionär Getty seine Gäste beispielsweise zum Telefonieren in die Telefonzelle. Ein anderes Beispiel ist Robert Bosch, der Gründer des Elektrokonzerns. Er zeigte seine Knauserigkeit an einer Büroklammer, die er in seiner Werkhalle aufhob und dabei sagte: »Hier liegt mein Geld am Boden.«

Durch Gier, Neid und Geiz schaden sich diese Snoopy-Typen häufig selbst. Nicht umsonst zählt beispielsweise der katholische Glaube den Neid und den Geiz zu den sieben Todsünden. Neid hemmt Kreativität und Lebendigkeit und belastet Beziehungen zu anderen Menschen. Geiz lässt den Austausch von Waren, Dienstleistungen, Gedanken, Energien vertrocknen. Wohlstand kann sich aber nur dort einstellen, wo Geld und Energien ungehindert fließen können. Die Gier schließlich vermittelt den Menschen ein solch ausgeprägtes Gefühl materieller Macht, dass sie glauben, auf andere nicht mehr angewiesen zu sein. Dieses trennende Element schließlich ist es, was dem gefühlten Wohlstand der Snoopy-Typen am stärksten im Weg steht.

# 3  Sie haben mehr, als Sie denken

> »Wir müssen das Geld dazu benutzen,
> uns selbst zu erforschen, wie wir sind
> und wie wir werden können.«
>
> *Jacob Needleman*

Zu welchem Geldtyp tendieren Sie am stärksten? Zum Dagobert, zum Sterntaler, zum Hans im Glück oder zum Snoopy? Wenn bei Ihnen ein bestimmtes Bedürfnis überwiegt und daher überrepräsentiert ist, gibt es vielleicht einen anderen Bereich, der bei Ihnen zu kurz kommt und so Ihr Leben beeinflusst. Wenn Sie die Charakterisierung und die Tipps für Ihren Typ durchlesen, dann fällt Ihnen sicherlich auf, dass viele unserer Empfehlungen vordergründig gar nichts mit Geld zu tun haben.

Das hat den Grund, dass auch zutiefst empfundener Reichtum von sehr viel mehr als von den Zahlen auf dem Kontoauszug abhängt:

- Da sind zunächst Ihre persönlichen Glaubenssätze, die ganz maßgeblich dazu beitragen, ob Ihnen Geld zufließt oder ob das Geld einen großen Bogen um Sie herum macht.
- Da sind Ihre Verhaltensmuster, die möglicherweise ganz andere Lebensbereiche betreffen, aber dennoch eine Auswirkung auf Ihre finanzielle Situation haben.
- Da ist ihr tatsächliches materielles Vermögen, das Sie in Ihrer Wohnung, in Ihrem Auto, auf Ihrem Bankkonto, Aktiendepot oder in Ihrer Lebensversicherung angelegt haben.
- Und da ist auch noch Ihr immaterielles Vermögen, Ihre Fähigkeiten, Ihre Talente, Ihre Lebensumstände, über die Sie sich vielleicht noch gar nicht so richtig Gedanken gemacht haben.

In diesem Kapitel geht es darum, Ihre persönliche Vermögensbilanz aufzustellen, in die viel mehr einfließen wird als eben nur die Zahlen auf

Ihren Kontoauszügen. Sie werden sich wundern, wie groß Ihr Vermögen tatsächlich ist. So, wie man mit einer Taschenlampe nur kleine Bereiche eines Raumes ausleuchten kann, so haben Sie als einer der vier Geldtypen Ihren Fokus auf bestimmte Teilbereiche Ihres Lebens gerichtet. Sobald es Ihnen gelingt, Ihre Perspektive zu erweitern und ihr brachliegendes Vermögen bewusst zu nutzen, steigt Ihre Zufriedenheit deutlich. Der gefühlte Reichtum wächst exponentiell.

Doch zunächst wollen wir uns Ihrem materiellen Vermögen zuwenden:

## Materielles Vermögen: Unterscheiden Sie zwischen produktivem und unproduktivem Vermögen

An dieser Stelle beginnen wir, Ihr materielles Vermögen zu bilanzieren. Dabei treffen wir eine Unterscheidung, die Ihnen möglicherweise ungewöhnlich vorkommen mag, die für Ihre künftige Vermögensentwicklung aber eine ganz entscheidende Rolle spielt: Wir unterscheiden unproduktives von produktivem Vermögen. Unproduktives Vermögen hat zwar einen Wert, erwirtschaftet aber keine Erträge und nimmt in manchen Fällen im Wert sogar ab. Produktives Vermögen hingegen ist wie ein Huhn, das Eier legt. Es versorgt Sie mit Einnahmen, die Ihr Vermögen stetig mehren oder Ihnen zusätzlich für Konsum zur Verfügung stehen. Lassen Sie uns nun genauer anschauen, was zum produktiven und was zum unproduktiven Vermögen zählt:

### Produktives Vermögen

Um es auf einen kurzen Nenner zu bringen, ist produktives Vermögen Geld, das für Sie arbeitet und Gewinn einbringt.

Wie viel Rendite das produktive Vermögen abwirft, ist eine Frage des Timings und des Risikos, das der Anleger einzugehen bereit ist. Generell sieht die Wirtschaftswissenschaft im Gewinn beziehungsweise in der

Rendite des eingesetzten Kapitals die entsprechende Risikoprämie. Das heißt konkret, je höher das Risiko, desto größer sind im Normalfall auch die Chancen.

**Der Zinseszinseffekt.**
**Je länger das Geld arbeiten darf, desto erfreulicher wird das Ergebnis.**

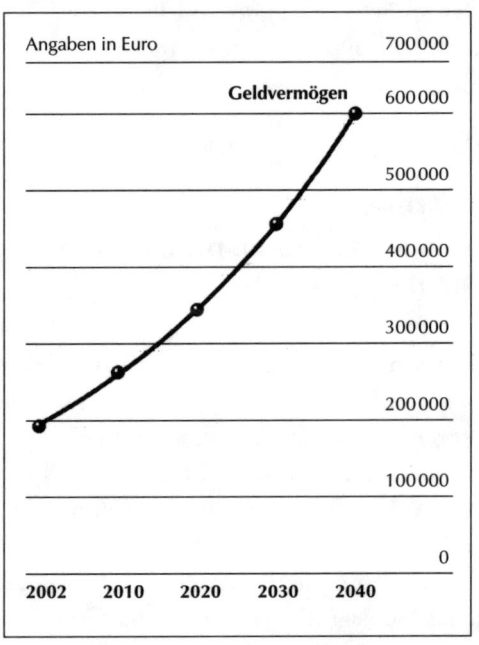

*Fallbeispiel:* Ein 37jähriger hat 200 000 Euro geerbt und beschließt, dieses Geld nicht auszugeben, sondern arbeiten zu lassen. Er entscheidet sich für ein extrem konservatives Depot, bei dem festverzinsliche Wertpapiere und Geldmarktfonds mit 86 Prozent dominieren. Nur 14 Prozent sind in Aktien und Aktienfonds investiert. Die Abbildung zeigt die Wertentwicklung bei einer Rendite von real 3 Prozent pro Jahr.

Quelle: *DMEuro*, Januar 2003

## Girokonto

Bei den Konten zur alltäglichen Disposition gibt es für Guthaben selten mehr als ein mickriges Prozent-Pünktchen. Wenn man davon die Inflationsrate abzieht (Anfang 2003 betrug sie in Deutschland 0,5 Prozent), dann bleibt davon noch weniger übrig. Deshalb sollten Menschen, die ihr Geld mehren möchten, nur immer so viel auf ihrem Girokonto belassen, wie sie für ihre laufenden Ausgaben brauchen. Einer Empfehlung von Experten zufolge sollten Sie ein bis zwei Nettogehälter zu Ihrer Sicherheit auf dem Girokonto lassen. Das befriedigt nicht nur das Bedürfnis, über genügend Geld verfügen zu können, sondern schützt auch vor den finanziellen Risiken, die ein Unfall, eine Autopanne oder der Ausfall eines technischen Gerätes wie Wasch- oder Spülmaschine mit sich bringt. Der Rest eines Gehaltes sollte schnell in eine Geldanlage fließen, die mehr Rendite einbringt.

Mein Girokonto hat derzeit ein Plus von _____ Euro.

Achtung: Wenn Ihr Girokonto im Minus ist, dann müssen Sie den Wert auf Seite 103 in der Rubrik Schulden eintragen.

## Sparbuch, Festgeld, Tagesgeldkonto

Die meisten Anleger in Deutschland sind Fans der sicheren Zinsen: keine bösen Überraschungen, kein Risiko, dafür aber auch nur eine bescheidene Rendite. Insgesamt 1,262 Billionen Euro haben die Deutschen nach Angaben der Deutschen Bundesbank in diesem sicheren Bereich gebunkert. Mit ihrer Abneigung gegen das Risiko befinden sich die Nutzer von Sparbüchern, Festgeld- und Tagesgeldkonten in bester Gesellschaft von Spitzensportlern oder Schauspielern. Mit »Unabhängigkeit, Disziplin, Stil«, wie sie von sich sagt, hat Claudia Schiffer mittlerweile ein Vermögen von geschätzten 60 Millionen Euro angesammelt.

> Mein Sparbuch hat einen Wert von _____ Euro.
> Mein Festgeld-Konto zeigt einen Betrag von _____ Euro.
> Auf meinem Tagesgeldkonto liegt derzeit
> ein Betrag von _____ Euro.

### *Festverzinsliche Wertpapiere*

Pfandbriefe, Unternehmensanleihen oder Staatsanleihen, so genannte festverzinsliche Wertpapiere, bringen handfeste Vorteile: Sie sind so etwas wie ein Darlehen, das man einem Unternehmen oder einem Land gewährt und dafür fest vereinbarte Zinsen bekommt. Wenn beispielsweise die Bundesrepublik Deutschland der Kreditnehmer ist – das ist der Fall bei Finanzierungsschätzen, Bundesschatzbriefen, Bundesobligationen oder -anleihen – handelt es sich um eine sehr sichere Anlage, denn es ist nicht zu erwarten, dass der Staat Konkurs macht und seine Kredite nicht mehr zurückzahlen kann. Bei Pfandbriefen von Banken oder Unternehmen sollte man etwas genauer hinsehen, denn eine Pleite und damit ein Verlust des Papiers lässt sich nicht völlig ausschließen. Die besten Pfandbriefe sind fast so sicher wie Bundesanleihen, bieten aber mehr Zinsen.

> Ich besitze festverzinsliche Wertpapiere
> in Höhe von _____ Euro.

### *Fonds*

Wer es sich selber nicht zutraut, mit Aktien, Immobilien oder anderen Anlageformen wie etwa Unternehmensanleihen so geschickt umzugehen, dass sie höchstmögliche Gewinne abwerfen, überlässt diese Aufgabe Profis. Fondsmanager tun nichts anderes, als Aktiengesellschaften oder Staaten kritisch zu begutachten und unter Berücksichtigung der verfügbaren Informationen das Geld ihrer Kunden anzulegen. Diese

Dienstleistung hat natürlich auch ihren Preis, die Fonds stellen für ihre Leistung neben dem Ausgabeaufschlag (Kaufprovision) den Kunden pro Jahr einen bestimmten Prozentsatz des verwalteten Geldes in Rechnung. Leider gibt es für den Kunden keine Garantie, dass die Bemühungen der Fondsmanager tatsächlich Früchte tragen, und so mussten in der Börsenbaisse nach der Jahrtausendwende viele Fonds starke Verluste verzeichnen. Die gute Nachricht für diejenigen, die Fonds gekauft haben, ist, dass irgendwann in der Zukunft ihre Werte wieder nach oben gehen werden. In Fonds schlummert großes Potenzial, das Vermögen künftig kräftig steigen zu lassen.

Ich besitze Fonds im Wert von _____ Euro.

## *Aktien*

Was wir über Fonds gesagt haben, gilt auch für Aktien: Wenn Sie Ihre Vermögensaufstellung im Jahr 2003 machen, ist dieser Posten bei Ihnen geringer, als Ihnen lieb ist. Experten raten den Anlegern jedoch, ein Aktienengagement langfristig zu betrachten. Der amerikanische Wirtschaftsforscher Gary Burtless wollte es genau wissen. Er berechnete für 90 Zeiträume, welche Rente ein US-Bürger im Ruhestand bezogen hätte, wenn er 40 Jahre lang jeweils 6 Prozent seines Einkommens jeden Monat in amerikanische Standardaktien investiert hätte. Sein Ergebnis: Im Schnitt brachten amerikanische Aktien im letzten Jahrhundert 7 Prozent Rendite. Dieses Ergebnis wurde von keiner anderen Anlageform überboten.

Dabei fließen in die Rendite von Aktien nicht nur die Kurssteigerungen ein, sondern auch die Dividenden, die Unternehmen als Gewinnbeteiligung an ihre Aktionäre ausschütten. Die gibt es bei den meisten Aktien auch dann, wenn der Kurs niedrig ist. Ihre Höhe richtet sich danach, wie erfolgreich eine Firma im vergangenen Geschäftsjahr agiert hat oder wie wichtig es für die Vorstände ist, durch Dividendenausschüttungen ihre Anteilseigner bei Laune zu halten.

> Mein Aktiendepot hat einen Wert von _____ Euro.

### Vermietete Immobilien

Auch wenn Profis derzeit in Deutschland wegen der Verschärfung des Mietrechts und rückläufiger Mieten über die Unattraktivität vermieteter Immobilien klagen, ist das »Betongold« nicht zu verachten: Gerade weil so wenige Bauträger sich derzeit im Wohnungsmarkt engagieren, wird Wohnraum immer knapper. Experten gehen davon aus, dass sich schon ab 2004 in Deutschland der dramatische Rückgang des Neubaus von Wohnungen in spürbarem Wohnungsmangel bemerkbar machen wird. Gerade in Zeiten niedriger Zinsen und geringer Aktienrenditen können vermietete Immobilien bezogen auf Rentabilität oft mit den anderen Anlageformen gut mithalten, es sei denn, sie befinden sich in den strukturschwachen Gebieten der neuen Bundesländer und wurden vor allem deshalb gekauft, um die Fördergelder für den Aufbau Ost zu erhalten.

> Meine vermieteten Immobilien haben einen
> Wert von _____ Euro.

### Kapitallebensversicherung

Für die Altersversorgung der Deutschen spielt die Lebensversicherung eine wichtige Rolle. Statistisch gesehen verfügt jeder deutsche Haushalt über rund 2,5 Lebensversicherungsverträge. Mit einer Kapitallebensversicherung schlagen Anleger zwei Fliegen mit einer Klappe: Sie schützen ihre Familienangehörigen und bauen gleichzeitig eine eigene Altersvorsorge auf. Stirbt der Versicherte während der Laufzeit des Vertrags, bekommen die Hinterbliebenen die Versicherungssumme. Im Erlebensfall bekommt er eine Kapitalleistung ausbezahlt, wenn gewünscht in Form einer lebenslangen Rente. Die Prämie teilt sich auf in einen Risiko-, einen Spar- und einen Kostenanteil. Auf den Sparanteil bringen Kapitalpolicen zurzeit durchschnittlich 4,5 bis sechs Prozent Nachsteuerrendite, liegen also im Vergleich zu anderen Anlageformen gut. Im Moment müssen Sie eine Lebensversicherung noch über eine Mindestlaufzeit von 12 Jahren abschließen, wenn Sie in den Genuss der steuerfreien Überschussbeteiligungen kommen wollen. Bevor Sie eine Police unterschreiben, prüfen Sie für sich genau, welche regelmäßige Rate Sie über die Vertragslaufzeit problemlos zahlen können. Denn nur die Hälfte der Versicherten hält bis Ende des Vertrages überhaupt durch. Gründe dafür sind häufig, dass die Raten zu hoch angesetzt waren und unvorhergesehene Ereignisse wie Krankheit oder Scheidung nicht berücksichtigt wurden. In dieser Vermögensaufstellung sollten Sie jedoch nicht die im Vertrag vereinbarte Ablaufleistung eintragen, sondern die Anwartschaft (den Rückkaufwert), die Sie sich mit Ihren Beiträgen bereits erspart haben. Falls Ihre Versicherung dazu keine Angabe im jährlichen Kontoauszug macht, erkundigen Sie sich bei Ihrem Agenten oder der zuständigen Geschäftsstelle Ihrer Versicherung.

Die Anwartschaft (der Rückkaufwert) beträgt derzeit _____ Euro.

### Bausparverträge

In der andauernden Wirtschaftskrise haben die Deutschen ihre Liebe zu den Bausparverträgen wieder entdeckt, auch wenn sie gar nicht bauen wollen. Denn Aktien sind keine Garantie mehr für schnellen Gewinn. Hinzu kommt die, je nach Tarif, hohe Guthabenverzinsung.

Das Guthaben meines Bausparvertrags beträgt _____ Euro.

### Eigenes Unternehmen

Der Philosoph Immanuel Kant nannte sie die »selbstverschuldete Unmündigkeit«, die Scheu des Menschen davor, sich seiner Fähigkeiten zu bedienen. Vielleicht gehören auch Sie zu denjenigen, die sich endlich entschlossen haben, sich mit ihrer Geschäftsidee selbstständig zu machen oder nun angesichts von Arbeitslosigkeit Initiative zu zeigen. Ein Unternehmen, sofern sein Betriebskapital nicht aufgezehrt ist, stellt einen Vermögenswert dar, der in Zukunft Gewinne verspricht. Allerdings ist es nicht ganz einfach, den Wert eines Unternehmens zu schätzen. Gehen Sie bei dieser Auflistung pragmatisch vor: Schätzen Sie, was Sie für Ihr Geschäft bekämen, wenn Sie es an jemand anderen verkaufen würden. Sie haben keine Ahnung? Dann schätzen Sie den aktuellen Wert Ihrer Vermögenswerte im Unternehmen wie Computer, Büroeinrichtung oder Warenbestand und addieren Sie diese Werte. Berücksichtigen Sie in dieser Auflistung auch immaterielles Vermögen wie Kundenstamm, Marktstellung oder Produktionsgeheimnisse.

| Der Wert meines Unternehmens beträgt | _____ Euro. |
|---|---|

### *Übrige Vermögensanlagen*

| Meine übrigen Vermögensanlagen belaufen sich auf einen Wert von | _____ Euro. |
|---|---|

### Unproduktives Vermögen

Unproduktives Vermögen ist Vermögen, das Geld kostet, aber nichts einbringt, es sei denn, man verkauft es.

#### *Autos*

Nach wie vor sind die Deutschen von Autos begeistert. Selbst im wirtschaftlich schwierigen Jahr 2002 schaffte es BMW, einen neuen Verkaufsrekord aufzustellen. Erstmals konnten die Münchner weltweit mehr als 1 Million Autos absetzen, wobei ihr neuer »Mini« besonders gut ankam. Knapp 150 000 Käufer konnten dem flotten Kleinwagen nicht widerstehen und zahlten 14 500 Euro, um ihn ihr Eigen zu nennen.

Leider ist die Begeisterung für das Auto so teuer wie kaum eine andere Leidenschaft. Ganz abgesehen von Versicherung, Steuer und Benzin verfällt der Wert eines Wagens schon nach dem ersten gefahrenen Kilometer dramatisch. Vor allem bei relativ jungen Fahrzeugen, die etwa zwei oder drei Jahre alt sind, ist mit einem enormen jährlichen Abschlag vom ehemaligen Verkaufswert zu rechnen. Auf der Internet-Homepage www.schwacke.de können Sie ermitteln, wie viel Sie heute für Ihr Auto bekämen, wenn Sie es zu Geld machen wollten.

Der Wert meines Autos beträgt derzeit _____ Euro.

## Wohnungseinrichtung (Hausrat)

Wie sehr die Wohnungseinrichtung zu einem positiven Lebensgefühl beitragen kann, merkt man spätestens dann, wenn man einmal dazu gezwungen ist, Stunden oder vielleicht sogar Tage in einer Wohnung zu verbringen, die einem nicht entspricht. Gerade in unsicheren Zeiten haben immer mehr Menschen das Bedürfnis, sich ein behagliches Zuhause zu schaffen. Ein Trend, den Faith Popcorn »Cocooning« getauft hat. Hellsichtig hat die amerikanische Trendforscherin schon Anfang der 1990er Jahre erkannt: »Die Bunkermentalität ist auf dem Vormarsch: Leute bleiben zu Hause und machen es sich gemütlich, schaffen sich eine technisch perfekt ausgerüstete Operationsbasis, von der sie Kontakt zur gefährlichen Außenwelt halten.«

Wenn Sie jetzt ins Grübeln kommen, wie viel Ihre Einrichtung wert ist, können Sie als ersten Anhaltspunkt von den Richtwerten der Hausratversicherung ausgehen. Häufig wird der Hausrat beim Versicherungsabschluss mit einem Durchschnittswert von 613 Euro pro Quadratmeter Wohnung festgelegt. Sinnvoller ist es, durch die Wohnung zu gehen und Inventur zu machen. So können Sie zum einen den wahren Wert Ihres Hausrates feststellen und zum anderen im Fall der Fälle den Versicherungen auch eine Liste der Gegenstände geben, die Ihnen gehören. Bei wertvollen Gegenständen empfiehlt sich übrigens eine Expertise oder ein Foto.

Wenn Sie nun den Wert Ihres Hausrates addieren, sollten Sie Ihr Ergebnis mit der Police Ihrer Hausratversicherung abgleichen. Sie haben gar keine Hausratversicherung? Dann sollten Sie dringend darüber nachdenken, eine abzuschließen, auch wenn Sie nicht zu den Dagobert-Typen gehören, denen Sicherheit über alles andere geht. Die Wohnungseinrichtung kann bei Computer- oder Hifi-Fans schnell einen großen Teil ihres materiellen Vermögens betragen und durch Einbruch oder Brand verloren gehen. Die Hausratversicherung zahlt bei Schäden an allen Gegenständen im Haus und in der Wohnung durch Feuer, Blitzschlag, Explosion und Einbruch. Außerdem gibt es Ersatz, wenn die Wohnung durch Sturm, Hagel und Leitungswasser verwüstet wird. Auch der Verlust eines Fahrrades aus geschlossenen Räumen ist in der Regel gedeckt.

Der Wert meiner Wohnungseinrichtung beträgt derzeit _____ Euro.

### *Schmuck*

Gerade bei Hans-im-Glück-Typen und Snoopy-Typen nimmt Schmuck häufig eine bedeutende Vermögensposition ein. Deshalb führen wir ihn in dieser Aufstellung auch gesondert auf, obwohl er eigentlich zur Rubrik »Hausrat« gehört. Doch wird von den stolzen Besitzern ihr Schmuck, vor allem ihr Goldschmuck, in seinem Wert oft überschätzt. Die Experten der Credit-Suisse-Bank analysieren: »Wegen seiner starken Modeabhängigkeit kann Goldschmuck kaum noch als Vermögensanlage gesehen werden und wird in der Regel nur durch Einschmelzen wiederverwendet.« Der Schmuck ist beim Verkauf also häufig wesentlich weniger wert, als er ursprünglich gekostet hat. Anders sieht es bei Brillanten und hochwertigen Uhren aus: Ihre Wertbeständigkeit ist höher als bei Goldschmuck, allerdings bringt nur eine Wertermittlung durch einen Fachmann Klarheit über ihren aktuellen Wert.

Der Wert meines Schmucks beträgt derzeit _____ Euro.

## Selbst genutzte Immobilie

Für ein Drittel der Deutschen ist es der größte Traum, im eigenen Haus zu wohnen und keine Miete mehr zahlen zu müssen. Doch die Rechnung geht nur dann auf, wenn einige Prämissen stimmen: Potenzielle Hausbesitzer sollten sich darüber klar werden, dass sie durch den Kauf einer selbst genutzten Immobilie zahlreiche Verpflichtungen eingehen. Die Kosten, die ein eigenes Haus verursacht, werden oft unterschätzt, insbesondere die Zusatzkosten wie Grunderwerbssteuer, Notar- und Gerichtskosten, Reparaturen, Wohngeld (bei Eigentumswohnungen) und jährlich fällige Grundsteuer.

Wer für den Immobilienkauf Geld aufnehmen muss, der sollte ein niedriges Zinsniveau abwarten. Mitte 2003 war es so günstig wie seit den 1950er Jahren nicht mehr. Allerdings sollte man realistisch rechnen und sich die Immobilie ganz genau ansehen. Wenn Zustand und Lage der Wohnimmobilie gut ist und noch dazu der Preis stimmt, stellen sich die Immobilienbesitzer besser als diejenigen, die zeitlebens zur Miete wohnen. Durch die monatlichen Tilgungszahlungen ist der Käufer gezwungen, diszipliniert für seinen Baukredit zu sparen, was er ohne diese Verpflichtung weniger konsequent tun würde. Berechnungen haben ergeben, dass Käufer eines typischen Reihenhauses nach 40 Jahren in finanzieller Hinsicht besser dastehen als Mieter.

Eine realistische Einschätzung des Wertes Ihrer Immobilie bekommen Sie aus den Anzeigen der regionalen Presse. Achten Sie dabei aber nicht nur auf eine vergleichbare Wohnlage, sondern auch auf die Ausstattung Ihrer Wohnung oder Ihres Hauses. Erkundigen Sie sich auch einmal bei Ihrer Hausbank oder einem Immobilienmakler. In der Regel bekommen Sie auch hier brauchbare Zahlen.

Der Wert meiner selbst genutzten Immobilie
beträgt derzeit _____ Euro.

## Bargeld

Es ist ratsam, stets leichten Zugriff auf Bargeld zu haben. Wer nicht viel Geld zu Hause haben möchte, sollte sich den Bedarf für das tägliche Leben in bestimmten Abständen von der Bank holen. Bewährt hat sich ein ein- bis zweiwöchiger Rhythmus. Notieren Sie sich am jeweiligen Tag den geholten Geldbetrag in Ihrem Terminkalender. So behalten Sie immer den Überblick. Wer seine Käufe bar zahlt, der ist davor gefeit, kostspielige Spontankäufe per Kreditkarte zu tätigen, die er später bereut. Allerdings: Wie bei allen anderen unproduktiven Vermögenswerten auch gibt es auf Bargeld keine Zinsen.

Mein Bargeld-Bestand beträgt derzeit _____ Euro.

## Gold

Mit Gold ist das so eine Sache: Als es weltpolitisch relativ ruhig war, waren die Preise für eine Unze des Edelmetalls sehr niedrig. In Zeiten des Irakkrieges erzielte Gold Höchstpreise. Als »diskret, sicher und lukrativ« lobt das Wirtschaftsmagazin *DMEuro* »die heimliche Weltwährung«. Gold kann man unbehelligt in den Safe legen, es kann sich nicht in Nichts auflösen wie so viele Unternehmen des Neuen Marktes, außerdem kann man es, wenn es denn sein soll, auch in der Hosentasche transportieren. In der Goldpreisrallye Anfang des Jahres 2003 stieg die Notierung auf mehr als 380 US-Dollar pro Unze, noch sechs Wochen vorher hatte sie 320 US-Dollar pro Unze betragen. Ein Plus von fast 19 Prozent! Gold bringt zwar keine Zinsen, kann das Vermögen aufgrund seiner Wertschwankungen aber deutlich erhöhen, allerdings, wenn es schlecht läuft, auch vermindern.

Mein Gold-Bestand hat derzeit einen Wert von _____ Euro.

## Ihre materielle Vermögensbilanz

So, nun wird es spannend. Vergleichen Sie nun, was Sie derzeit an produktivem und unproduktivem Vermögen angesammelt haben! Tragen Sie nun die von Ihnen ermittelten Werte in die folgenden Tabellen ein:

| produktives Vermögen | Mein Besitz derzeit |
|---|---|
| Girokonto | |
| Sparbuch, Festgeld, Tagesgeldkonto | |
| festverzinsliche Wertpapiere | |
| Fonds | |
| Aktien | |
| vermietete Immobilien | |
| Kapitallebensversicherung | |
| Bausparverträge | |
| eigenes Unternehmen | |
| übrige Vermögensanlagen | |
| **produktives Vermögen gesamt** | |

| unproduktives Vermögen | Mein Besitz derzeit |
|---|---|
| Autos | |
| Wohnungseinrichtung/Hausrat | |
| Schmuck | |
| selbst genutzte Immobilie | |
| Bargeld | |
| Gold | |
| **unproduktives Vermögen gesamt** | |

> Lassen Sie die Summe aus beiden Vermögensarten auf sich wirken:
>
> produktives Vermögen gesamt: _____ Euro
>
> unproduktives Vermögen gesamt: _____ Euro

Welche der beiden Vermögensarten ist bei Ihnen größer? Wenn bei Ihnen das unproduktive Vermögen überwiegen sollte, dann könnte das jetzt eine gute Gelegenheit sein, Ihre finanzielle Situation zu überdenken. Wenn Ihr unproduktives Vermögen deshalb so hoch ist, weil Sie Besitzer einer selbst genutzten Eigentumswohnung oder eines Eigenheims sind, dann ist das für Sie kein Grund zur Beunruhigung, denn ein Eigenheim bedeutet für Sie in Zukunft eine Entlastung. Wenn Sie Ihren Kredit abbezahlt haben, dann können Sie so gut wie kostenlos in Ihrer Immobilie wohnen, abgesehen von Reparaturen oder Steuern, die Sie zahlen müssen. Besteht Ihr Vermögen jedoch vor allem aus Auto, Hausrat und Schmuck, dann sollten Sie darüber nachdenken, ob Sie Ihren Vermögensaufbau verändern möchten. Den Grund erfahren Sie durch die Geldverdoppelungsformel.

Wenn bei Ihnen das produktive Vermögen überwiegt, dann können Sie sich an dieser Stelle schon einmal auf die Schultern klopfen. Denn: Aufgrund des Zinseszinseffektes tendiert das produktive Vermögen dazu, sich in der Zukunft stark zu vermehren. Wenn Sie wissen wollen, wie hoch Ihr Vermögen später einmal sein wird, dann sollten Sie die Formel für die Geldverdoppelung ausprobieren:

> ### *Geldverdoppelungsformel*
>
> Mit folgender Formel können Sie sich ausrechnen, wie lange es dauern wird, bis Sie Ihr Vermögen verdoppelt haben. Schätzen Sie zunächst realistisch, wie viel Zinsen (Rendite) Ihr *produktives Vermögen* in Zukunft einbringen wird. Wenn Sie konservativ rechnen, gehen Sie von 3 Prozent aus. Dividieren Sie dann die Zahl 72 durch den von Ihnen gewählten Zinssatz.

> Bei 3 Prozent beispielsweise haben Sie Ihr Vermögen in 24 Jahren verdoppelt, bei durchschnittlich 6 Prozent dauert es nur zwölf Jahre, bis sich Ihr produktives Vermögen verdoppelt hat.

Wie lange dauert es bei Ihnen, bis Sie Ihr Vermögen verdoppelt haben? Wie hoch wird Ihr Vermögen dann sein?

Aber Vorsicht, bevor Sie anfangen, sich bezüglich Ihres materiellen Vermögens beruhigt in Ihrem Stuhl zurückzulehnen, dürfen Sie nicht vergessen, Ihre Verbindlichkeiten davon abzuziehen. Also machen Sie sich nun ein genaues Bild Ihrer Schulden.

## Schuldenbilanz

### *Dispokredit*

Vielleicht betrachten Sie Ihren Dispokredit als harmlose Angelegenheit, weil es so einfach ist, Ihr Konto zu überziehen. Aber halten Sie sich vor Augen, wie teuer Ihr Dispokredit wirklich ist. Mit zweistelligen Zinssätzen sind Dispo- und Überziehungskredite wahre Geldfresser. Um sich das klar zu machen, sollten Sie einfach den Tipp auf Seite 153 ausfüllen. Weil Eheleute häufig mehrere Girokonten unterhalten, sollten Sie auch den Dispokredit Ihres Partners oder Ihrer Partnerin berücksichtigen.

> Das Minus auf meinem Girokonto
> beträgt derzeit _____ Euro.
> Das Minus auf dem Konto meines Partners
> beträgt derzeit _____ Euro.

### *Anschaffungsdarlehen*

Gehören Sie auch zu den Menschen, die die Dinge, die ihnen gefallen, lieber gleich kaufen, statt darauf zu sparen? Wenn Sie ein Hans-im-Glück-

Typ oder ein Snoopy-Typ sind, dann ist Ihnen dieser Gedanke bestimmt nicht ganz fremd.

> Ich habe Schulden aus Anschaffungsdarlehen
> in Höhe von _____ Euro.

## Autofinanzierung

Rund zwei Drittel der Autokäufer greifen auf eine Autofinanzierung zurück, und wenn diese keine oder nur minimal Zinsen beträgt, dann ist das auch rational. Denn dann kann man etliche 10 000 Euro, statt sie in bar auf den Tresen des Autohauses zu blättern, lieber auf dem Sparbuch oder woanders für sich arbeiten lassen.

> Meine Schulden aus der Autofinanzierung
> belaufen sich auf _____ Euro.

## Immobilienhypotheken

Bei den meisten Menschen sind Hypotheken für Immobilien der größte Schulden-Posten. Immerhin werden die meisten Eigenheime, zumindest zum Teil, aus Krediten finanziert. Die Überlegung ist richtig, dass man den Betrag, den man sonst für Miete ausgeben müsste, auch einsetzen kann, um Schulden zu begleichen. Allerdings sollte man bei dem Betrag, den man sich langfristig als monatliche Belastung leisten kann, nicht bis an die Schmerzgrenze gehen. Wenn die erste Euphorie über die eigene Wohnung oder das eigene Haus verflogen ist, dann möchte man vielleicht den finanziellen Freiraum haben, um in den Urlaub zu fahren. Dreißig Jahre werden verdammt lang, wenn man finanziell durch Hypothekenzahlungen eingeschränkt ist. Deshalb sollte man sich schon von Anfang an vor Augen halten, wie viel man für ein Baudarlehen von beispielsweise 180 000 Euro wirklich bezahlen muss. Bei einem Zinssatz von 6 Prozent und einer Tilgung von 2,6 Prozent jährlich macht das in 20 Jahren 309 600 Euro, mehr als das Anderthalbfache des ausgeliehenen Betrages.

Meine Schulden aus Immobilien betragen _____ Euro.

### Sonstige Darlehen

Weil es bei den Banken immer schwieriger wird Geld zu bekommen, gehen immer mehr Menschen dazu über, sich bei Verwandten oder im Bekanntenkreis Geld zu leihen. Auch wenn der Kreditgeber die Oma ist, die vielleicht schon mal beide Augen zudrückt, sollte man diese Schulden nicht übersehen.

Meine Schulden aus sonstigen Darlehen betragen _____ Euro.

## Ihre Schuldenbilanz

Zählen Sie nun alle Ihre Schulden zusammen:

| Gesamtschulden | Meine Schulden derzeit |
|---|---|
| Dispokredite | |
| Anschaffungsdarlehen | |
| Autofinanzierung | |
| Immobilienhypotheken | |
| sonstige Darlehen | |
| **Schulden insgesamt** | |

So, nun haben Sie alle Zahlen zusammen, die Sie brauchen. Errechnen Sie nun Ihr materielles Gesamtvermögen.

| Materielles Gesamtvermögen | Mein materielles Vermögen |
|---|---|
| unproduktives Vermögen gesamt | |
| + produktives Vermögen gesamt | |
| − Schulden | |
| = **Summe** | |

Wie geht es Ihnen nun in diesem Augenblick, in dem Sie vielleicht das erste Mal in Ihrem Leben eine materielle Vermögensbilanz aufgestellt haben? Freuen Sie sich, weil dabei mehr herausgekommen ist, als Sie gehofft haben? Oder sind Sie enttäuscht, weil Sie sich eigentlich mehr versprochen haben?

Wie auch immer, die Zahlen, die Sie nun ermittelt haben, spiegeln nur einen Teil Ihres Vermögens wider. Je jünger Sie sind, desto geringer ist der Teil dieses Wertes an dem Gesamtvermögen, das Sie besitzen. Beginnen wir also nun mit der Vermögensaufstellung, die für Sie die größten Überraschungen bergen wird, der Bilanzierung Ihres immateriellen Vermögens.

## Immaterielles Vermögen: Ihre größten Aktivposten

Natürlich ist es so gut wie unmöglich, immaterielles Vermögen zu bewerten. Dennoch wollen wir an dieser Stelle eine neue Währung einführen: Talente. Sie wurden in der griechischen Antike tatsächlich als Währungseinheit genutzt, deswegen ist in der Bibel an manchen Stellen von Talenten die Rede. Bei uns stehen sie für Ihre Fähigkeiten und Begabungen, aber auch für alle guten Gaben Ihres Umfelds, die sich nicht genau in Euro und Cent ausrechnen lassen. Je nachdem, wie wichtig die folgenden Positionen des immateriellen Vermögens für das Lebensglück der Menschen sind, sollen Sie dafür unterschiedliche Mengen an »Talenten« vergeben. Von einem Talent bis zu fünf Talenten, hier symbolisiert durch Smileys ☺ (von ☺ bis ☺ ☺ ☺ ☺ ☺ also). Machen Sie sich an dieser Stelle den Spaß, zu bilanzieren, was Sie an immateriellem Vermögen haben.

## Rentenansprüche

Sie werden sich wundern, Ihre Rentenansprüche hier unter der Rubrik immaterielles Vermögen wiederzufinden. Schließlich lassen sich Rentenansprüche genau in Euro und Cent ausrechnen. Aber letztlich beruht der Rentenanspruch auf einer Vereinbarung zwischen den Generationen. Es ist nicht so, dass Sie mit Ihren Beiträgen einen Kapitalstock aufbauen, von dem Sie, wenn Sie in Rente gehen, zehren. Unser Rentensystem basiert auf dem so genannten Umlageverfahren. Das bedeutet, dass diejenigen, die jetzt arbeiten, mit ihren Beiträgen die Renten zahlen, die jetzt an die Pensionäre ausgegeben werden. Damit erwerben sie einen Anspruch, von dem sie hoffen, dass er seinerseits von der nachfolgenden Generation erfüllt wird.

Nach den heutigen Berechnungen kann ein Durchschnittsverdiener nach 45 Beitragsjahren (so genannter Standardrentner) mit einer Monatsrente von rund 1 140 Euro rechnen – nominal. Berücksichtigt man auch künftige Rentensteigerungen auf der einen, die Geldentwertung auf der anderen Seite, dann kann – nach heutigen Werten – mit einer Rente von rund 990 Euro kalkuliert werden. Ein Besserverdiener mit heute 5 100 Euro Monatseinkommen kann nach 40 Versicherungsjahren nominal mit knapp 1 960 Euro, real dagegen nur mit fast 1 700 Euro rechnen.

Wer sich frühzeitig eine realistische Vorstellung von seinen individuellen Rentenansprüchen verschaffen will, kann dafür eine der im Internet angebotenen Rechenhilfen benutzen. So bietet das Deutsche Institut für Altersvorsorge je drei verschiedene Berechnungsarten für Arbeitnehmer und Selbstständige an, die von einer schnellen, überschlägigen bis hin zur genauen, eingabeintensiven Analyse gehen (Informationen unter www.dia-vorsorge.de).

Einen Rentenanspruch hat jeder Arbeitnehmer, aber wie hoch er sein wird und in welchem Verhältnis dieser Anspruch zum vermutlichen späteren Bedarf steht, ist individuell sehr verschieden. Da Rentenansprüche relativ unsicher sind, können Sie sich hier maximal drei Talente gutschreiben.

☺ ☺ ☺ können Sie verbuchen, wenn Sie mit Ihren Rentenansprüchen Ihren heutigen Lebensstandard aller Voraussicht nach halten können. (Beim Errechnen Ihres heutigen Lebensstandards hilft Ihnen Tipp 7 auf Seite 161.

☺ bis ☺ ☺ Talente bekommen Sie, wenn Ihr Rentenanspruch nicht ausreicht, um Ihren jetzigen Lebensstandard zu halten. Ob Sie sich ein Talent oder zwei Talente gutschreiben, entscheiden Sie selbst.

Aus meinem Rentenanspruch bekomme ich _____ Talente.

## *Gesundheit*

»Gesundheit ist nicht alles, aber ohne Gesundheit ist alles nichts«, formulierte der Philosoph Schopenhauer. Wie wahr dieser Spruch ist, wird uns dann klar, wenn die ersten Zipperlein unser Lebensgefühl zu trüben beginnen. Nach Befragungen des Meinungsforschungsinstituts Allensbach ist die Gesundheit seit einiger Zeit sogar zum höchsten Wert für die Bundesbürger geworden, noch vor Sicherheit oder intakter Natur.

Eine nicht ganz ernst zu nehmende Berechnung haben unlängst Wirtschaftsforscher aus dem englischen Coventry angestellt. Sie fanden Folgendes heraus: Verschlechtert sich die Gesundheit, leidet die Zufriedenheit eines Menschen so wie bei einem finanziellen Verlust von rund 750 000 Euro. Zahlen hin oder her – fest steht jedenfalls, dass Gesundheit einer der wichtigsten immateriellen Werte ist.

☺ bis ☺ ☺ ☺ ☺ ☺: Auch hier können Sie sich Ihrer Einschätzung entsprechend Talente notieren: Kein Talent, wenn die Gesundheit durch Krankheit sehr belastet ist, und bis zu maximal fünf Talente, wenn für Sie Schmerzen ein Fremdwort und Ärzte eine nie aufgesuchte Berufsgruppe sind. Vielleicht liegt Ihr gesundheitliches Wohlbefinden auch irgendwo dazwischen. Dann wählen Sie die entsprechende Anzahl an Talenten.

Meiner Gesundheit verdanke ich : _____ Talente

**Lebenslust**

»Froh zu sein bedarf es wenig, und wer froh ist, der ist König ...«
Wer kennt ihn nicht, diesen Kanon, der noch immer ins Repertoire von Schulchören gehört. Denn in dem schlichten Text steckt eine Menge Lebensweisheit: Man kann gesund sein, man kann Millionär sein, man kann Partner und Familie haben – manche Menschen, die all dies besitzen, freuen sich trotzdem nicht ihres Lebens. Umgekehrt strahlen manche Menschen, die arm sind, eine Lebenslust aus, um die sie so mancher Reicher nur beneiden kann.

Irgendwie scheint vielen Menschen mit zunehmendem Alter die Lebenslust abhanden zu kommen. Während Kleinkinder meistens noch Lebenslust pur sind, machen einige wohl situierte Senioren den Eindruck, als würden sie ständig in Zitronen beißen. Dass das nicht zwangsläufig sein muss, belegen die fidelen Kubaner der Musikgruppe »Buena Vista Social Club«. Zum Beispiel deren Sänger Ibrahim Ferrer, der mit zwölf Jahren Vollwaise wurde und sich mit Musik durchs Leben schlug. Trotz Armut und Entbehrung ist die Lebenslust des alten Mannes ungebrochen, unabhängig davon, dass er mit seinen über 70 Jahren zusammen mit seinen Musiker-Kollegen zum Hauptdarsteller des bekannten Dokumentarfilms wurde.

Dass Lebenslust mehr ist als nur ein Sahnehäubchen im Leben, davon ist Alexander Lowen überzeugt: »Sämtliche religiösen Praktiken haben den Zweck, dem Menschen zu helfen, Freude zu erleben«, fand der amerikanische Psychotherapeut heraus.

Wie ist es mit Ihrer Lebenslust bestellt? Springen Sie morgens in Erwartung eines aufregenden Tages freudig aus dem Bett – oder würden Sie sich am liebsten länger unter dem Kissen verkriechen? Strotzen Sie vor Energie, oder fühlen Sie sich erschöpft und deprimiert? Beginnen Sie manchmal vor lauter Freude einfach zu singen, oder haben Sie den Eindruck, eine schwere Last mit sich herumzutragen?

Gute Hinweise in Sachen Lebenslust liefert auch der Fragebogen zu den Geldtypen. Die Wahrscheinlichkeit ist hoch, dass Menschen mit einem ausgeglichenen Ergebnis viel Lebenslust empfinden. Erklären lässt sich dieser Zusammenhang durch die Wirkungsweise des Lustgefühls: Es ist nicht nur ein separates Grundbedürfnis, Lust zu steigern, sondern das Lustgefühl kommentiert auch, wie es um die drei anderen Grundbedürfnisse bestellt ist. Gerät eines der Bedürfnisse ins Hintertreffen, meldet der innere Kommentator Unlust. Gerät die Balance der vier Grundbedürfnisse langfristig durcheinander, kommt möglicherweise die Lebenslust dadurch völlig abhanden.

☺ bis ☺ ☺ ☺ ☺ ☺: Auch diesen immateriellen Vermögenswert sollten Sie für sich selber einschätzen. Wenn das Leben für Sie überwiegend grau gefärbt ist, dann gibt es keines oder nur ein Talent. Mit zunehmender Aufhellung Ihrer Grundstimmung dürfen Sie sich bis maximal fünf Talente gutschreiben.

Meine Lebenslust schätze ich auf _____ Talente

## Ausbildung

Hierzulande hält es jeder für völlig normal, eine qualifizierte Ausbildung bekommen zu können. Wie viel dies wert ist, wird einem erst dann bewusst, wenn man sich vor Augen hält, wie viel Geld die Bundesländer, die für die Ausbildung ihrer Bürger verantwortlich sind, darin investieren. So kostet die Länder pro Schüler:

- ein Jahr Grundschule 3 600 Euro,
- ein Jahr Realschule 4 300 Euro,
- ein Jahr Gymnasium 5 200 Euro,
- und ein Studium zwischen 9 495 Euro (Rechts-, Wirtschafts- und Sozialwissenschaften) und 183 755 Euro (Humanmedizin).

Wer eine Ausbildung macht, in den investieren Industrie, Handel und Handwerk im Durchschnitt pro Jahr rund 18 000,– Euro.

Nun können Sie grob überschlagen, wie hoch Ihr Vermögen ist, das Sie durch Ihre Ausbildung angesammelt haben.

Dazu kommt, dass heutzutage eine Ausbildung alleine nicht mehr ausreicht, um in der Berufswelt bestehen zu können. Im Laufe eines 40-jährigen Arbeitslebens kommt also in vielen Fällen zu der eigentlichen Berufsausbildung noch eine ganze Menge an Kursen und Weiterbildungsmaßnahmen dazu.

☺ ☺ ☺ ☺ ☺ können Sie sich geben, wenn Sie eine abgeschlossene Berufsausbildung haben und in den vergangenen zwölf Monaten eine Fortbildungsmaßnahme, einen Fremdsprachenkurs oder ein anderes Weiterbildungsangebot genutzt haben.

☺ ☺ ☺ ☺ erhalten Sie, wenn Sie eine abgeschlossene Ausbildung haben, aber in Sachen Weiterbildung im letzten Jahr nicht aktiv waren.

☺ ☺ ☺ bekommen Sie, wenn Sie mindestens neun Jahre lang die Schule besucht haben

Der Wert meiner Ausbildung beträgt _____ Talente.

## *Arbeitskraft*

Sofern Sie nicht Vermögensmillionär sind und von Ihren Zinsen, Dividenden und sonstigen Kapitalerträgen leben, spielt Ihre Arbeitskraft für Ihren persönlichen Reichtum die größte Rolle. Normalerweise ist sie Ihre wichtigste Einnahmequelle, die Sie mindestens 40 Jahre lang nutzen können, um materielles Vermögen aufzubauen.

Den Wert Ihrer Arbeitskraft können Sie sich vor Augen führen, wenn Sie ausrechnen, wie viel Kapital Sie einsetzen müssten, um eine Verzinsung zu bekommen, das Ihrem Jahresbruttogehalt entspricht.

Wenn Ihr monatliches Bruttogehalt zum Beispiel 3 500 Euro beträgt, dann ergibt das ein Jahresbruttogehalt von 13 × 3 500 = 45 500 Euro. Angenommen, diese 45 500 Euro wären Zinsen, so ergäbe dies bei einem Zinssatz von 5 Prozent einen Kapitalstock von 910 000 Euro. In Worten: Sie bräuchten ein Kapital von 910 000 Euro, um das zu verdienen, was Sie mit Ihrer Arbeitskraft erwirtschaften. Ihre Fähigkeiten, Kenntnisse und Fertigkeiten, kurz: Ihre Arbeitskraft als täglich einsetzbares Vermögen, entspricht in diesem Fall einem Wert von nahezu einer Million Euro.

Wenn Sie also etwas mehr als durchschnittlich verdienen, dann sind Sie damit Millionär in Hinblick auf das Vermögen, das Ihre Arbeitskraft darstellt. Nur die wenigsten Menschen sind sich jedoch dieses Wertes bewusst, die meisten behandeln diesen wichtigen Vermögenswert oft schlechter als ihr Auto: Häufig ist der fahrbare Untersatz besser versichert, als das Risiko, den eigenen Beruf nicht mehr ausüben zu können. Insbesondere Selbstständige sollten auf eine ausreichende Absicherung der eigenen Arbeitskraft achten, eine Berufsunfähigkeitsversicherung ist für diese Berufsgruppe ein Muss.

---

Rechnen Sie aus, welchem Kapitalstock Ihre Arbeitskraft entspricht!

Die Formel lautet:

$$\frac{\text{Jahresbruttogehalt} \times 100}{\text{Durchschnittsverzinsung (z. B. 5 Prozent)}} = \text{Kapitalstock}$$

Mein Jahresbruttogehalt entspricht einem Vermögenswert (Kapitalstock) von _____ Euro.

Für jeweils 100 000 Euro Ihres Kapitalstocks Arbeitskraft dürfen Sie sich ein Talent gutschreiben. (Beispiel: Ihr Jahresbruttogehalt beträgt 50 000 Euro und entspricht gemäß obiger Formel einem Kapitalstock von 1 000 000 Euro. Sie dürfen sich nun
1 000 000/100 000 = 10 Talente gutschreiben.)

Meiner Arbeitskraft verdanke ich _____ Talente.

---

## *Talente und Fähigkeiten*

Pablo Picasso hatte ein ausgesprochenes Talent zum Malen, Mr. Bean fällt es leicht, die Menschen zum Lachen zu bringen, und bei Dieter Bohlen ist es das Talent, zu singen und Lieder zu schreiben, das ihn zum Schlager-Millionär gemacht hat.

Selbst wenn Sie nicht berühmt sind: Jeder verfügt über eine oder mehrere Fähigkeiten, die er besser kann als seine Mitmenschen. Deshalb sollten Sie zukünftig noch intensiver über Ihre persönliche Vermögensbildung nachdenken. Dabei geht es weniger um Wertpapiere, als vielmehr um solche Talente, die bei Ihnen entweder noch schlummern und nur wieder geweckt werden müssen oder neu zu erproben sind. Aus diesem Blickwinkel lässt sich der Sorge um eine Versorgungslücke im Alter wirksamer begegnen als durch staatliches Fürsorge.

An dieser Stelle sollten Sie eine Auflistung Ihrer Talente und Fähigkeiten vornehmen. Denken Sie dabei daran, dass auch Dinge, die Ihnen vielleicht alltäglich erscheinen mögen, zu Ihren Fähigkeiten gehören, beispielsweise die Fähigkeit, schneller als andere bügeln zu können oder die beste Kohlsuppe weit und breit kochen zu können. (Um sich Ihrer Talente und Fähigkeiten bewusst zu werden, hilft Ihnen Tipp 1 auf Seite 166.)

Dies sind meine stärksten Talente und Fähigkeiten:

_____

☺☺ können Sie sich gutschreiben für jedes Talent und jede Fähigkeit, die Sie immer noch aktiv nutzen.

☺ können Sie auf Ihrem immateriellen Vermögenskonto für jedes Talent und jede Fähigkeit verbuchen, die Sie schon länger als ein Jahr nicht mehr eingesetzt haben.

Die Summe meiner Fähigkeiten macht _____ Talente.

## (Ehe)Partner

»Wir heiraten nur aus Berechnung«, behauptete Nobelpreisträger Gary Becker ketzerisch in einem Interview der F.A.Z. vom 3. November 2002. Als erster Wirtschaftswissenschaftler formulierte der Chicagoer Professor eine ökonomische Theorie der Familie, deren Kernthesen lauten: Auf dem »Markt« für Ehepartner tun sich diejenigen Menschen zusammen, deren Charakteristiken sich in vielerlei Hinsicht entsprechen. Das reicht vom familiären Hintergrund über das Bildungsniveau und die Glaubensrichtung bis hin zu Körpergröße und Rasse. Es ist offensichtlich das Bedürfnis vieler Menschen, sich mit jemandem zusammenzutun, der einem selbst ähnlich ist. Nach Beckers Theorie entscheiden sich Menschen letztlich dann für einen Ehepartner, wenn »sich keiner der Partner durch die Wahl eines anderen besser stellen könnte«. Im Volksmund heißt das: »Drum prüfe, wer sich ewig bindet, ob sich nicht was Bess'res findet.« Dabei geht es jedoch nicht allein um Geld, sondern um all das, was Menschen schätzen: Hilfsbereitschaft, Loyalität, seelische und moralische Unterstützung, aber auch die Attraktivität, die der Partner bietet. Tatsächlich kann der Ehepartner das eigene Leben in vielerlei Hinsicht bereichern. Nicht umsonst heißt es: »Hinter jedem erfolgreichen Mann steht eine starke Frau.« Gemeinsam lässt sich das Leben meistens einfacher bewältigen.

Dass der Heiratsmarkt allerdings nicht so »effizient« funktioniert, wie sich das die Menschen bei der Partnerwahl wünschen, zeigt der Blick in die Scheidungsstatistik: Heutzutage ist deutlich mehr als jede dritte Ehe von Scheidung bedroht.

Eine Ehe oder eine Partnerschaft ist also nur dann ein immaterieller Vermögenswert, wenn unter dem Strich die positiven Aspekte überwiegen. Wenn das bei Ihnen der Fall ist, dann sollten Sie in ihre immaterielle Vermögensbilanz fünf Talente eintragen.

Meine Ehe/Partnerschaft bringt mir _____ Talente.

### Kinder

Was Kinder ihre Eltern kosten, bis sie ihre Ausbildung abgeschlossen haben und auf eigenen Füssen stehen können, ist immer wieder Gegenstand komplizierter Berechnungen von Experten. Im Schnitt kann man davon ausgehen, dass sich die Kosten, die Kinder verursachen, auf 500 Euro pro Monat belaufen. Das macht im Jahr 6 000 Euro und bis zum Ende der Ausbildung rund eine viertel Million, also in etwa so viel, wie ein Einfamilienhaus oder eine Eigentumswohnung in einer Großstadt kostet.

Man kann davon, wie viel man für seine Kinder ausgegeben hat, natürlich nicht darauf schließen, welches Vermögen sie für einen bedeuten. Die Zeiten, in denen man Kinder als Arbeitskraft ansah und deshalb Witwen mit vielen Kindern eine gute Partie waren, sind längst vorbei. Dennoch stellen Kinder wahrscheinlich die höchsten Vermögenswerte für Menschen dar. Wie teuer einem die Kinder werden können, kann wahrscheinlich nur nachvollziehen, wer selbst Vater oder Mutter ist: Schon nach der Geburt des Nachwuchses beginnt sich die eigene Wahrnehmung stark zu verändern. Auch wenn man sich selbst früher immer in den Mittelpunkt gestellt hat, wird das Baby auf einmal das Wichtigste, dem zuliebe man nicht nur für eine bessere Welt kämpfen würde, sondern sogar bereit wäre, sein eigenes Leben zu lassen. Der Gedanke, den kleinen Menschen wieder zu verlieren, ist das Schlimmste, was man sich vorstellen kann.

Natürlich ist es die Biologie, die uns dazu veranlasst, unserem eigenen Nachwuchs einen solch unermesslichen Wert beizumessen. Aber unabhängig von unserer biologischen Aufgabe der Fortpflanzung bringen Kinder eine ganz neue Qualität in unser Leben: Angefangen vom Lächeln des zahnlosen Babys, das unsere Herzen zum Schmelzen bringt, bis zum Weihnachtsfest, das durch Kinder den Glanz vergangener Jahre zurückerhält.

Abgesehen davon können Kinder uns auch dabei helfen, unsere Freizeit billiger als früher zu gestalten. Kinder sitzen nun mal nicht gerne stundenlang in exklusiven Restaurants, sodass teures Essengehen mehr oder weniger wegfällt. Mit kleinen Kindern ist Bungee-Springen ebenso unmöglich wie stundenlanges Golfspielen. Das, was Kindern wirklich Spaß macht, kostet meistens nur wenig Geld: Fußballspielen auf der Wiese, Fahrradfahren und Picknicken, ins Schwimmbad gehen oder ein Eis schlecken.

Natürlich ist es nicht nur lustig, Kinder zu haben. Es ist anstrengend, jeden Morgen um halb sieben aufzustehen, damit der Sohn nur nicht den Schulbus verpasst. Es ist lästig, den Kühlschrank immer gefüllt zu halten, auch wenn man selbst gerade eine Diät macht. Wir erwerben damit außerdem keinen Anspruch, uns im Alter von unseren Kindern pflegen zu lassen. Wer für sein Alter zu hohe Erwartungen an die eigenen Nachkommen hat, kann nur enttäuscht werden.

Aber das eigene Tun gewinnt durch die Kinder an Wert, weil wir mehr damit bewirken, als nur unsere eigenen Bedürfnisse zu befriedigen. Kinder, egal wie viele, bekommen deshalb die maximale Anzahl an Talenten: ☺ ☺ ☺ ☺ ☺

Mein(e) Kind(er) bringt(en) mir _____ Talente.

### *Freundschaften*

Hunderte von wissenschaftlichen Studien zum Thema Lebenszufriedenheit hat der amerikanische Sozialwissenschaftler und Psychologe David Niven ausgewertet, um *Die 100 Geheimnisse glücklicher Menschen* zu entschlüsseln. Das Ergebnis seiner Arbeit zeigt, dass eine der wirkungsvollsten Strategien, um zu Lebenslust zu gelangen, der Aufbau und die Pflege von Beziehungen ist. Nicht weniger als 70 Prozent des persönlichen Glücks hängen von der Anzahl der Freunde, der Intimität der Freundschaften, der Nähe innerhalb der Familie sowie von den Beziehungen zu Arbeitskollegen und Nachbarn ab, haben beispielsweise die Amerikaner C. Murray und M. J. Peacock in ihren Forschungen herausgefunden. Eine viermal größere Chance, mit sich selbst im Einklang zu sein, haben diejenigen Menschen, die sich anderen Menschen nahe fühlen, schreiben in einer weiteren Studie die Wissenschaftler Z. Magen, M. Birebaum und D. Perey. Wer sich niemandem geistig und seelisch verbunden fühlt, ist weniger glücklich.

Dazu kommt, dass Freundschaften über ihre positiven Effekte auf das Seelenleben hinaus oft auch noch ganz handfeste Vorteile zu bieten haben. Unter Freunden hilft man sich, wenn Not am Mann ist, man hütet die Kinder, geht Einkaufen, wenn der andere krank ist, oder packt vielleicht sogar beim Hausbau mit an. »Jot Fründe stohn zusamme«, lautet beispielsweise der Refrain eines Schlagers aus Köln.

Doch wen kann man als Freund zählen? Mit dieser Frage haben sich

Psychologen beschäftigt und dafür einen einfachen Indikator gefunden. Es sind die Menschen, denen man sich verbunden fühlt und mit denen man mindestens einmal alle 14 Tage kommuniziert – egal, ob per E-Mail, Telefon oder beim gemeinsamen Kaffeetrinken. ☺ dürfen Sie sich für jeden Freund gutschreiben.

Aufgrund meiner Freundschaften
komme ich auf _____ Talente.

## Möglichkeiten des Heimatlandes

Sie setzen sich in Ihr Auto und können in vier Stunden von Frankfurt nach München fahren – sofern Sie nicht gerade zur Hauptreisezeit unterwegs sind. Oder Sie surfen nach Herzenslust durchs weltweite Netz auf der Suche nach Angeboten und Informationen, die Sie und Ihr Leben bereichern. Sie können es wagen, auch nachts aus dem Haus zu gehen, ohne in permanenter Angst leben zu müssen, sofort überfallen zu werden. All dies sind Möglichkeiten, die Sie in westlichen Demokratien ohne Problem nutzen können. Vermutlich sind Ihnen diese Gegebenheiten mittlerweile so selbstverständlich geworden, dass Sie gar nicht darüber nachdenken, welchen Wert sie haben. In anderen Ländern gibt es diese Möglichkeiten oft nicht. In Indien beispielsweise existieren keine Autobahnen, und darum dauert eine Reise von 100 Kilometern auch gute vier Stunden – viermal so lang, wie Sie in Deutschland dafür bräuchten. In China ist das Internet einer strengen Zensur unterworfen – dort besteht keine Chance, sich ungefilterte Informationen aus dem Ausland zu besorgen. Im kenianischen Mombasa ist die Kriminalitätsrate so hoch, dass sich Weiße nachts nicht vor die Tür trauen sollten. Moderne Infrastruktur, Sicherheit und Informationsfreiheit sind nur einige der Güter, die westliche Demokratien für ihre Bürger produzieren. Wenn wir auch oft mit unserer Regierung unzufrieden sind und uns alles noch viel perfekter wünschen, sollten wir doch in unserer Vermögensbilanz die Möglichkeiten, die uns unser Heimatland bietet, auflisten. ☺ ☺ ☺ ☺ ☺ können Sie eintragen, wenn Sie in einer westlichen Demokratie leben.

> Die Möglichkeiten meines Landes bereichern
> mein Vermögenskonto um _____ Talente.

### Natur

Der amerikanische Biologe Edward O. Wilson ist davon überzeugt, dass die Menschen eine angeborene Vorliebe für eine natürliche Umgebung haben. Biophilie hat der Naturwissenschaftler und Pulitzerpreisträger die Liebe der Menschen zur Natur genannt. Wir fühlen uns aufgrund einer tiefen Neigung zu anderen Lebewesen hingezogen und sind von dem nahezu unstillbaren Drang erfüllt, Landschaften zu betrachten oder Wildnis zu erleben. Wie stark der Kontakt zu Pflanzen und Tieren, der Blick ins Grüne oder die Kurzreise in die Natur tatsächlich zum Wohlbefinden beitragen, belegen mittlerweile eine Reihe von Studien. Japanische Forscher der Tokyo Medical and Dental School haben beispielsweise herausgefunden, dass Grünflächen eindeutig die Lebenserwartung von Senioren positiv beeinflussen. Doch auch in anderen Bereichen wirkt sich die Natur positiv auf das Wohlbefinden und die Gesundheit von Menschen aus. So stellten Forscher fest, dass frisch operierte Patienten schneller gesund wurden, wenn sie aus ihren Zimmern auf Bäume blickten. Patienten, die nur Häuserwände sahen, brauchten hingegen mehr Schmerzmittel und mussten länger in der Klinik behandelt werden.

Wie positiv sich der Aufenthalt in der Natur auf seine Klienten auswirkt, ermittelte der amerikanische Bergführer Robert Greenway in einer privaten Umfrage mit über 1000 Menschen. Nach seiner Erfahrung wirke die Natur wahre Wunder, denn 99 Prozent seiner Kunden meinten, sich nach einem Trip in die Berge viel wohler, lebendiger und energievoller zu fühlen. 77 Prozent berichteten sogar von einem einschneidenden Wandel in ihrem Leben, sowohl was ihre Beziehungen als auch die Arbeit anbelangt, nachdem sie zurückgekehrt seien.

Natur wirkt also in vielfältiger Weise auf unseren inneren Reichtum. Deswegen wollen wir an dieser Stelle Ihren Zugang zur Natur mit unterschiedlich vielen Talenten bewerten. Berücksichtigen Sie bitte nur eine Aussage – die mit der höchsten Bewertung – für Ihre Vermögensbilanz

☺ Den nächsten Park kann ich zu Fuß in weniger als 15 Minuten erreichen.
☺ ☺ Ich habe einen Balkon, von dem aus ich auf Grünes sehen kann
☺ ☺ ☺ Ich habe ein Haustier.
☺ ☺ ☺ ☺ Ich gehe gerne wandern und tue das, sooft ich nur kann.
☺ ☺ ☺ ☺ ☺ Ich habe einen Garten, um den ich mich aktiv kümmere.

Wie sagt schon ein chinesisches Sprichwort?

»Wer einen Tag lang glücklich sein will, der betrinke sich.
Wer ein Jahr lang glücklich sein will, der heirate.
Wer ein Leben lang glücklich sein will, der werde Gärtner.«

| Der Natur bringt meiner immateriellen Vermögensbilanz | _____ Talente. |

## Ihre immaterielle Vermögensbilanz

Erstellen Sie nun Ihre immaterielle Vermögensbilanz: Listen Sie dazu die Talente, die Sie bei den einzelnen Positionen gesammelt haben, auf, und bilden Sie anschließend die Summe.

| Vermögenswerte | Meine Talente |
|---|---|
| Rentenansprüche | |
| Gesundheit | |
| Wohlbefinden | |
| Ausbildung | |
| Arbeitskraft | |
| Talente und Fähigkeiten | |
| (Ehe-)Partner | |
| Kinder | |
| Freundschaften | |
| Möglichkeiten des Heimatlandes | |
| Natur | |
| **Summe** | |

Sie haben jetzt eine Summe für Ihr immaterielles Vermögen errechnet, die aussagekräftig wird, wenn Sie sie mit der Summe vergleichen, die ein Mensch erreicht, wenn er bestens ausgebildet ist, für seine Arbeitskraft gut bezahlt wird und alles hat, was er braucht, um sich rundum wohl und zufrieden zu fühlen: Sie liegt bei etwa 60 Talenten.

Wenn Sie mehr als 60 Talente erreicht haben, steht Ihnen nun wirklich nichts mehr im Weg, um Ihr immaterielles Vermögen in vollen Zügen zu genießen.

Wenn Sie weniger als 60 Talente errechnet haben, dann besteht durchaus noch die eine oder andere Möglichkeit, wie Sie Ihre immaterielle Vermögensbilanz verbessern können. Gehen sie noch mal zu den einzelnen Punkten zurück und schauen Sie, wo Sie besonders geringe Punktzahlen erlangt haben. Überlegen Sie, ob Sie auf diesen Bereich ganz bewusst verzichtet haben, etwa bei Kindern, oder ob Sie vielleicht in sich die Lust verspüren, diesen Bereich in Zukunft etwas zu stärken, indem Sie beispielsweise alte Fähigkeiten reaktivieren.

So vielfältig die Menschen in ihren Neigungen sind, so verschieden sind natürlich auch die Möglichkeiten, Ihren inneren Reichtum zu stärken. Fangen Sie noch heute an, Ihre bislang vernachlässigten Fähigkeiten bewusster als bisher zu nutzen und es sich so in Ihrem Umfeld angenehm und gemütlich zu machen. Die Übungen im nächsten Kapitel helfen Ihnen dabei.

## Anleitung zum Vermögensaufbau

Sie haben es sicherlich schon gemerkt: Sie können an vielen Schrauben drehen, um Ihr Vermögen zu mehren, wie zum Beispiel gezielt in Ihr produktives Vermögen zu investieren und den Anteil an unproduktivem Vermögen zu vermindern. Ein riesiges Feld, um Ihren inneren Reichtum und Ihre Zufriedenheit zu vergrößern, ist der Bereich des immateriellen Vermögens. In der folgenden Tabelle finden Sie die Übungen dieses Buches nach Vermögenszielen geordnet.

Sie haben mehr, als Sie denken

| Das können Sie tun | Diese Tipps und Übungen helfen Ihnen dabei |
|---|---|
| **MATERIELLES VERMÖGEN** | |
| **unproduktives Vermögen reduzieren** | Abenteuer zum Nulltarif (Seite 155) <br> Steigern Sie Ihre Genussfähigkeit (Seite 157) <br> Sparen statt Schuften (Seite 162) <br> Ist Ihnen eine Anschaffung so viel Lebenszeit wert? (Seite 164) <br> Vermeiden Sie Spontankäufe (Seite 163) <br> Lernen Sie, genug zu haben (Seite 174) <br> Auf Qualität achten (Seite 176) |
| **produktives Vermögen mehren** | Hören Sie öfter auf Ihren Bauch (Seite 127) <br> Vermeiden Sie finanzielle Kurzschlusshandlungen (Seite 123) <br> »Aber-Sagen« gilt nicht (Seite 124) <br> Schaffen Sie Raum für neuen Reichtum (Seite 126) <br> Halten Sie sich fit und sparen Sie zugleich Geld (Seite 133) <br> Wagen Sie sich an Ihre Steuererklärung (Seite 139) <br> Denken Sie jede Woche eine Stunde ans Geld (Seite 144) <br> Ändern Sie Ihre Einstellung dem Geld gegenüber (Seite 141) <br> Finden Sie Zugang zu Ihrem inneren Schatzkästchen (Seite 148) <br> Bauen Sie sich eine eigene Altersversorgung auf (Seite 145) <br> Drehen Sie Ihren inneren Film (Seite 143) <br> Investieren Sie in Ihr produktives Vermögen (Seite 177) <br> Lassen Sie Ihr Geld fließen (Seite 181) <br> Geldanlage für Dagobert-Typen (Seite 135) <br> Geldanlage für Hans-im-Glück-Typen (Seite 165) <br> Geldanlage für Sterntaler-Typen (Seite 151) <br> Geldanlage für Snoopy-Typen (Seite 183) |
| **Schulden verringern** | Halten Sie sich die Kosten des schnellen Kicks vor Augen (Seite 153) |

| Rentenansprüche aufbauen | Checken Sie Ihre Altersvorsorge (Seite 161) |

**IMMATERIELLES VERMÖGEN**

| | |
|---|---|
| **Gesundheit stärken** | Lösen Sie Ihre Energieblockaden (Seite 131) <br> Halten Sie sich fit und sparen Sie zugleich Geld (Seite 133) |
| **Lebenslust steigern** | Schaffen Sie Raum für neuen Reichtum (Seite 126) <br> Hören Sie öfter auf Ihren Bauch (Seite 127) <br> Hüten Sie sich vor der Sicherheits-Illusion (Seite 125) <br> Geben Sie dem Zufall eine Chance (Seite 124) <br> Abenteuer zum Nulltarif (Seite 155) <br> Seien Sie selbstbewusst melancholisch (Seite 159) <br> Lernen Sie, nein zu sagen (Seite 146) <br> Trauen Sie sich, Ihre Persönlichkeit auszuleben (Seite 169) <br> Fühlen Sie sich reich (Seite 179) |
| **in Ausbildung investieren** | Investieren Sie gezielt in Weiterbildung (Seite 172) |
| **Arbeitskraft stärken** | Lernen Sie, durchzuhalten (Seite 154) <br> Machen Sie einmal die Rechnung auf (Seite 137) <br> Rufen Sie sich Erfolgserlebnisse ins Gedächtnis (Seite 171) |
| **Talente entdecken und nutzen** | Zeigen Sie Mut zur Muße (Seite 130) <br> Finden Sie Ihre Talente (Seite 166) |
| **Ehe/Partnerschaft stärken** | Legen Sie ein eigenes Konto an (Seite 138) <br> Gleichen Sie Geben und Nehmen aus (Seite 149) <br> Nehmen Sie Ihr persönliches Vermächtnis vorweg (Seite 182) |
| **Freundschaften aufbauen** | Pflegen Sie Freundschaften (Seite 134) |
| **Naturgefühl fördern** | Tanken Sie zum Nulltarif Energie (Seite 160) |

# 4 Den Fokus verändern: Aktivieren Sie Ihr passives Vermögen

»Reichtum – oder Wohlstand – ist ein Gefühl
der Freude, der Kreativität und Erfüllung.«
*Lynne Twist*

So, lieber Leser, Sie haben schon eine Menge erfahren: Vielleicht haben Sie mit Hilfe des Fragebogens in Kapitel 2 ermittelt, welchen Geldtyp Sie derzeit am stärksten repräsentieren, haben sich mit den Stärken und mit den Schattenseiten Ihres Geldtyps vertraut gemacht. Vielleicht haben Sie in Kapitel 3 auch Bilanz über Ihr materielles und immaterielles Vermögen gezogen und sind dabei auf Bereiche gestoßen, denen Sie künftig mehr Aufmerksamkeit schenken wollen.

Was immer Sie sich vorgenommen haben, etwa Ihr Konsumverhalten bewusster als bisher zu steuern, Schulden abzubauen oder Ihr Vermögen zu vergrößern, die folgenden Übungen helfen Ihnen dabei, Ihr Ziel zu erreichen. Viele der folgenden Übungen beinhalten für die einzelnen Geldtypen spezielle Anregungen, wie sie bisher vernachlässigte Positionen ihres immateriellen Vermögens gezielt stärken und ihre Grundbedürfnisse in ein Gleichgewicht bringen können.

Sicherlich werden Sie sich nicht von allen Tipps angesprochen fühlen, suchen Sie sich einfach diejenigen, die Ihnen am besten gefallen. Oder ziehen Sie die Tabelle auf Seite 119 f. zu Rate, die Ihnen genau sagt, welchen Tipp Sie anwenden können, wenn Sie einen bestimmten Vermögenswert gezielt ausbauen möchten. Natürlich dürfen Sie bei den Übungen auch über den Tellerrand schauen, denn eine ganze Reihe von Übungen, die einem bestimmten Geldtyp zugeordnet sind, können auch den anderen helfen, ihren »gefühlten« Reichtum zu vermehren.

## Tipps für Dagobert-Typen

Wenn Sie bereits die Charakterisierung des Dagobert-Typs gelesen haben, dann können Sie sich sicherlich noch daran erinnern, was die Stolpersteine für diesen Typ sind:

Da ist zunächst sein Bedürfnis, alle Situationen kontrollieren zu wollen, auch dann, wenn höhere Mächte wie eine schwache Konjunktur oder eine Baisse an den Börsen am Werk sind. Weil sich derartige Situationen ihrem Kontrollbedürfnis entziehen, können Dagobert-Typen leicht in die Krise geraten: Sie haben dann mit Ängsten zu kämpfen und neigen dazu, Kurzschlusshandlungen zu begehen, die ihnen finanziell schaden. Einige Tipps dieses Kapitels zielen deshalb darauf ab, Dagobert-Typen zu mehr Souveränität in derartigen Situationen zu verhelfen.

Der nächste große Fallstrick auf dem Weg zu finanziellem Wohlbefinden ist sein Arbeitseifer und sein ausgeprägtes Pflichtbewusstsein. Dagobert-Typen verwandeln sich manchmal im Laufe ihres Arbeitslebens zu den grauen Herren der Zeit, wie sie Michael Ende in seinem Roman »Momo« beschrieben hat.

Ihnen fehlt oft die Leichtigkeit, auch einmal fünf gerade sein zu lassen, die Lust daran, sich selbst Schönes zu gönnen und sich ohne schlechtes Gewissen dem Genuss hinzugeben. Bei einigen Tipps dieses Kapitels geht es deshalb darum, dem Dagobert dabei zu helfen, seine Kreativität zu entwickeln und seine Lebenslust nachhaltig zu steigern, ohne dabei viel Geld ausgeben zu müssen. Denn Prasserei würde auf das Lebensgefühl des sparsamen Dagobert ebenso kontraproduktiv wirken wie sein starkes Pflichtbewusstsein.

Der dritte große Bereich, in dem Dagobert-Typen ihr Vermögen nachhaltig steigern können, ist ihr Beziehungsleben. Häufig fehlen ihnen die Beziehungen, in denen sie sich so gut aufgehoben fühlen, dass sie mit den Widrigkeiten des Lebens spielend zurecht kommen. Um den wichtigen Vermögensbereich des menschlichen Miteinanders, der Kommunikation und der Freundschaften geht es am Ende dieses Übungsteils.

## Tipp 1: Vermeiden Sie finanzielle Kurzschlusshandlungen

Angst gehört für Dagobert-Typen zu den Hemmnissen, die sie um ihren Erfolg bei der Geldanlage bringen können. Denn sie haben ein großes Bedürfnis, das Risiko ihres Engagements zu kontrollieren. Verluste machen sie nervös und lassen sie unüberlegt handeln. Unter Stress verhalten sich Dagobert-Typen nicht viel anders als Tiere in freier Wildbahn: Sie werden entweder wütend und greifen an, oder sie ziehen sich zurück, was keine erfolgversprechende Strategie darstellt.

**Keep cool: Im Stress kühlen Kopf bewahren**

> *Souverän entscheiden*
>
> Wenn Sie über den Verkauf eines Wertpapieres nachdenken, aber nicht wissen, ob Sie es wirklich tun sollen, machen Sie diese Übung. Sie brauchen dafür: eine Kopie des Kaufbelegs Ihres finanziellen Engagements, einige Karteikarten und einen bequemen Stuhl.
> - Nehmen Sie die Kopie des Kaufbelegs und setzen Sie sich damit ganz entspannt hin.
> - Schreiben Sie nun auf jeweils eine Karteikarte Argumente pro und contra Verkauf.
> - Gehen Sie nun noch einmal alle Argumente durch, die für oder gegen einen Verkauf sprechen. Stellen Sie sich dazu eine Waage vor und legen Sie Ihre Argumente symbolisch auf die Waagschale. Was zeigt die Waage an?
> - Wenn die Waage noch ausgeglichen ist, dann nehmen Sie Ihre Kopie des Kaufbelegs in die Hände, schließen die Augen, zerreißen ihn möglichst schnell und konzentrieren sich anschließend auf die Gefühle und die Gedanken, die in Ihnen aufsteigen. Legen Sie Ihr Ergebnis mit auf die Waagschale.

Ihr Drang, Situationen zu jeder Zeit kontrollieren zu wollen, kommt Dagobert-Typen oft teuer zu stehen. Häufig schon haben sie ihre Aktien gerade dann verkauft, als deren Kurse besonders schlecht standen. Aus der Panik heraus, nicht mehr Herr der Lage zu sein, wollten sie ihre Aktien nur noch loswerden, der Verlust durch überstürztes Handeln war ihnen in diesem Moment gleichgültig.

> **Das kostet es:** Null Euro, 15 Minuten.
> **Das bringt es:** Kontinuität des produktiven Vermögens, möglicherweise mehrere zehntausend Euro.

### Tipp 2: »Aber-Sagen« gilt nicht

Wenn Sie einem typischen Dagobert begegnen, achten Sie einmal auf seine Sprache. Immer dann, wenn es um Probleme geht, um anstehende Projekte, ja manchmal auch, wenn die nächste Urlaubsreise geplant werden soll, zeichnet er sich dadurch aus, dass ihm vorwiegend Dinge einfallen, warum etwas nicht geht. Wenn man noch nichts Böses ahnt, da malt er bereits die Gefahren an die Wand. Die typische Dagobertsche Redewendung lautet: »Ja, aber ...«

*Sabotieren Sie nicht von vornherein gute Chancen*

> Falls Sie auch dazu neigen, das Glas eher halbleer als halbvoll zu sehen, achten Sie auf Ihre Sprache und sagen Sie beim nächsten Mal, wenn Ihr innerer Kritiker wieder einmal zu vorlaut wird, statt »aber«: »Ja, **und** ...«

So stellen Sie sicher, dass Sie die guten Ideen der anderen nicht schon vorab blockieren. Sie tun sich damit aber auch selbst einen Gefallen: Denn alle guten Ideen, die Sie vor dem Komma vorgebracht haben, würden durch ein »aber« entwertet oder zumindest relativiert.

> **Das kostet es:** Bereitschaft zur Selbstreflexion.
> **Das bringt es:** Offenheit für neue (finanzielle) Möglichkeiten.

### Tipp 3: Geben Sie dem Zufall eine Chance

Dagobert-Typen neigen dazu, sich und ihre Zeit komplett zu verplanen. Natürlich ist es gut, eine Struktur in seinen Alltag zu bringen, aber problematisch wird es dann, wenn man zu viel plant. Wer hier etwas gegensteuern will, sollte seinen Dagobert einmal auf Kur schicken und ihm damit eine Veränderung auf Zeit verordnen.

Auf den Dagobert-Typen wirkt es beruhigend, wenn er sich nicht gleich komplett ändern soll. Sein Unbewusstes ist eher bereit, sich zu ändern, wenn für ihn klar ist, dass für ihn durch das Experiment dauerhaft nichts verloren geht. Auf diese Weise kann Dagobert ganz entspannt neue Verhaltensweisen austesten und damit garantiert nur gewinnen.

**Schicken Sie Ihren Dagobert mal auf Kur**

### Vertrauen Sie auf den Zufall

- Beginnen Sie mit ein paar Stunden in der Woche, einem Wochenende oder mit Ihrem Urlaub. Verplanen Sie diese Zeit einmal nicht, überlassen Sie sich den Impulsen Ihrer Umgebung, vertrauen Sie auf die Geschenke des Zufalls.
- Ziehen Sie anschließend Bilanz. Hat es Ihre Lebensqualität gesteigert, einmal passiv sein zu dürfen? Vielleicht sind Sie von dem Experiment so begeistert, dass Sie dieser Lebensweise mehr Raum und Zeit einräumen.

Durch sein Faible fürs Planen gibt der Dagobert-Typ der Spontaneität oft keine Chance.

**Das kostet es:** Die Bereitschaft, für eine vorher festgelegte Zeit die vertrauten Routinen zu verlassen.

**Das bringt es:** Ein Plus auf dem Konto der Lebenslust.

## Tipp 4: Hüten Sie sich vor der Sicherheitsillusion

»In dieser Welt ist nichts gewiss, außer dem Tod und den Steuern«, sagte Benjamin Franklin. Und doch strebt der Mensch nach Sicherheit und Orientierung. Für diesen Seelenfrieden investieren gerade die Dagobert-Typen viel: Sie schließen nötige und unnötige Versicherungen gegen alle möglichen Risiken ab. Doch so sehr der Wunsch nach Sicherheit in uns allen als elementares Grundbedürfnis angelegt ist, der Psychologe Gerd Gigerenzer warnt vor dem Glauben, absolute Sicherheit sei erreichbar. Seine Empfehlung an den Dagobert in uns: »Sei Dir sicher: Sicher bist du nie.«

In die gleiche Richtung zielt der Münchner Psychotherapeut Jakob Schneider. Angesichts der Kursverluste, der Unsicherheit des eigenen Arbeitsplatzes oder Bedrohungen durch Terror rät er: »Wichtig ist, der realen Bedrohung ins Auge zu blicken und sie nicht zu verdrängen, sondern der Wirklichkeit auch mit ihren schrecklichen Seiten zuzustimmen, wie sie ist.« (*Die Telebörse* 40/2001)

*Sehen Sie den Gefahren ins Auge*

Was zunächst beunruhigend klingt, macht mehr Lebenslust möglich. Wer den Mut hat, den Gefahren ins Auge zu sehen, der lebt den Augenblick viel bewusster.

> **Das kostet es:** Die Bereitschaft, auf absolute Sicherheit zu verzichten und die damit verbundenen Gefühle zu erleben.
>
> **Das bringt es:** Einsparungen, weil sich einige Versicherungen dadurch reduzieren lassen. Ein Plus auf dem Konto der Lebenslust.

### Tipp 5: Schaffen Sie Raum für neuen Reichtum

Weil Dagobert-Typen die Sicherheit lieben, entwickeln sie häufig einen Hang zum Horten: Sie heben gebrauchtes Verpackungsmaterial auf, sie können sich nicht von alten Kleidern trennen, und ihre Keller und Speicher sind so vollgestopft, dass es kein Durchkommen mehr gibt. »Die Menschen halten an ihrem Plunder fest, weil sie Angst vorm Loslassen haben – Angst vor den Gefühlen, die sie durchleben könnten, wenn sie den Krempel aussortieren, Angst, sie könnten einen Fehler begehen, wenn sie etwas wegwerfen, Angst, sie könnten dadurch verletzlich, ungeschützt oder Gefahren ausgesetzt werden« beschreibt die Entrümpelungs-Expertin Karen Kingston dieses Phänomen.

*Trennen Sie sich von Gerümpel*

### Anleitung zum Platz-Schaffen:

- Beginnen Sie mit dem Ort in Ihrer Wohnung oder in Ihrem Büro, der in Ihnen als erstes Unbehagen auslöst. Das kann Ihr Schreibtisch sein oder eine Schublade, die Sie auf der Suche nach Streichhölzern öffnen. Wenn Sie nicht sofort Zeit haben, mit dem Entrümpeln anzufangen, dann nehmen Sie sich das noch für den gleichen Tag vor.
- Fangen Sie klein an. Nehmen Sie eine überschaubare Einheit in Angriff, wie besagte Schublade, leeren Sie sie aus und beginnen Sie, radikal auszumisten. Zögern Sie nicht, einen Großteil des Gerümpels wegzuwerfen oder an andere weiterzugeben.
- Überlegen Sie bei den Dingen, die Sie behalten wollen, ob diese Schublade der richtige Ort dafür ist oder ob sie nicht woanders hingehören.

Machen Sie es sich zur Gewohnheit, all das, was Sie nervt, nach und nach zu entrümpeln. Sie werden sich wundern, welch wohltuende Wirkung diese Aktionen entfalten: Sie fühlen sich hinterher wesentlich leichter und beschwingter. Außerdem schaffen Sie Raum für neue Chancen – zwischenmenschlicher, beruflicher, aber auch finanzieller Natur.

Viele Menschen werden von dem, was sie haben, in ihrer Entwicklung blockiert. Wer mit dem Ausmisten beginnt, der schafft die Basis, dass die guten Dinge in sein Leben treten können.

**Das kostet es:** Null Euro, anfangs Tage, später Stunden, um konsequent zu entrümpeln.

**Das bringt es:** Offenheit für neue (finanzielle) Chancen, ein Plus auf dem Konto der Lebenslust.

### Tipp 6: Hören Sie öfter auf Ihren Bauch

Dagobert-Typen sollten ruhig öfter einmal ihren Verstand hintanstellen und stärker auf ihr Gefühl hören, denn der Bauch ist oft klüger als der Kopf. Dass das berühmte gute oder schlechte Gefühl nicht nur Einbildung ist, sondern auf realen Erfahrungsgrundlagen beruht, konnte Emeran Mayer, Physiologe an der University of California, nachweisen: »Nicht nur das Gehirn, auch der Bauch speichert Erfahrungen, die ein Mensch im Laufe seines Lebens sammelt, und setzt diese dann im alltäglichen Leben um.« (*Die Telebörse* 35/2000) Dafür birgt der Bauch die richtige Ausstattung: Mit 100 Millionen Nervenzellen ist dieses »enterische Nevensystem« (ENS) ähnlich strukturiert wie das Gehirn. Seine Aufgabe besteht vermutlich darin, das Gehirn bei der Entscheidungsfindung in komplexen Situationen zu unterstützen, da wir zu rein rationalen Entscheidungen gar nicht fähig sind. Unser Gehirn wäre absolut überfordert, in kürzester Zeit alle nötigen Informationen zu besorgen und zu bewerten.

**Lassen Sie die Stimme Ihres inneren Reichtums zu Wort kommen**

Aus dem Bauch heraus lassen sich auch bei der Geldanlage erstaunliche Erfolge erzielen. Der Berliner Psychologe Gerd Gigerenzer vom Max-Planck-Institut für Bildungsforschung bewies in einem Test, dass Laien, die Aktienpakete ausschließlich nach ihrem Gefühl schnürten, oft erfolgreicher waren als der Börsenindex und in einigen Fällen sogar Fondsprofis schlugen. Das Gehirn im Bauch läuft aber nur dann zur Höchstform auf, wenn es richtig gepflegt wird, was durch regelmäßige Entspannung geschieht.

---

*Training, um das Gefühl im Bauch zu stärken*

Sagen Sie sich folgende Sätze. Diese Übung lässt sich auch gut mit einem Partner durchführen, der Ihnen das Folgende vorliest:

- Lieber Dagobert, du bist stolz darauf, dass du dich auf deinen Verstand und deinen Intellekt verlassen kannst. Das sind wunderbare Gaben, die dir vielleicht jetzt helfen, dich an damals zu erinnern, als du dich in deine erste große Liebe verliebt hast.
- Wenn es dir hilft, schließe ruhig die Augen, und stell dir vor, du sitzt in deinem eigenen Kino, in einem großen, angenehmen Sessel, und du siehst deine Erinnerungen von damals als einen Film. Stell sie dir möglichst konkret vor: Wo setzt deine Erinnerung ein, war es in einem Raum

oder draußen in der freien Natur? Welche Jahreszeit war damals? Welche Menschen sind außer dir zu sehen? Was passiert gerade? Manchmal siehst du vielleicht nur eine Abfolge von schnell wechselnden Szenen. Wenn du eine entsprechende Episode gefunden hast, schau sie dir noch mal in aller Ruhe an. Wie war es, dein Gefühl damals, in einen anderen Menschen verliebt zu sein?

- Wenn du Kontakt zu diesem Gefühl von damals hast, stell dir vor, du stehst von deinem bequemen Kinosessel auf und gehst auf die Leinwand zu und steigst hinein in deinen Körper von damals. Ja, tu so, als ob dies möglich wäre. Erlebe nun noch mal das Kribbeln im Bauch, höre, was gesprochen wird, und fühle das gemeinsame Glück zu zweit.
- Wenn das Gefühl am stärksten ist, forme Daumen und Zeigefinger einer Hand an den Fingerspitzen zu einem Oval und drücke die Finger so intensiv zusammen, wie es deinem Gefühl entspricht. Halte die Finger zusammen, während du in deiner Vorstellung langsam wieder deinen Film verlässt und dich wieder in deinen bequemen Sessel setzt. Spüre dann ganz bewusst die Fläche, auf der du gerade sitzt. Gehe dann gedanklich zu deinen Füßen und achte darauf, wie deine Füße auf dem Boden stehen. Komme langsam wieder zurück ins Hier und Jetzt und öffne wieder die Augen.

Immer dann, wenn Sie vor einer finanziellen Entscheidung stehen, aktivieren Sie über das erneute Drücken der beiden Finger das »Gehirn im Bauch« und bitten es, aus seiner Sicht einen Kommentar abzugeben. Bieten Sie ihm zwei Alternativen an, zwischen denen es entscheiden soll: Welche Alternative fühlt sich besser an?

Dagobert-Typen sind häufig zu sehr auf rationales Denken ausgelegt; aus dem Gefühl heraus zu entscheiden ist nicht ihre Sache. Damit bringen sie sich um viele Chancen, die ihnen das Bauchgefühl bieten könnte. Nicht zuletzt ist der Bauch ein guter Mahner, der einen davor zurückhalten kann, finanzielle Dummheiten zu begehen. Mit dieser Übung haben Sie nun einen inneren Schalter installiert, den Sie immer dann nutzen können, wenn Sie Ihren Bauch bei einer finanziellen Entscheidung befragen möchten.

> **Das kostet es:** Null Euro, immer mal wieder Training zwischendurch, bei Bedarf 15 Minuten, um verschiedene Alternativen zu bewerten.
>
> **Das bringt es:** Bessere Entscheidungen, um ein produktives Vermögen zu erlangen und um teure Fehlentscheidungen in finanziellen Angelegenheiten zu vermeiden.

## Tipp 7: Zeigen Sie Mut zur Muße

Ist Müßiggang aller Laster Anfang? Stimmt diese Lebensweisheit, von der viele zielstrebige Dagobert-Typen überzeugt sind, wirklich? »Quatsch«, sagen die Experten, denn kreativ kann nur derjenige sein, der sich auch mal ganz ohne schlechtes Gewissen »dem tätigen Nichtstun« hingibt. Das wussten und wissen übrigens viele Geistesgrößen: Einstein machte Musik, Hermann Hesse las orientalische Märchen und Konrad Zuse, Erfinder des ersten Computers, malte Bilder. »Wer ständig unter Strom steht, der blockiert seine Fähigkeiten, auf neue Ideen zu kommen«, beobachtet Matthias Heister von der Deutschen Aktionsgemeinschaft Bildung-Erfindung-Innovation in Bonn. Denn unter normalen Umständen, das heißt, bei der Arbeit, beim Einkaufen, sogar beim Schlafen, herrscht in unserem Gehirn geradezu ein Gewitter an Reizen: Unzählige Schaltkreise, Synapsen, werden gleichzeitig angeregt und erzeugen in uns eine Flut von Assoziationen, die wiederum eine Flut von Gedanken nach sich zieht. Beim Müßiggang dagegen, also wenn der Kopf ganz leer wird, geschieht nach den Erkenntnissen des amerikanischen Hirnforschers und Nobelpreisträger Gerald M. Edelmann das genaue Gegenteil: Nur ein einziger Schaltkreis wird aktiviert, alle ablenkenden Vorgänge abgestellt. In dieser extremen Entspannung hört das Bewusstsein auf, als Filter für die vielfältigen Eindrücke zu arbeiten, und Geistesblitze können sich einstellen.

**Knacken Sie Ihren Kreativitätssafe**

> **Anleitung zum Müßiggang**
>
> Die Grundmuster erfrischenden Müßiggangs sind immer gleich. Das fand Herbert Benson, Direktor des Instituts für Verhaltensforschung an der Harvard Medical School in Boston, heraus.
>
> - Richten Sie Ihre Aufmerksamkeit auf einen Fokus. Das kann ein Punkt sein, der mit den Augen fixiert wird, etwa eine Wolke oder ein vorbeiziehendes Schiff. Das kann aber auch ein bestimmter Ton sein, ein Wort, das Sie ständig wiederholen, oder die Konzentration auf Ihren Atem.
> - Damit Sie sich noch tiefer entspannen können, ist es wichtig, dass sich eindringende Gedanken nicht breit machen können. Lassen Sie sie vorbeiziehen, halten Sie sie nicht fest.

Durch ihren Hang zur Selbstkontrolle, durch ihr Pflichtbewusstsein, durch ihre Einstellung »Zeit ist Geld« tendieren Dagobert-Typen stark dazu, jede Minute ihrer Zeit so effizient wie möglich zu nutzen. Dabei versperren sie sich den Zugang zu ihrem kreativen Potenzial, das ihnen bei vielerlei Herausforderungen nützlich sein kann, die Aufgaben im Beruf schneller und besser zu bewältigen oder private Angelegenheiten entspannter zu meistern.

> **Das kostet es:** Null Euro, täglich 30 Minuten Zeit.
>
> **Das bringt es:** Kreativität bei der Arbeit und in Gelddingen. Damit gelingt es, Talente besser als bisher zu nutzen.

### Tipp 8: Lösen Sie Ihre Energieblockaden

Bei ganzheitlichen Heilmethoden, wie Tai Chi, Akupunktur oder Kinesiologie, geht es vor allem darum, die Energien im Körper ungehindert zum Fließen zu bringen. Wenn Energiebahnen blockiert sind, hat das negative Auswirkungen auf Körper, Geist und Kontostand. Die Muskeln verspannen sich, Kopf- und Kreuzschmerzen stellen sich ein, man wird müde und lustlos, und auch der ersehnte Wohlstand bleibt aus. Bei

**Reichtum muss fließen, schaffen Sie dafür die inneren Voraussetzungen**

fortgeschrittenem Energiestau wird der Körper krank. Übungen der Kinesiologie sind eine besonders alltagstaugliche Methode gegen innere Blockaden. Ihr Begründer, der amerikanische Chiropraktiker George Goodheart, fand heraus, dass sich mit Hilfe von Überkreuzbewegungen besonders positive Effekte erzielen lassen. Derartige Bewegungen empfehlen sich für alle, die verspannt sind.

### Energien zum Fließen bringen

- **Ohren anschalten:** Durch Stimulation der Reflexzonen im Ohr lässt sich erschlaffte Konzentrationsfähigkeit schnell wieder steigern. Massieren Sie beide Ohrmuscheln und Ohrläppchen, bis sie angenehm warm werden. Ziehen Sie sie dabei nach außen, als ob Sie sie auseinanderfalten wollten.
- **Stress reduzieren:** Die Stimulation der Stirnbeinhöcker schaltet Stress aus. Massieren Sie sanft diese Punkte, sie liegen zwei bis drei Finger breit oberhalb der Augenbrauen. Wenn Sie diese Punkte nicht finden, massieren Sie mit der flachen Hand einfach die ganze Stirn.
- **Hirnhälften synchronisieren:** Schwingen Sie beim Spazieren gleichzeitig ein Bein und den entgegengesetzten Arm nach vorne; am Schreibtisch ziehen Sie abwechselnd das rechte Knie zum linken Ellenbogen und umgekehrt.
- **Thymusdrüse anregen:** So werden Blockaden abgebaut. Die Thymusdrüse liegt in der Mitte der Brust, hinter dem oberen Teil des Brustbeins. Schließen Sie eine Hand locker zur Faust und klopfen Sie diesen Punkt so lange und stark, wie es angenehm ist (jedoch nicht häufiger als zehn Mal).

Die einfachen Übungen der Kinesiologie lösen körperliche Blockaden, machen den Geist kreativer und lassen Geld leichter fließen. Sie lassen sich überall zwischendurch anwenden.

**Das kostet es:** Null Euro, 5 Minuten Zeit täglich.

**Das bringt es:** Ein Plus auf Ihrem Gesundheits- und Lebenslustkonto, längerfristig mehr produktives Vermögen.

## Tipp 9: Halten Sie sich fit und sparen Sie zugleich Geld

Wer körperlich fit ist, reagiert in brenzligen finanziellen Situationen gelassener. »Sport ist für den Körper das beste Lernmittel, um mit Stress umgehen zu können«, erklärt Gerhard Huber, Privatdozent für Sportwissenschaft der Universität Heidelberg, dieses Phänomen. (*Die Telebörse* 35/2001) Denn regelmäßiger Sport ist nichts anderes als eine systematische Sensibilisierung. Gemäß der Devise: »Der Körper bekommt immer wieder eine kleine Dosis Stress verabreicht und gewöhnt sich daran.« Wie hoch diese Dosis sein sollte, hat eine Studie der Harvard University an 17 000 Personen herausgefunden: Pro Woche sollten mindestens 1 500 Kilokalorien durch zusätzliche körperliche Aktivitäten verbrannt werden. Doch die muss nicht im Fitness-Studio stattfinden. Wie eine Studie des amerikanischen Cooper Instituts belegt, bringen alltägliche Aktivitäten wie Treppensteigen ähnliche Effekte wie eine Trainingseinheit im teuren Fitnessstudio.

**Pro-Fit-ieren Sie doppelt!**

### *Gartenarbeit spart am meisten*

Vom Rasenmähen bis zum Staubsaugen, vom Bügeln bis zum Putzen gibt es eine ganze Reihe von Tätigkeiten, die viele Kalorien verbrennen und viel Geld einsparen, wenn man sie selbst erledigt.

| Aufgabe | Kalorienverbrauch in kcal pro Stunde | Geldwerter Vorteil in Euro pro Stunde |
|---|---|---|
| Gartenarbeit | 720 | mind. 10 |
| Autowaschen | 282 | 4 bis 10 |
| Möbel umstellen/umziehen | 554 | mind. 7,5 |
| Putzen | 270 | 8 bis 10 |
| Staubsaugen | 200 | 8 bis 10 |
| Boden wischen | 270 | 8 bis 10 |
| Bügeln | 160 | 8 bis 10 |
| Gehen statt U-Bahn fahren | 336 | 1,5 bis 2 |
| Pizza selber backen | 20 | mind. 3 Euro pro Pizza |

In diesem Tipp ist alles enthalten, was dem Dagobert-Typ gut tut: Er bewegt sich und bringt damit seinen Kreislauf in Schwung. Er erledigt dabei sinnvolle Dinge und spart damit eine Menge Geld, das er sonst für Dienstleister ausgeben müsste.

> **Das kostet es:** Null Euro, 2 bis 4 Stunden Zeit in der Woche.
>
> **Das bringt es:** Einsparungen von Beiträgen für ein Fitnessstudio von rund 50 Euro pro Monat, dazu 16 bis 50 Euro geldwerten Vorteil. Ein Plus auf dem Vermögenskonto Gesundheit. Freies Geld für die Vermehrung von produktivem Vermögen.

### Tipp 10: Pflegen Sie Freundschaften

Wie wichtig gerade Freundschaften für den inneren Reichtum sind, erleben wir täglich aufs Neue. Bei unseren Freunden können wir uns Frust von der Seele reden oder mit ihnen gemeinsam etwas unternehmen. Unzählig sind die Dinge des Lebens, die mit Freunden zusammen einfach mehr Spaß machen. Dagobert-Typen lassen das weite Feld der Freundschaften aber häufig links liegen und wundern sich dann, dass niemand da ist, wenn sie sich wieder darauf besinnen, wie wichtig Gemeinschaft für sie ist.

*Investieren Sie gezielt in Ihre immateriellen Vermögenswerte*

> *Machen Sie den ersten Schritt*
>
> - Nehmen Sie Ihr Geld einmal dafür in die Hand, um einen angenehmen Rahmen für Gespräche zu schaffen: Bitten Sie den Arbeitskollegen/die Arbeitskollegin/den Bekannten/die Bekannte, der oder die Ihnen besonders sympathisch ist, in ein hübsches Restaurant Ihrer Wahl und signalisieren Sie schon beim Vereinbaren der Verabredung, dass Sie das Treffen als Einladung betrachten. Verbannen Sie bei der Planung dieses Treffens alle blockierenden Gedanken ans Geld aus Ihrem Kopf und entscheiden Sie nur nach Gefühl: Welches Restaurant könnte den bes-

ten Rahmen abgeben, um eine unterhaltsame Stunde mit Ihrem Gast zu verbringen? Sie sollten mit Ihrer Einladung jedoch keine konkrete Absicht verfolgen, etwa Ihren Gast dazu zu bringen, für Sie etwas Bestimmtes zu tun. Betrachten Sie die Restaurant-Rechnung als gewinnbringende Investition in die Zukunft und lassen Sie sich überraschen, welch positive Dinge sich daraus entwickeln.

- Wenn Sie nicht gern essen gehen, organisieren sie eine Einladung zu Hause, zu der Sie Menschen einladen, die Sie besonders interessant finden. Wenn Sie selbst nicht gut genug kochen können organisieren Sie etwas: Bereiten Sie beispielsweise ein privates Oktoberfest mit bayerischen Spezialitäten vor, die Sie nur warm machen (Weißwürste) oder aufbacken (Leberkäse) oder beim Bäcker (Brezeln) oder im Feinkostgeschäft (Obatzter-Käse) kaufen müssen.

Das gemeinsame Essen gehört seit jeher zu den Ritualen, die Menschen in besonderer Weise miteinander verbinden. Dagobert-Typen sind häufig ein wenig fantasielos, wenn es darum geht, mit anderen Menschen in Kontakt zu kommen.

**Das kostet es:** Ab 30 Euro; ein einfaches Buffet für acht Personen ist bereits ab 50 Euro zuzubereiten.

**Das bringt es:** Ein Plus auf Ihrem Vermögenskonto Freundschaften.

### Tipp 11: Geldanlage für Dagobert-Typen

Wenn Sie als ausgeprägter Dagobert Geld anlegen möchten, sollten Sie typgerecht auf Nummer sicher gehen:

- *Festgeld statt Sparbuch*

Dabei muss es nun wirklich nicht mehr Omas Sparstrumpf oder die moderne Sparkassenvariante, das Sparbuch, sein. Der fortschrittliche Dagobert wählt daher für die längerfristige Geldanlage zins- und dividendenbewusst Bundesschatzbriefe, Rentenfonds- oder Immobilienfondsanteile. Bei der kurzfristigen Geldanlage sind Tages-, Monats- oder sonstige Festgeldkonten seine Favoriten.

- *Vorsicht an der Börse*

**Vertrauen Sie bei der Geldanlage Ihrem Sicherheitsdenken**

Wenn sich Dagobert dennoch an die Börse wagt, dann sollte er seinem Seelenfrieden zuliebe folgende Sicherheitsregeln einhalten: Nicht alles auf eine Karte setzen, sondern unterschiedliche Aktien aus verschiedenen Branchen mischen. Bauen Sie eine automatische Reißleine ein: Fällt ein Papier in kurzer Zeit um mehr als 20 Prozent, dann lieber verkaufen als sich damit auf die emotionale Achterbahn des endlosen Hoffen und Bangens zu begeben.

- *Immobilien kaufen*

Dagobert-Typen sind von ihrem Charakter her die idealen Eigenheimbesitzer: Sie haben Disziplin genug, ein langfristiges Hypothekendarlehen abzubezahlen. Und sie ziehen aus der Sicherheit, die ein Haus bietet, hohen emotionalen Nutzen. Sofern sich ein geeignetes Objekt anbietet, sollten sich Dagoberts durchaus einen Ruck geben und zugreifen. Sie gehören zu den Geldtypen, die mit einer Wohnimmobilie am besten umzugehen verstehen.

### Tipps für Sterntaler-Typen

Was wäre die Welt für ein trostloser Ort ohne die Sterntaler-Typen! Sie bringen Wärme und Fürsorge in die Familien, in die Unternehmen und in die Gemeinden. Sie sind es, die maßgeblich dafür sorgen, dass die Gesellschaft nicht nur von selbstsüchtigem Egoismus dominiert wird, sondern ein Ort der Geborgenheit sein kann. Ohne das mitmenschliche Engagement vieler Sterntaler wäre das Solidarsystem, wie wir es heute kennen, längst auseinander gebrochen.

Anders als im gleichnamigen Märchen werden Sterntaler im wirklichen Leben nicht für ihr selbstloses Verhalten mit materiellen Reichtümern überschüttet. Sie sind die Typen, die finanziell am stärksten benachteiligt sind. In unserer Welt reicht es nicht aus, nur Schätze im

Himmel anzusammeln, denn nur die wenigsten Sterntaler-Typen sind zum Heiligen geboren wie Mutter Teresa.

Die große Herausforderung für Sterntaler-Typen ist es deshalb, verstärkt an sich selbst zu denken. Die folgenden Übungen sollen Sie darin unterstützen, einen gesunden Egoismus zu entwickeln.

### Tipp 1: Machen Sie einmal die Rechnung auf

Für die meisten Frauen, die einen Kurs bei der Wiesbadener Initiative »BerufsWege für Frauen« belegen, besteht die Motivation darin, ihr Selbstbewusstsein zu stärken, denn vielen Frauen um die 40 ist im Laufe ihrer Familienarbeit das Bewusstsein für ihre Stärken abhanden gekommen. »Es schwächt Frauen immer, wenn sie nicht berufstätig sind«, beobachtet Doris Manthei.

**So viel ist Ihre Arbeitskraft wert**

In Kapitel 3 haben wir Ihnen gezeigt, wie Sie Ihr persönliches Vermögen aufstellen können, in das gerade bei Ihnen so viele immaterielle Vermögenswerte einfließen. Sie listen nun einfach auf, wie viele Stunden im Monat Sie sich für andere engagieren, und multiplizieren diesen Betrag mit dem Mindestlohn für Haushälterinnen in Privathaushalten, wie ihn die Arbeitsämter ansetzen. (Nehmen Sie die Tabelle auf Seite 138 zu Hilfe.)

Ist bei Ihnen auch ein Betrag herausgekommen, der Ihnen fast den Atem nimmt? Herzlichen Glückwunsch: Jetzt wissen Sie endlich einmal, was Ihr soziales Engagement in Euro ausgedrückt wert ist. Nicht umsonst schreibt die Stiftung Warentest vom »finanziellen Desaster«, in das eine Familie stürzen kann, wenn eine Hausfrau aufgrund von Berufsunfähigkeit durch professionelle Haushaltshilfen ersetzt werden soll. Auch wenn sich Ihr Ehemann, Ihr Verein, Ihre Gemeinde, in der Sie sich engagieren, Ihre Bezahlung niemals leisten könnte, tut es doch enorm gut, zu sehen, wie viel es wert ist, was Sie leisten.

**Das kostet es:** Zehn Minuten Zeit.

**Das bringt es:** Eine ganz andere Verhandlungsposition, wenn es darum geht, eigene Interessen durchzusetzen.

*Stundenzettel: So viel Zeit nehmen Sie sich für andere*

Tragen Sie hier die Stunden ein, die Sie mit Ihren Kindern verbringen oder aktiv etwas für die Familie tun.

| Wochentag | von | bis | Zahl der Stunden |
|---|---|---|---|
| Montag | _____ | _____ | + _____ |
| Dienstag | _____ | _____ | + _____ |
| Mittwoch | _____ | _____ | + _____ |
| Donnerstag | _____ | _____ | + _____ |
| Freitag | _____ | _____ | + _____ |
| Samstag | _____ | _____ | + _____ |
| Sonntag | _____ | _____ | + _____ |
| Stunden pro Woche | | | = _____ x 4,34* |
| Stunden pro Monat | | | = _____ x 8,34 Euro** |
| Bruttolohn pro Monat | | in Euro | = _____ |

\*   4,34 ist auf das Jahr gerechnet die durchschnittliche Zahl von Wochen, die jeder Monat hat.
\*\*  8,34 Euro entspricht dem Mindestlohn für Haushälterinnen in Privathaushalten.

## Tipp 2: Legen Sie ein eigenes Konto an

Wer das Einkommen verwaltet und wer Zugriff auf das Konto hat, wird in Familien ganz unterschiedlich gehandhabt. In der Schweiz beispielsweise bestand noch bis vor wenigen Jahren die Regel, dass der Mann über das ganze Vermögen verfügt – auch wenn die Frau es mit in die Ehe gebracht oder später geerbt hat. In manchen bayerischen Ehen war es früher durchaus üblich, dass der Mann seine Lohntüte am Monatsende bei der Frau abgab, er nur ein Taschengeld für sich behielt und die Ehefrau mit dem Geld alle Ausgaben bestritt; sie zahlte auch das Essen, wenn die Familie am Sonntagmittag ins Wirtshaus ging. In patriarchalischen Ehen war Haushaltsgeld das wichtigste Mittel, um die Frauen in ihrer Freiheit einzuschränken. Heutzutage hat es sich in den meisten Ehen eingebürgert, dass beide Ehepartner Zugriff auf das gemeinsame Girokonto haben.

**Eröffnen Sie sich finanzielle Freiräume**

Diese moderne Variante, das Familieneinkommen zu verwalten, ist zwar allen anderen vorzuziehen, aber sie hat dennoch einen Haken: Über das Konto gibt es keine wirkliche Autonomie, jede Ausgabe kann von beiden Partnern eingesehen und überprüft werden.

Wir sind der Meinung, dass auch in finanziellen Dingen jeder seine kleinen Freiheiten braucht, die sich dem Zugriff des Partners entziehen.

Verfügen Sie nicht schon über Ihr eigenes Konto, sollten Sie sich eines für Ihre Zwecke anlegen. Wichtig ist, dass Sie auf Ihrem Konto regelmäßig Eingänge haben.

> **Das kostet es:** Null bis 75 Euro, je nach dem Geschick, mit dem man seine kontoführende Bank auswählt.
> **Das bringt es:** Mehr Autonomie und Gestaltungsfreiräume im Umgang mit Geld.

### Tipp 3: Wagen Sie sich an Ihre Steuererklärung

Der Bund der Steuerzahler geht davon aus, dass die Steuerzahler dem Bund jährlich rund 400 Millionen Euro schenken, weil sie die Formulare verabscheuen. Darunter sind viele Sterntaler-Geldtypen, denen das Ausfüllen von Formularen ein Graus ist. Lieber lassen sie sich rund 1 000 Euro jährlich entgehen, als sich die Zeit zu nehmen und sich an ihre Steuererklärung zu machen.

Wahrscheinlich hat der Fiskus das Ausfüllen der Bögen so kompliziert gemacht, um so viele Steuerzahler davon abzuschrecken, sich Geld,

**Schenken Sie dem Staat kein Geld**

das ihnen zusteht, zurückzuholen. Sterntaler-Geldtypen sollten das als sportliche Herausforderung betrachten und schnellstmöglich damit beginnen. Kompliziert ist es eigentlich nur, wenn man es das erste Mal macht; je öfter man sich daranwagt, desto größer wird die Routine, irgendwann stellt sich sogar Spaß ein, wenn man sich beim Ausfüllen überlegt, welchen Wunsch man sich mit der Rückzahlung erfüllen wird.

> So geht es:
> Alles, was Sie für Ihre Steuererklärung brauchen, ist
> - Ihre Lohnsteuerkarte, die Sie von Ihrem Arbeitgeber bis Ende Januar des darauf folgenden Jahres zugeschickt bekommen;
> - die Vordrucke der Steuererklärung;
> - Belege über Ausgaben. Interessant für die Steuererklärung sind alle berufsbedingten Aufwendungen (beispielsweise, wenn Sie von Ihrem Wohnort täglich mehr als 40 Kilometer zu Ihrem Arbeitsplatz pendeln), Kosten für medizinische Heilbehandlungen (beispielsweise Kuren oder Therapien) oder Ausgaben für eine (Riester-)Rente, die bis zum Jahresende 2002 abgeschlossen wurde.
>
> Setzen Sie nicht unbedingt Ihren Ehrgeiz darin, bei Ihrer Steuererklärung auch noch den letzten Cent herauszuquetschen, das ist für einen Laien viel zu zeitraubend. Setzen Sie sich lieber zum Ziel, möglichst schnell die Steuern, die sie zu viel gezahlt haben, vom Finanzamt zurückzuholen. Wer pragmatisch vorgeht, der kann seine Steuererklärung in einer halben Stunde ausfüllen.
> Für diejenigen, die sich damit mehr Mühe machen wollen, gibt es eine wahre Flut von Ratgebern. Einer der profiliertesten ist sicherlich *Der große Konz – 1 000 ganz legale Steuertricks*, der Jahr für Jahr neu aufgelegt wird. Für diejenigen, die lieber am Computer arbeiten, gibt es spezielle Steuerprogramme.

Vor allem Sterntaler-Typen neigen dazu, ihre Steuererklärung vor sich herzuschieben, und verschenken damit Geld.

**Das kostet es:** 30 Minuten Zeit; 7,90 Euro bis 40,85 Euro für Ratgeber oder ein Steuerprogramm.

**Das bringt es:** Doppelten Nutzen: Erstens stärkt es das Selbstbewusstsein enorm, sich an die Steuererklärung selbst heranzuwagen. Zweitens bringt es schnell zusätzliches Geld, im Schnitt 1 000 Euro pro Arbeitnehmer.

## Tipp 4: Ändern Sie Ihre Einstellung dem Geld gegenüber

Für Sterntaler-Typen ist Geld eines der größten Übel dieser Welt, wie es beispielsweise der Gesellschaftskritiker Urs Widmer beschreibt: »Geld ist, was es wirkt. Es schafft die Unterschiede. Die Unterschiede schaffen den Neid, der Neid schafft die Wut, die Wut schafft die Gewalt, die Gewalt heißt dann oft Mord, Massenmord, Krieg. Geld schafft den Tod.« Über den Charakter des Geldes haben sich Philosophen die Köpfe zerbrochen, seit es Geld gibt. Unvoreingenommene Denker wie etwa der kalifornische Philosophieprofessor Jacob Needleman kamen zu dem Ergebnis, dass Geld zunächst einmal neutral sei. Es sei eine Form von Energie und sicher »im gegenwärtigen Zustand der Zivilisation die wichtigste treibende Kraft im menschlichen Leben«. Wie Geld aber wirke, das hänge ganz davon ab, wie es genutzt werde.

**Geld kommt zu dem, der es schätzt**

Umweltschützer können zum Beispiel mit Geld in der Wüste Gobi, der russischen Arktis oder im Himalaja bedrohte Arten schützen. Mit Geld lässt sich in Afrika die Lepra ebenso wirksam bekämpfen wie der Hunger. Mit Geld wird es für die guatemaltekischen Kinder möglich, eine Schule zu besuchen und mittags eine warme Mahlzeit zu bekommen. Und auch für karitative Vereine in Deutschland spielt Geld eine wichtige Rolle: Beispielsweise ist die Frankfurter Tafel darauf angewiesen, genug Benzingeld zur Verfügung zu haben, um gespendete Lebensmittel an die Bedürftigen ausfahren zu können.

## *Gutes statt schlechtes Geld*

Was wir über die Welt denken, bestimmt unsere Einstellungen zum Leben, aber auch unser Verhalten uns selbst und anderen gegenüber. Gerade beim Umgang mit Geld lohnt es sich daher, die eigenen Glaubenssätze zu reflektieren. Die nachfolgende Übung können Sie für sich allein, zu zweit oder in einer Gruppe machen. Sie brauchen dafür einige Blätter Papier oder Karteikarten und einen Stift.

- Finden Sie Ihre persönlichen Glaubenssätze zum Thema Geld. Vielleicht fallen Ihnen spontan Sätze ein, die Sie prinzipiell für richtig halten, beispielsweise der, dass Geld allein nicht glücklich macht. Denken Sie an Ihre Kindheit und Jugendzeit. Was sagten Ihre Eltern zu Ihnen, wenn es ums Geld ging?
- Wenn Ihnen spontan nichts einfällt, prüfen Sie doch einmal diese Aussagen:
  »Klare Freundschaft, getrennte Rechnung«
  »Geld regiert die Welt«
  »Über Geld spricht man nicht«
  »Schulden machen ist unehrenhaft«
  »Beim Geld hört bei mir die Freundschaft auf«
  »Geld verdirbt den Charakter«
  »Je mehr er hat, je mehr er will«
- Schreiben Sie Ihre Glaubenssätze auf jeweils eine Karte. Entscheiden Sie sich nun für den Satz, von dem Sie am stärksten überzeugt sind.
- Stellen Sie sich nun vor, wo in dem Raum, in dem Sie sich gerade aufhalten, Vergangenheit, Gegenwart und Zukunft örtlich liegen. (Dabei muss die Zukunft nicht unbedingt vor Ihnen liegen und die Vergangenheit nicht hinter Ihnen. Hören Sie bitte auf Ihre innere Stimme.)
- Wenn Sie sich entschieden haben, gehen Sie mit Ihrer Karteikarte ausgehend vom Hier und Jetzt der Gegenwart ganz langsam in Ihrer Biografie rückwärts und begleiten Ihre Erinnerung mit ganz kleinen Schritten. Wann haben Sie sich in Ihrem Leben zuletzt bewusst so verhalten, wie es Ihrem Motto entspricht? Wie war es bei Ihrer letzten beruflichen Neuorientierung, bei Ihrem Wunsch nach einer Gehaltserhöhung oder noch früher, als Sie sich für eine Ausbildung interessierten? Wenn Sie eine Situation gefunden haben, gehen Sie noch einmal mit allen Sinnen

in Ihre Erinnerung hinein und spüren dann noch einmal den Glaubenssatz, indem Sie ihn sich vor Ihrem inneren Auge vorstellen.
- Nachdem Sie diese Situation noch einmal durchlebt haben, treten Sie jetzt einen Schritt zur Seite und fragen sich: Was ist der positive Aspekt des Glaubenssatzes in dieser konkreten Situation? Vor wem oder was will dieser Satz Sie schützen? Notieren Sie sich auf einer anderen Karte, was Ihnen dazu einfällt.
- Überlegen Sie nun drei alternative Verhaltensvarianten zu Ihrer damaligen Umsetzung des Mottos. Wichtig ist dabei, die positive Absicht, die Sie damals bewegt hat, auch bei den Alternativen zu erhalten. Schreiben Sie sich die drei Möglichkeiten ebenfalls auf.

Sie haben nun die Erfahrung gemacht, dass Sie den positiven Aspekt eines Glaubenssatzes mit verschiedenen Verhaltensmöglichkeiten erfüllen können. Wann immer Sie in der Zukunft wichtige finanzielle Entscheidungen treffen müssen, sammeln Sie, wie in der Übung, drei Alternativen. Wählen Sie die aus, die Ihnen auch finanziell nützt und dabei die gute Absicht Ihrer Glaubenssätze erhält.

**Das kostet es:** Null Euro; 20 Minuten Zeit.

**Das bringt es:** Einen unverkrampften Umgang mit Geld, mehr Handlungsalternativen, um Vermögen aufzubauen.

### Tipp 5: Drehen Sie Ihren inneren Film

Die Art und Weise, wie wir über bestimmte Dinge denken, bestimmt auch unser Verhalten. Machen Sie dazu die Probe aufs Exempel:

- Was denken Sie, wenn Sie an Reichtum denken? Welche Vorstellungen verbinden Sie mit diesem Begriff? Vielleicht geht es Ihnen hier wie vielen anderen Sterntalern, denen bei dem Wort Reichtum eher stehende Bilder vor dem inneren Auge erscheinen. Wie bei einer Diavorführung

**Machen Sie Ihren Reichtum zum Hauptdarsteller**

reihen sich spontane Eindrücke und Erinnerungen an reiche Menschen aneinander. Sind diese Bilder schwarz-weiss oder farbig? Welche Gefühle verbinden Sie mit diesen Vorstellungen?
- Statt in einzelnen Bildern zu denken, überlegen Sie sich ein Drehbuch für einen Film, der Sie als reichen Menschen zeigt. Was können Sie tun, was Sie schon immer tun wollten? Wie sähe Ihr Tagesablauf als reicher Mensch aus?

Einzelne Bilder haben nur wenig Suggestivkraft, denn sie sind passiv und haben nur wenig emotionale Wirkungskraft. Wenn Sie sich mehr Geld wünschen, dann sollten Sie sich Ihren Film über das Reichsein zurechtlegen. Einen Film, in dem neben Farben und Tönen auch Gerüche vorkommen. Diese Vorstellung wird Ihnen helfen, Ihre finanziellen Ziele leichter zu erreichen.

> **Das kostet es:** Keinen Cent.
>
> **Das bringt es:** Eine andere Einstellung zum Reichsein und damit eine höhere Wahrscheinlichkeit für wachsenden Wohlstand.

### Tipp 6: Denken Sie jede Woche eine Stunde ans Geld

Wenn Sie den vorherigen Tipp gelesen oder vielleicht sogar die dazu gehörige Übung gemacht haben, dann haben Sie ja schon das Phänomen kennen gelernt, das viele Sterntaler davon abhält, an genug Geld zu kommen, um sich damit ihre Träume erfüllen zu können. Geld kommt zu dem, der es schätzt. Wer es verachtet, um den macht es einen großen Bogen. Um sich mit dem Phänomen Geld dauerhaft anzufreunden, sollten Sie ihm in der nächsten Zeit einfach mehr Aufmerksamkeit schenken, sagen wir eine Stunde pro Woche. Nehmen Sie sich in den nächsten Wochen an einem festgelegten Tag konsequent eine Stunde lang Zeit, um konkret über Geld nachzudenken:

**Schärfen Sie Ihr Bewusstsein für Geld**

- Beantworten Sie beispielsweise die Fragen auf Seite 16, mit denen Sie herausfinden können, was Sie tun würden, wenn Sie plötzlich eine Million Euro hätten.

- Wenn Sie permanent wenig Geld haben: Nehmen Sie sich die Zeit, genau aufzuschreiben, wofür Sie in der vergangenen Woche Geld ausgegeben haben. Notieren Sie dabei nicht nur Ihre Barausgaben, sondern auch die Abbuchungen von Ihrem Konto. Wenn Sie diese Übung einen ganzen Monat lang durchhalten, dann bekommen Sie ein Gefühl für überflüssige Ausgaben.
- Wenn Sie gern mehr Geld hätten: Machen Sie sich bewusst, welche besonderen Stärken und Talente Sie haben, und überlegen Sie, wie daraus mehr Einkommen entstehen könnte. Um ihr immaterielles Vermögen aufzuspüren, ist Ihnen übrigens auch Kapitel 3 ein guter Ratgeber. Nehmen Sie sich konsequent dafür Zeit, Ihr Vermögen detailliert zu notieren.

Sie werden sehen: In dem Moment, in dem Sie damit anfangen, Ihre Gedanken in positiver Weise auf Geld zu lenken, beginnt es stärker zu sprudeln.

**Das kostet es:** Null Euro; jede Woche mindestens eine Stunde Zeit.

**Das bringt es:** Mehr produktives Vermögen.

### Tipp 7: Bauen Sie sich eine eigene Altersversorgung auf

Rentenexperten wie Reinhard Miegel, Leiter des Instituts für Wirtschaft und Gesellschaft in Bonn, sind davon überzeugt, dass es die gesetzliche Rentenversicherung nach dem Umlageverfahren – die jetzigen Arbeitnehmer zahlen die Renten der Alten – in 30 Jahren in dieser Form nicht mehr geben wird. Mit der Solidarität der jungen Generation können die in die Jahre gekommenen Sterntaler dann nicht mehr rechnen. Denn die gesellschaftliche Akzeptanz des Umlageverfahrens hängt davon ab, ob jeder Jahrgang ungefähr das erhält, was er in das System einzahlt. »Für alle nach 1970 Geborenen kann davon keine Rede mehr sein. Sie sind Nettozahler«, analysiert Miegel. (*DMEuro*, Februar 2002)

**Seien Sie solidarisch mit der nachfolgenden Generation**

Geben Sie es zu, auch Ihnen als Sterntaler-Typ sind gelegentlich Zweifel gekommen, ob Ihre Rente in Deutschland tatsächlich sicher ist. Sie finden sich dabei übrigens in großer Gesellschaft: Nach einer Umfrage des Instituts für Demographie in Allensbach glauben 81 Prozent der Bundesbürger nicht mehr an die Sicherheit ihrer staatlichen Altersversorgung. Ein Umstand, der Sie zum Handeln animieren sollte. Geben Sie sich einen Ruck und informieren Sie sich über private Altersvorsorge. Je früher Sie damit anfangen, desto besser, denn je jünger Sie sind, desto weniger müssen Sie monatlich abzweigen, um eine lebenslange Monatsrente von beispielsweise 600 Euro ab dem 65. Lebensjahr zu bekommen. Eine 30-jährige Frau zahlt dafür monatlich rund 67 Euro; eine 40-jährige muss für die gleiche Leistung schon rund 130 Euro monatlich investieren.

Sich privat für die Rente abzusichern ist nicht nur für die eigene finanzielle Sicherheit unabdingbar – es ist auch ein Akt, mit dem Sie sich mit der nächsten Generation solidarisch zeigen. Denn bald wird es wesentlich mehr alte als junge Menschen geben. Das bedeutet, dass die finanziellen Belastungen für die Jungen massiv zunehmen werden. Wer jetzt, wo es uns allen noch relativ gut geht, daran denkt, die Last für die dann arbeitende Generation zu vermindern, der verhält sich wahrhaft solidarisch mit künftigen Generationen.

> **Das kostet es:** Monatliche Beiträge von mehr als 50 Euro.
>
> **Das bringt es:** Finanzielle Sicherheit im Alter, das gute Gefühl, anderen nicht zu viel aufzubürden.

### Tipp 8: Lernen Sie, nein zu sagen

Am Anfang hat es Ihnen immer noch geschmeichelt, wenn man Sie um Hilfe gebeten hat: Stundenlang haben Sie Ihrer Bekannten zugehört, die Sie am Telefon mit ihrem unglücklichen Liebesleben und ihren Selbstzweifeln um Rat bat. Sie waren immer dazu bereit, das Kind Ihrer Freundin mitzubetreuen, wenn diese gerade einen wichtigen Termin hatte, egal ob Wochentags oder am Wochenende. Es war auch keine Frage für

Sie, dass Sie sich um Ihre Schwiegermutter gekümmert haben, als Not am Mann war. Wenn Sie zu den Sterntaler-Typen gehören, dann werden Sie sich in diesem Verhaltensmuster wiedererkennen. Das ist praktisch für Ihre Mitmenschen, aber auf die Dauer sehr anstrengend für Sie. Aufgrund Ihres selbstlosen Entgegenkommens bleibt für Sie immer weniger Zeit für Ihre eigenen Angelegenheiten. Wichtige Dinge, wie etwa der Zahnarztbesuch, das Gespräch mit dem Steuerberater, aber auch die Freiheit, ungestört Nachdenken zu können, werden gestrichen, weil Sie es sich zur Gewohnheit gemacht haben, Ihre eigenen Interessen hintanzustellen.

**Hüten Sie sich davor, innerlich auszubrennen**

*Sagen Sie nicht gleich spontan Ja*

Auf eine Bitte von anderen hin nicht sofort Ja zu sagen fällt Ihnen schwer. Aus diesem Grund ist es wichtig, dass Sie für den Anfang zumindest eine Woche lang diese Übung konsequent machen:

- Wenn jemand Sie das nächste Mal um etwas bittet, zählen Sie erst einmal langsam bis zehn.
- Nutzen Sie diese zehn Sekunden dafür, Ihr Bauchgefühl zu Rate zu ziehen. Stellen Sie sich vor, wie es sich anfühlt, wenn Sie der Bitte tatsächlich nachkommen. Ist es ein leichtes, zufriedenes Gefühl? Oder aber ein Gefühl der Unlust?

Wenn Ihnen Ihr Bauch negative Gefühle signalisiert, dann haben Sie den Mut, Nein zu sagen. Sie können Ihre Absage relativieren, indem Sie versichern, dass Sie ein anderes Mal gern wieder zur Hilfe bereit sind, es Ihnen dieses Mal aber einfach zu viel wird. Jeder gute Freund wird das akzeptieren.

Es ist ein seltsames Phänomen: Das so genannte Burn-out-Syndrom, das Ausgebranntsein nach großer Anstrengung, trifft vor allem die Menschen, die zu Beginn eines Jobs besonders engagiert waren. Spätestens nach drei Jahren fühlen sie sich körperlich und mental nur noch gestresst, weil sie sich zu Beginn zu stark für eine Sache eingesetzt haben. So geht es häufig auch hilfsbereiten Menschen, die sich mit ihren Interessen nicht abgrenzen können. Die beste Prävention vor dem Burn-out ist es deshalb, frühzeitig zu lernen, Nein zu sagen.

> **Das kostet es:** 10 Sekunden und permanente Aufmerksamkeit seinen Bedürfnissen gegenüber.
>
> **Das bringt es:** Genug Zeit, sich auch einmal um die eigenen (finanziellen) Angelegenheiten zu kümmern.

### Tipp 9: Finden Sie Zugang zu Ihrem inneren Schatzkästchen

Von der Schweigeminute bis hin zum zehntägigen Exerzitium, bei dem die Teilnehmer nicht sprechen: es gibt eine Reihe von Formen, die das menschliche Bedürfnis nach Einkehr annimmt. Sterntaler-Typen haben es aufgrund ihrer vielfältigen Pflichten anderen gegenüber besonders schwer, sich auf sich selbst zu besinnen. Anne Morrow Lindbergh, Ehefrau des amerikanischen Fliegerhelden Charles Lindbergh, Mutter von fünf Kindern und Autorin des Büchleins: *Muscheln in meiner Hand*, beschreibt diese Schwierigkeit folgendermaßen: »Eine Frau zu sein bedeutet, dass die Interessen und Pflichten wie die Speichen von einer Radnabe vom Muttertrieb in alle Richtungen auseinander gehen.« Auch sie hat sich die Frage gestellt: »Wie bleibe ich inmitten der Zerstreuung des Lebens gesammelt? Wie halte ich das Gleichgewicht trotz der Zentrifugalkraft, die mich aus meinem Mittelpunkt zu reißen versucht?« Sie hat für sich die Antwort gefunden: Regelmäßig zog sie sich in ein einsames Strandhaus zurück. Andere Frauen sorgen für ein eigenes Zimmer, das nur sie alleine nutzen dürfen. Wie die amerikanische Kunsthistorikerin Ella King Torrey, die seit 25 Jahren ein eigenes Zimmer mit Volkskunst aus der ganzen Welt immer wieder aufs Neue gestaltet. »Dieses Zimmer nährt meine Seele und erinnert mich an die wunderbaren Möglichkeiten des Lebens«, beschreibt sie die wohltuende Wirkung ihres Rückzugsortes.

**Schaffen Sie sich Ihren eigenen Raum**

Die wenigsten Sterntaler werden über die Möglichkeiten verfügen, sich sofort ein Zimmer für sich alleine einrichten zu können. Wer nicht so weit gehen kann oder möchte, der sollte es einmal mit einer Ecke versuchen. Schaffen Sie sich zum Beispiel Ihre Rückzugsoase mit einem bequemen Sessel, der nur für Sie reserviert ist, um darin zu träumen oder nachzudenken. Unter den spirituell interessierten Sterntalern sind kleine Hausaltäre beliebt, die sie mit ihren Lieblingsbildern schmücken (das muss nicht immer die Jungfrau Maria, sondern darf ruhig auch säkularen Ursprungs sein) und wo sie in Zeiten der Muße Kerzen anzünden. Nur wenige Dinge entspannen so sehr, wie einige Minuten lang Kerzen beim Brennen zuzuschauen.

**Das kostet es:** Entschlossenheit, für die anderen wirklich eine Weile nicht zur Verfügung zu stehen.

**Das bringt es:** Zugang zu seinen inneren Potenzialen; es schafft die Voraussetzung, eigene Wünsche und Absichten zu erkennen.

## Tipp 10: Gleichen Sie Geben und Nehmen aus

Sterntaler gehören zu den großzügigen Geldtypen: Sie geben gerne und oft – sei es ihre Zeit, Aufmerksamkeit oder Geschenke. Das ist zunächst einmal eine sehr schöne Eigenschaft, die aber auch die Gefahr birgt, sich in mancherlei Hinsicht dabei zu verausgaben. Weil Beziehungen für Sterntaler so enorm wichtig sind, neigen sie manchmal dazu, mehr in sie zu investieren, als ihnen gut tut. Sie sollten deshalb den Ausgleich von Geben und Nehmen nicht außer Acht lassen.

*Nehmen Sie auch von anderen Dinge an*

Damit wir uns richtig verstehen: Hier geht es nicht darum, jede Kleinigkeit aufzurechnen, sondern darum, ein Gleichgewicht zwischen Geber und Nehmer herzustellen. Wie wichtig dieser Ausgleich ist, hat der Pionier der Systemischen Therapie, Bert Hellinger, mehrfach beschrieben. »Menschliche Beziehungen beginnen mit Geben und Nehmen, und mit Geben und Nehmen beginnen auch unsere Erfahrungen von Unschuld und Schuld. Denn wer gibt, der hat auch Anspruch, und wer nimmt, der fühlt sich verpflichtet. Anspruch auf der einen Seite und

Verpflichtung auf der anderen sind für jede Beziehung das grundlegende Schuld-Unschuld-Muster. Es dient dem Austausch von Geben und Nehmen. Denn Geber und Nehmer haben beide keine Ruhe, bis es zu einem Ausgleich kommt: bis auch der Nehmer gibt, und der Geber nimmt«, so schreibt Hellinger in seinem Buch *Die Mitte fühlt sich leicht an*. Nach seiner Einschätzung legen gerade viele »Idealgesinnte« – also Sterntalertypen – die Haltung an den Tag: »Lieber sollst du dich verpflichtet fühlen als ich mich.« »Helfer-Ideal« nennt Hellinger dieses Motto, und nach seiner Erfahrung schadet es Beziehungen mehr, als es sie fördert. »Denn wer nur geben will, hält fest an einer Überlegenheit, die nur vorübergehend sein darf, weil sonst dem anderen die Ebenbürtigkeit verweigert wird«, so zieht er das Fazit.

### *Selig mit Geben und Nehmen*

Wollen Sie diesen Aspekt des Sterntalers in sich etwas ausgleichen, dann stellen Sie zwei Stühle so gegenüber, wie Sie es auch bei einem intensiven und angenehmen Gespräch gerne haben. Ein dritter Stuhl, in einem gewissen Abstand zu den anderen beiden, dient in der Übung als neutrale Ratgeberposition.

- Vielleicht fällt Ihnen ein nahestehender Mensch ein, dem Sie gerne aus vollem Herzen geben, aber bei dem es Ihnen auch schwer fällt, etwas anzunehmen. Setzen Sie sich auf Ihren Lieblingsstuhl und stellen Sie sich auf dem Stuhl gegenüber diesen anderen Menschen vor. Erinnern Sie sich an das letzte Mal, als Ihnen Ihr Gegenüber etwas schenken wollte. Je genauer Sie sich an diese Situation erinnern können, desto besser. Wie war das für Sie: Was haben Sie gefühlt, was haben Sie gesagt?
- Wenn Sie guten Kontakt zu dieser Erinnerung haben, stehen Sie auf und setzen sich auf den anderen Stuhl und – nun wird es vielleicht etwas ungewöhnlich für Sie – blicken Sie durch die Augen des anderen auf sich selbst. Versetzen Sie sich so gut es geht in den anderen Menschen. Was wird er fühlen, wenn er Ihnen eine Freude machen will? Achten Sie bitte genau auf den Moment, wo Sie selbst in Ihrer Ausgangsposition zögern, das Geschenk anzunehmen. Was macht das mit Ihnen in der Position des anderen, mit dessen Augen Sie sich beobachten? Wie fühlt

> es sich an, wenn Ihr Geschenk nicht angenommen wird? Achten Sie genau auf die Signale Ihres Körpers.
> - Stehen Sie nach diesem Erlebnis auf und wechseln Sie in eine dritte Position, aus der Sie das Ganze noch mal von außen anschauen. Aus diesem Blickwinkel haben Sie vielleicht auch die Möglichkeit, sich selbst in der ersten Position etwas zu raten. Was würden Sie als Coach sich selbst empfehlen?

Keine rosigen Aussichten für den, der immer nur gibt, statt zu nehmen: »Denn von dem, der selbst nichts nehmen will, wollen andere bald nichts mehr haben. Sie ziehen sich von ihm zurück oder werden ihm böse. Solche Helfer bleiben einsam und sind oft verbittert«, stellt Hellinger fest. In ihrem eigenen Interesse sollten Sterntaler deswegen auf ein Gleichgewicht im Geben und Nehmen achten.

> **Das kostet es:** Immer wieder 15 Minuten Zeit, um diese Übung zu machen.
>
> **Das bringt es:** Ein Plus auf den Konten Freundschaften und Lebenslust.

## Tipp 11: Geldanlage für Sterntaler-Typen

Sie haben es ohnehin schon bemerkt, liebe Leser: Viele Tipps für Sterntaler-Typen zielen darauf ab, Sie zu ermutigen, ihre eigenen (finanziellen) Interessen nicht aus den Augen zu verlieren. Damit Sie dieses, oft ungewohnte, Verhalten nicht bereits nach wenigen Wochen oder Monaten wieder stillschweigend aufgeben, bietet es sich gerade für Sterntaler an, sich vertraglich für einen längerfristigen Vermögensaufbau zu verpflichten, beispielsweise indem Sie eine Kapitallebensversicherung abschließen. Der Betrag, den Sie jeden Monat anlegen, muss nicht riesig sein, wichtig ist nur, dass Sie das regelmäßig und auf längere Sicht machen.

**Binden Sie sich auch in Sachen Geld**

**Das kostet es:** Gut wären mindestens 50 Euro im Monat.
**Das bringt es:** Solider Vermögensaufbau.

## Tipps für Hans-im-Glück-Typen

Mit ihrem Optimismus, ihrer Begeisterungsfähigkeit für Neues und ihrem Wagemut sind Hans-im-Glück-Typen ein wahrer Segen für die Wirtschaft. Sie bilden die Speerspitze des Fortschritts. Sie lassen sich Neues einfallen und drängen darauf, Innovationen zu verwirklichen.

Bei so viel Licht bleibt der Schatten nicht aus: Hans-im-Glück-Typen langweilen sich schnell, was für sie persönlich oft großen Schaden bringt: Weil sie keine Langstreckenläufer sind, schmeißen sie angestoßene Projekte oft zu früh hin und haben nicht die Geduld, auf den Erfolg längerfristig hinzuarbeiten. Sie gehen oft zu große Risiken ein und machen deshalb schmerzhafte Verluste.

Im privaten Bereich suchen sie immer nach dem neuesten Reiz und konsumieren deswegen viel. Sie sind diejenigen, die den Erlebniskauf lieben, und achten dabei nicht aufs Geld. Aus diesem Grund geben sie oft mehr aus, als sie verdienen.

Weil sie so sehr im Hier und Jetzt leben, denken sie selten an später und versäumen es deshalb, sich Rücklagen für ihren Ruhestand beiseite zu legen. So leben sie in der Gefahr, im Alter die Folgen ihrer Sorglosigkeit tragen zu müssen, was für sie als Genussmenschen besonders bitter ist.

Bei den folgenden Tipps geht es deshalb darum:

- wie Sie durch kleine Verhaltensänderungen mehrere hundert oder sogar tausend Euro im Jahr sparen können;
- Ihnen als Hans-im-Glück-Typ zu zeigen, wie Sie sich – wenn's drauf ankommt – zum Durchhalten motivieren können;
- wie Sie sich im Alltag permanent neue Kicks verschaffen können, die nichts oder nur wenig kosten;

- was Sie tun können, damit Ihre Sinne immer frisch bleiben und nicht aufgrund zu vieler Reize abstumpfen.

Schließlich wollen wir Sie dazu motivieren, mit voller Überzeugung Rücklagen für die Zukunft zu schaffen.

### Tipp 1: Halten Sie sich die Kosten des schnellen Kicks vor Augen

Wenn es ums Genießen geht, dann sind Hans-im-Glück-Typen ganz spontan: Die tollen Schuhe, das elegante Notizbuch, das exquisite Ge-Geschirr werden gekauft, ohne dabei an den Stand des Kontos zu denken. Wie teuer diese Spontaneität ist, haben Sie noch nie ausgerechnet, und genau das sollten Sie jetzt tun.

**Nichts ist so teuer wie ein Überziehungskredit**

So geht es: Nehmen Sie Ihre Kontoauszüge der vergangenen zwölf Monate zur Hand und addieren Sie in der folgenden Liste auf, wie viel Sie an Kredit- und Überziehungszinsen gezahlt haben.

|  | Sollzinsen in Euro: |
|---|---|
| 1. Quartal |  |
| 2. Quartal |  |
| 3. Quartal |  |
| 4. Quartal |  |
| Summe im Jahr |  |

Wie sieht es bei Ihnen aus? Haben Sie nicht erwartet, so viel Geld für Überziehungszinsen zu zahlen? Davon, wie teuer Kreditlinien sind, macht man sich meist keine Vorstellung. Im Januar 2003, einer Phase extrem niedriger Zinsen, lagen die Kreditzinsen für das Girokonto bei rund 13 Prozent. Wer sein Konto über die Kreditlinie hinaus überzog, der musste sogar rund 18 Prozent dafür bezahlen. Kontoinhaber, die ihre

Kreditlinie von beispielsweise 5000 Euro permanent ausschöpfen, zahlen dafür im Jahr 650 Euro. Dafür bekommt man eine einwöchige All-inclusive-Reise in einem Vier-Sterne-Hotel auf Zypern.

**Das kostet es:** 10 Minuten Zeit, um die Kontoauszüge durchzuschauen.

**Das bringt es:** Möglicherweise mehrere hundert Euro im Jahr zusätzlich, wenn es gelingt, das eigene Girokonto immer schön im Plus zu halten.

### Tipp 2: Lernen Sie, durchzuhalten

»Per aspera ad astram« – »Der Weg zum Glück ist oft steinig«, doch gerade dem Hans-im-Glück-Typen fällt es schwer, längerfristige Ziele in Angriff zu nehmen. Seine innere Bewertung macht aus objektiv kleinen Steinen unüberwindbare Berge. Wenn Sie ein Ziel haben, das Sie langfristig erreichen möchten, wird Ihnen diese Übung beim Durchhalten helfen:

**Steine aus dem Weg zu räumen kann durchaus Spaß machen**

- Notieren Sie ein Ziel auf einer Karteikarte und überlegen Sie: Woran erkennen Sie, dass Sie das Ziel erreicht haben? Welche Sinneseindrücke werden Sie haben, wenn das Ziel geschafft ist: Was sehen und hören Sie, können Sie vielleicht auch etwas schmecken und riechen? Und vor allem, wie fühlt sich es an, am Ziel zu sein? Notieren Sie sich Ihre Ideen. Legen Sie Ihre Aufzeichnungen auf einen Stuhl und stellen ihn in Ihrem Raum in einer Entfernung von sich auf, die in etwa dem zeitlichen Abstand entspricht, wann Sie das Ziel erreicht haben wollen. Gehen Sie zurück zu dem Punkt, der für Sie die Gegenwart symbolisiert.
- Überlegen Sie nun, mit welchen Hindernissen und Problemen Sie auf dem Weg zum Ziel rechnen. Schreiben Sie diese ebenfalls auf und legen jedes Hindernis auf einen weiteren Stuhl ab. Wählen Sie bei den Schwierigkeiten, die Sie sehen, die drei wichtigsten aus. Stellen Sie nun die Stühle ebenfalls im Raum auf, etwa in dem Abstand, den Sie mit Blick auf Ihr Ziel für angemessen halten.
- Gehen Sie dann von der Gegenwartsposition ganz langsam auf Ihr Ziel zu. Sie erreichen auf diesem Weg das erste Hindernis. Überlegen Sie,

welche Ihrer Ressourcen Ihnen helfen könnte, das Problem zu lösen. Schreiben Sie die Fähigkeit, die Sie vielleicht jetzt schon haben oder die Sie sich wünschen, auf und legen Sie die Karte auf den Stuhl, auf dem bereits die Problemkarte liegt. Gehen Sie dann langsam weiter auf Ihr Ziel zu, und schreiben für die anderen »Problemstühle« ebenfalls die Ressourcen auf, die Ihnen bei der Bewältigung helfen.
- Nach dem letzten Hindernis erreichen Sie schließlich Ihr Ziel. Stellen Sie sich vor, wie es sein wird, wenn das Ziel erreicht ist. Genießen Sie es. Sie haben es geschafft, trotz aller Hindernisse. Sie können nun durch Zusammendrücken zweier Fingerspitzen dieses Gefühl körperlich »abspeichern«.

Wann immer Sie auf Ihrem Weg zu einem selbst gesteckten Ziel auf Hindernisse stoßen, reaktivieren Sie Ihre Ressourcen durch erneutes Drücken der Fingerspitzen.

Mit der Energie des gespeicherten Zustandes am Ziel fällt es Ihnen leichter, die Steine auf dem Weg zu Ihrem Ziel beiseite zu schaffen.

**Das kostet es:** In etwa eine halbe Stunde Zeit.

**Das bringt es:** Sie machen Ihre immateriellen Vermögenswerte, Fähigkeiten und Arbeitskraft dadurch noch wertvoller.

## Tipp 3: Abenteuer zum Nulltarif

»Alltag ist nur durch Wunder erträglich«, schrieb der Schweizer Autor Max Frisch. Das ist eine Devise, die auf Hans im Glück wie auf keinen anderen zutrifft. Es gilt also, sich seine Wunder zu schaffen, und das geht am besten, wenn man seine Gewohnheiten immer etwas verändert. Ähnlich, wie Jazzmusiker eine bekannte Melodie immer wieder aufs Neue variieren. Der Trick dabei ist, eine Routinetätigkeit auf unerwartete Weise zu durchbrechen, indem man bislang unbeteiligte Sinne aktiviert.

**Erschließen Sie sich neue Welten**

> **So geht es:**
>
> ... *Beispielsweise mit geschlossenen Augen duschen:* Suchen Sie den Wasserhahn und stellen Sie die Temperatur und Wasserstärke nur durch Tasten ein. Ertasten Sie dann in der Dusche alle Sachen, die Sie brauchen. Waschen Sie sich mit geschlossenen Augen.
> ... *Beispielsweise nichts hören können:* Tragen Sie einmal Ohrstöpsel, wenn Sie mit Ihrer Familie frühstücken, und erleben Sie die Welt ohne Geräusche. Wenn Sie den bisherigen Hauptweg Ihrer Wahrnehmungen blockieren, werden Sie gezwungen, andere Signale zu beachten, um einfache Tätigkeiten, wie etwa eine Zuckerdose weiterzureichen, auszuführen.
> ... *Beispielsweise neue Wege gehen:* Egal, ob Sie zu Fuß oder mit dem Auto unterwegs sind: Nehmen Sie einen anderen Weg zur Arbeit. Sie werden sich wundern, was Sie alles wahrnehmen, wenn Sie alle Ihre Sinne auf Empfang stellen. Es ist wie ein Kurztrip in eine bisher unbekannte Stadt.
> ... *Beispielsweise mit anderen Leuten reden*: Lassen Sie sich keine Gelegenheit entgehen, soziale Kontakte zu knüpfen. Kaufen Sie Ihre Zeitung beim Kiosk anstatt im Supermarkt. Probieren Sie ein neues Café aus, gehen Sie zu einer anderen Reinigung oder einem neuen Blumenhändler. Ihr Alltag wird dadurch viel bunter.

Der erste Eindruck ist immer der stärkste, denn das Gehirn reagiert vor allem auf Neues. Je öfter man etwas auf die gleiche Weise durchlebt, desto schwächer werden die Signale des Reizes, die das Gehirn aufnimmt. Um sich gut zu fühlen, muss der Ausstoß des Botenstoffs Dopamin durch neue Eindrücke stimuliert werden.

> **Das kostet es:** Null Euro an zusätzlichen Ausgaben.
>
> **Das bringt es:** Das Maß an Abwechslung, das für Hans-im-Glück-Typen notwendig ist. Ein Plus auf dem Vermögenskonto der Lebenslust, weniger Ausgaben für Frustkäufe.

## Tipp 4: Steigern Sie Ihre Genussfähigkeit

Genuss nimmt für den Hans-im-Glück-Typen eine zentrale Rolle in seinem Leben ein. Aber das ist so eine Sache: Je mehr man etwas konsumiert, desto schwächer wird die Befriedigung, die davon ausgeht. Essen beispielsweise löst bei den meisten Menschen die größten Glücksgefühle aus. Aber Nahrung steigert das Glücksempfinden nur dann, wenn wir nicht mehr als fünf Prozent der Wachzeit damit verbringen. Wäre Essen eine Ganztagsbeschäftigung, wäre es rasch nicht mehr befriedigend. »Dasselbe gilt für die anderen schönen Dinge des Lebens: Sex, Entspannung, Fernsehen. In dosierter Menge können sie die Qualität unseres Alltags zwar ganz beträchtlich steigern, aber ihre Wirkungen summieren sich nicht. Obendrein gelangt man schnell an den Punkt, ab dem einem etwas immer weniger bringt und keinen Spaß mehr macht«, fand der Psychologe Mihaly Csikszentmihalyi heraus.

**Weniger ist mehr**

Die Weltreligionen, die den Menschen »Bedienungsanleitungen« für ein gelungenes Leben geben, sind sich in diesem Punkt einig: Es besteht ein enger Zusammenhang zwischen Verzicht und Genuss. Nicht ohne Grund löst im Christentum die vierzigtägige Fastenzeit den rauschhaften Karneval ab. Aus demselben Grund gibt es bei den Moslems Ramadan, eine Phase von vier Wochen, während der die Gläubigen erst nach Sonnenuntergang Essen und Trinken dürfen.

Selbst Wolfram Siebeck, Feinschmecker und Kolumnist der *Zeit*, räumt ein, sich häufig eine Auszeit vom anspruchsvollen Essen zu nehmen. Bei einem seiner Sommerseminare gestand er: »Ich werde immer wieder gefragt, ob ich denn zu Hause, wenn niemand zusieht, auch so große Ansprüche an das Essen stelle wie in Restaurants, oder ob ich nicht heimlich schon mal eine Bratwurst verdrücke. Bratwürste, nein, die esse ich nicht. Wenn es denn bescheiden sein muss – und das ist sehr häufig der Fall –, dann koche ich einen Reistopf.«

> *So geht es:*
>
> Es gibt unzählige Varianten, durch Genügsamkeit seine Genussfähigkeit zu steigern, aber für Anfänger seien hier drei Anregungen beschrieben:

- *Einfach essen*: Hier ist ein sehr simples Rezept aus wenigen Zutaten, das beim Kochen wenig Aufwand erfordert und dazu billig ist, es kostet nicht mehr als zwei Euro für vier Personen.

> *Gemüsereis*
> Zutaten: 1 Zwiebel, 2 Möhren, 1 Rote Beete, 200 Gramm Reis, 1 EL Olivenöl, Salz, 1 TL Gemüsebrühe, Wasser
>
> Zwiebeln hacken, Möhren und Rote Beete in kleine Stücke schneiden. Öl erhitzen, zuerst die Zwiebeln, dann das Gemüse kurz andünsten. Reis dazugeben, mit Salz und Gemüsebrühe bestreuen, umrühren und mit Wasser aufgießen, bis der Reis gerade bedeckt ist. Je nach Reissorte 10 bis 20 Minuten leicht köcheln lassen. Fertig.

- *Nur Frühstücken*: »Wüstentage« hießen die Donnerstage in San Masseo, einer Art Kloster, das jungen Menschen aus allen Nationen im Alltag die wohltuende Lebensart des heiligen Franz von Assisi näher bringen sollte. Das hieß konkret: Es gab nur eine Mahlzeit am Morgen und dann den ganzen Tag nichts mehr außer Tee. Für die meisten, die damals diese Wüstentage mitmachten, wurden sie zur ganz besonderen Erfahrung, die sie später oft in ihren Alltag einbauten. Sich auf das Frühstück zu beschränken zeitigte eine Reihe erstaunlicher Effekte: Der wichtigste war wohl anfangs das Erfolgserlebnis, sich tatsächlich mit dem Essen zurückhalten zu können, auch wenn der Magen spätestens um drei Uhr nachmittags knurrte. Nach einer halben Stunde heftigen Rebellierens verschwand in der Regel das Hungergefühl. Dazu kam, dass man durch das Fasten auf einmal irritierend viel Zeit hatte, die man für andere Aktivitäten nutzen konnte. Mal wieder ein Schwätzchen zu halten zum Beispiel oder endlich das Buch, das man schon längst lesen wollte, in Angriff zu nehmen. Last, but not least die geschärfte Wahrnehmung, die sich durch das Fasten einstellte: Die Gerüche wurden auf einmal intensiver, die Blumen leuchteten stärker, und am nächsten Morgen, als es dann wieder normal zu essen gab, wurde das Brot zum Genuss.
- *Einen ganzen Tag nur trinken:* Menschen, die ihre ersten Erfahrungen mit dem Fasten gemacht haben, werden immer mutiger, wenn es darum

geht, die Phasen des Fastens auszudehnen. Für sie bedeutet es keine Anstrengung mehr, einmal pro Woche gar nichts zu essen und stattdessen nur zwei bis drei Liter Wasser oder Kräutertee zu trinken. Die positiven Effekte für Körper und Seele, die das Fasten bringt, sind auch mit einem professionellen Wellnessprogramm kaum zu überbieten.

Die »Lust der Genügsamkeit« ist für die griechische Schule der Epikureer der Königsweg zu innerem Reichtum, der sich dann einstellt, wenn man gelegentlich ganz bewusst auf Dinge verzichtet.

**Das kostet es:** Gemüsereis etwa 50 Cent pro Portion; Fasten ist gratis, allerdings sollte man sich in Acht nehmen, in der zusätzlichen Freizeit nicht gleich wieder einkaufen zu gehen.

**Das bringt es:** Selbstgenügsamkeit ist der »Notausgang« aus der unproduktiven Konsumspirale, die viel kostet, aber keine wirkliche Zufriedenheit bringt.

### Tipp 5: Seien Sie selbstbewusst melancholisch

Hans-im-Glück-Typen sind häufig »gut drauf«. Oder sie tun zumindest so. Obwohl sie zu den geborenen Optimisten gehören, können auch sie sich nicht über folgende Regeln hinwegsetzen:

»Ein jegliches hat seine Zeit, und alles Vorhaben unter dem Himmel hat seine Stunde: Geboren werden und sterben, pflanzen und ausrotten, was gepflanzt ist, weinen und lachen, klagen und tanzen, suchen und verlieren, behalten und wegwerfen, zerreißen und zunähen, schweigen und reden, lieben und hassen, Streit und Friede hat seine Zeit.«
(Der Prediger Salomo 3, 1-8)

**Bekennen Sie sich zu Ihren Gefühlen. Das ist der erste Schritt zu wirklichem Reichtum**

Hans-im-Glück-Typen meinen aber, sie müssten immer gute Laune präsentieren, und das ist das Problem: Ob sie nun an der Börse ihr ganzes Vermögen verloren haben oder ihr Unternehmen bankrott ist, noch immer tun sie so, als könnten sie das einfach so wegstecken.

> **Das sollten Sie tun:**
> - Wenn es Sie wieder einmal böse erwischt hat, dann gestehen Sie sich einfach zu, melancholisch zu sein. Professor Roenneberg, Experte für Chronobiologie an der Universität München, stellt fest: »Nur wer selbstbewusst melancholisch sein kann, ist auch fähig, selbstbewusst ausgelassen zu sein.« (*Die Telebörse* 8/2000)

»Die Fun-Gesellschaft setzt uns viel zu stark unter Druck, immer gut drauf zu sein. Dieser Stress, unsere natürlichen Gefühle zu ignorieren, macht uns krank.« (Roenneberg)

> **Das kostet es:** Null Euro. Ehrlichkeit im Umgang mit sich selbst.
> **Das bringt es:** Eine Einzahlung auf dem Konto des immateriellen Vermögenswerts Lebenslust.

### Tipp 6: Tanken Sie zum Nulltarif Energie

Welcher Wertschätzung die Gaben der Natur sich bei den großen Denkern erfreuen, belegt die Anekdote von Diogenes in der Tonne: Alexander der Große will dem berühmten Philosophen einen Wunsch erfüllen, und was antwortet der? »Geh mir aus der Sonne!«

Doch Zeitgenossen ist das Bewusstsein für diese Quelle inneren Reichtums abhanden gekommen. In der Industriegesellschaft leben die meisten Menschen in einem »biologischen Dämmerdasein«, wie es Roenneberg formuliert. Das Licht in Büros und Fabriken reicht meist von der Intensität her nicht aus, um für unsere biologischen Taktgeber wirksam zu sein. Die Menschen brauchen aber Sonnenlicht, um sich gut zu fühlen, und daher rät Roenneberg, jeden Tag mindestens eine halbe Stunde im Freien »Photonen zu tanken«, also Sonnenlicht zu laden. Ob die Sonne vom blauen Himmel lacht oder Wolken ihn verdüstern, sei dabei ohne Bedeutung, denn selbst an einem regnerischen Tag erreicht die Lichtintensität im Freien 10 000 Lux, mehr als das Zwanzigfache des

*Sonne und innerer Reichtum hängen eng beieinander*

Bürolichts. Was Sonnenlicht bewirkt, belegt eine kanadische Arbeitsgruppe, die den Genesungsprozess depressiver Patienten untersuchte und herausfand: Patienten, die in Südzimmern untergebracht waren, konnten erheblich schneller als geheilt entlassen werden als diejenige in Nordzimmern.

Gerade Hans-im-Glück-Typen sind stark darauf angewiesen, dass in ihrem Gehirn eine hohe Anzahl an Glücksstoffen zirkuliert. Deren Produktion lässt sich durch Sonnenlicht wirkungsvoll erhöhen.

**Das kostet es:** Null Euro. Sonnenlicht ist nun wirklich etwas, das jedem kostenlos zur Verfügung steht.

**Das bringt es:** Ein dickes Plus auf dem Konto der Lebenslust und daher weniger Frustkäufe.

## Tipp 7: Checken Sie Ihre Altersvorsorge

Der Hans im Glück denkt nicht so gern an morgen, geschweige denn an die fernere Zukunft. Deshalb ist es für ihn besonders wichtig, für die Zeit nach dem Beruf vorzusorgen.

Ob Sie im Ruhestand genug Geld haben werden, erfahren Sie, wenn Sie Ihre Lebenshaltungskosten und Ihre künftigen Einnahmen gegenüberstellen. Nehmen Sie sich die Zeit, sowohl Ihre heutigen Ausgaben Ausgaben als auch Ansprüche aus Renten- und Lebensversicherungen sowie künftige Kapitalerträge zu addieren. Wenn Sie in der Vergangenheit über Ihre Ausgaben nicht Buch geführt haben, dann nehmen Sie die Auszüge Ihres Girokontos und Ihrer Kreditkarte zu Hilfe. Versuchen Sie, die Ausgaben der vergangenen zwölf Monate auf folgende Positionen aufzuteilen.

**Denken Sie frühzeitig an Ihr Alter**

| Lebenshaltungskosten Euro | Einnahmen im Rentenalter Euro |
|---|---|
| Jahresmiete und Mietnebenkosten | Rente (Orientieren Sie sich dabei am Informationsschreiben der Rentenversicherungsträger) |

| Ausgaben | Zinsen und Erträge aus Kapitalvermögen |
| --- | --- |
| – Essen, Trinken | (Berücksichtigen Sie dabei auch den |
| – Kleidung | Betrag, den Sie nach Ablauf Ihrer |
| – Freizeit, Hobby | Lebensversicherung(en) ausbezahlt |
| – Verkehrsmittel, Auto etc. | bekommen) |
| – Kommunikation | |
| – Reisen | |
| Sonstiges | Sonstiges |
| Summe | Summe |

Gehen Sie davon aus, dass sich die Lebenshaltungskosten etwa alle 20 Jahre verdoppeln. Wenn Sie heute 45 Jahre alt sind, dann brauchen Sie, wenn Sie in Rente gehen, doppelt so viel Geld wie heute, um Ihren Lebensstandard zu halten.

Wenn Sie sich erst einmal der Pensionsgrenze nähern, haben Sie kaum noch Möglichkeiten, ausreichend für den Ruhestand vorzusorgen. Das meiste Geld verdienen die Menschen hierzulande im Alter von 50. Das ist eine gute Zeit, um noch einmal aus dem Vollen zu schöpfen und Geld für später zur Seite zu schaffen.

**Das kostet es:** Einen Tag Zeit (je ein halber Tag zur Beschaffung der benötigten Informationen und zur Auswertung).

**Das bringt es:** Eine klare Analyse, um die Altersvorsorge besser zu planen, möglicherweise einen bewussteren Umgang mit Konsum.

### Tipp 8: Sparen statt Schuften

Der Hans-im-Glück-Typ gehört nicht gerade zu den Menschen, die viel auf die hohe Kante legen. Er liebt es, sein Geld für alles Mögliche auszugeben, Hauptsache, es macht Spaß. Doch spätestens wenn der Dispokredit ausgereizt ist oder größere Anschaffungen anstehen, stößt er an seine Grenzen. Doch bevor er sich den Kopf darüber zerbricht, wie er mehr

Geld verdienen könnte, sollte er sich an Benjamin Franklin erinnern, der einmal sagte: »Ein gesparter Pfennig ist ein verdienter Pfennig.«

Bei Spitzensteuersätzen von 50 Prozent und mehr lässt sich heute durch Sparen aber noch wesentlich mehr verdienen. Ein gesparter Euro entspricht bei Spitzenverdienern einem Verdienst von brutto 1,50 Euro. Da lohnt es sich also auch für den Hans-im-Glück-Typ, einmal mehr zu überlegen, ob er nicht lieber sparen sollte, als für Geld zu arbeiten, das er in Konsumgüter verwandelt.

**Geld ist wesentlich leichter gespart als verdient**

> **Das kostet es:** Kurzfristiger Verzicht.
>
> **Das bringt es:** Sie müssen weniger arbeiten, haben aber dennoch mehr Geld zur Verfügung.

### Tipp 9: Vermeiden Sie Spontankäufe

Die unreflektierten Käufe sind oft die teuersten. Hans-im-Glück-Typen sind ideale Opfer von Verkaufspsychologen. Weil sie so spontan reagieren, greifen sie zu, wenn ein Produkt ihre Begeisterung weckt. Wenn sie etwas sehen, hören, riechen oder tasten, was ihnen gefällt, dann werden Hans-im-Glück-Typen schneller schwach als beispielsweise Dagobert-Typen, die ihre Kaufentscheidungen immer reflektieren. Folgende Verhaltensweisen helfen dabei, die Notbremse vor unüberlegten Käufen zu ziehen:

- Immer, wenn Sie spontan etwas kaufen wollen, zählen Sie erst einmal bis 100.
- Kaufen Sie nur, was Sie brauchen: Bevor Sie zugreifen, beantworten Sie für sich die Frage: »Wenn ich es gestern nicht gebraucht habe, warum brauche ich es heute?«

Hans-im-Glück-Typen neigen dazu, ständig mehr auszugeben, als sie verdienen. Durch dieses Verhalten kommen sie nur schwer auf einen grünen Zweig.

> **Das kostet es:** Zwei Minuten Bedenkzeit, bevor Sie mit einem neuen Teil zur Kasse gehen.
>
> **Das bringt es:** Weniger Schulden, mehr freies Geld für den Aufbau von produktivem Vermögen.

### Tipp 10: Ist Ihnen eine Anschaffung so viel Lebenszeit wert?

Denken Sie vor größeren Anschaffungen einmal darüber nach, wie viele Tage, Monate oder auch Jahre Sie dafür arbeiten müssen, um sie abzubezahlen.

Ein Beispiel: Angenommen, Sie kaufen ein Haus für insgesamt 252 000 Euro, haben aber nur ein Eigenkapital von 72 000 Euro. Um den fehlenden Betrag zu finanzieren, nehmen Sie ein Baudarlehen von 20 Jahren Laufzeit und einem Zinssatz von 6 Prozent auf.

Insgesamt kostet Sie der Kredit mit Zins und Tilgung über die gesamte Laufzeit 309 600 Euro. Angenommen, Sie sind Psychologe und verdienen in der Stunde 35 Euro netto, dann müssten Sie für Ihr Haus 84 845 Stunden arbeiten. Das macht bei sechs Stunden täglich rund 1474 Arbeitstage. Also mehr als sieben Jahre nur für das Haus, ohne Essen, ohne Kleidung, ohne Kino.

Wer daran glaubt, dass Zeit Geld ist, wird sich vor einer Investition umso mehr fragen, wie viel Lebensarbeitszeit er ausgeben muss, bevor der Besitz zum Eigentum wird. Bei der Finanzierungen von Immobilien kommt zum eigentlichen Kaufpreis noch einmal ein ordentlicher Satz an Zinsen hinzu.

> **Das kostet es:** Einige Minuten, um den Kaufpreis der ins Auge gefassten Anschaffung in Lebensarbeitszeit umzurechnen.
>
> **Das bringt es:** Klarheit beim Kauf, weniger Spontankäufe.

## Tipp 11: Geldanlage für Hans-im-Glück-Typen

Der Hans-im-Glück-Typ liebt die Börse, denn sie kommt seiner Abenteuerlust entgegen. Dort liegen Chancen und Risiken eng beieinander, deshalb sollten Sie folgende Vorsichtsmaßnahmen beachten:

- Investieren Sie an der Börse nur Geld, das Sie übrig haben.
- Nehmen Sie für den Aktienkauf keinen Kredit auf.
- Streuen Sie Ihre Aktienengagements breit und kaufen Sie Papiere aus ganz unterschiedlichen Branchen.
- Bevor Sie sich unbekannte Firmen ins Depot legen, sammeln Sie Informationen darüber und beobachten Sie deren Entwicklung über mehrere Wochen.

Denken Sie bei der Geldanlage auch an Ihre Altersvorsorge. Investieren Sie nicht Ihr gesamtes Geld in Aktien, sondern legen Sie sich eine oder mehrere sichere Anlagen, etwa eine Lebensversicherung, zu.

**Begrenzen Sie Ihr Risiko an der Börse**

Wenn Hans-im-Glück-Typen jung sind, können sie Verluste aus Börsengeschäften leicht wettmachen. Mit fortgeschrittenem Alter wird es jedoch immer schwieriger, Fehlentscheidungen auszugleichen. Mit Besonnenheit lässt es sich besser für später vorsorgen.

**Das kostet es:** Disziplin und die Bereitschaft, über eine Investition etwas länger nachzudenken.
**Das bringt es:** Solideren Vermögensaufbau.

## Tipps für Snoopy-Typen

Das große Thema der Snoopy-Typen ist ihr Selbstwertgefühl: Sie lieben es, wenn sie sich selbst und ihre Fähigkeiten ausprobieren können. Deshalb spielt ihre Arbeit auch eine so große Rolle für sie, denn es gibt kaum einen anderen Bereich, aus dem sie so viel Befriedigung ziehen. Snoopys gehören zu den Geldtypen, die die Wirtschaft voranbringen, denn Wettbewerb ist ihr Motto. Sie wollen immer besser sein als die anderen, und es ist klar, dass sie auch danach streben, die Vorjahreszahlen immer zu übertreffen. In ihrem Ehrgeiz schießen sie aber manchmal übers Ziel hinaus und schaden sich dadurch oft selbst: Sie neigen beispielsweise dazu, sich so viel Arbeit oder Ehrenämter aufzuladen, dass ihre anderen Grundbedürfnisse zu kurz kommen. Maßhalten ist für Snoopys häufig ein problematisches Thema. Manche Snoopy-Typen stürzen sich geradezu in den Konsum und kaufen zu viel und zu teuer ein, mit der Folge, dass bei ihnen häufig das Geld knapp ist, mögen sie auch noch so viel verdienen. Außerdem neigen Snoopys zu Gier und Geiz und sind oft neidisch, vor allem dann, wenn sie ihr Selbst nicht so ausleben können, wie es andere tun.

Die folgenden Übungen zielen deshalb darauf,

- Snoopys zu ermutigen, ihre Talente und Fähigkeiten voll auszuschöpfen, sodass sie daraus so viel Selbstwert wie möglich ziehen können;
- Snoopys zu zeigen, wie sie im Job ebenso wie beim Einkaufen besser Maß halten können;
- Snoopys Anregungen zu geben, wie sie mit ihrem Geld besser klar kommen können.

Letztlich geht es bei vielen Übungen darum, Snoopys zu ermutigen, wieder offener für andere Grundbedürfnisse zu werden und zu einem befriedigenden Miteinander mit ihren Mitmenschen zu gelangen.

### Tipp 1: Finden Sie Ihre Talente

Nennen Sie spontan fünf Dinge, die Sie besonders gut können. Wie – es fällt Ihnen nichts dazu ein? Das kann nicht sein, jeder Mensch hat Talente und Fähigkeiten, die ihn von anderen abheben. Beispielsweise Schreibmaschine im Zehn-Finger-System schreiben zu können, Witze so zu erzählen, dass die Zuhörer sich vor Lachen den Bauch halten, oder einen Kuchen unvergleichlich gut zu backen. Sollten Ihnen nun immer noch keine fünf Talente und Fähigkeiten einfallen, dann helfen Ihnen die drei Übungen dabei, diesen auf die Spur zu kommen. Sie brauchen dafür einen bequemen Stuhl, Papier und Stift.

**Sie können mehr, als Sie ahnen**

> **Sehnsüchten nachspüren**
>
> Sehnsüchte offenbaren die Gegenwart eines Talents, insbesondere wenn sie früh zu spüren sind. Picasso, der mit 13 Jahren bereits an einer Kunstschule für Erwachsene eingeschrieben war, und Mozart, der an seinem zwölften Geburtstag bereits seine erste Symphonie geschrieben hatte, sind herausragende Beispiele, aber das Prinzip gilt für jeden von uns: Schon als Kind fühlt man sich von bestimmten Tätigkeiten angezogen und von anderen eher abgestoßen.
>
> - Machen Sie es sich in Ihrem Lieblingssessel bequem und schließen Sie Ihre Augen.
> - Gehen Sie in Gedanken in Ihre Kindheit zurück. Versuchen Sie sich nun an die Dinge zu erinnern, die Sie zur damaligen Zeit ganz besonders gern gemacht haben.
> - Schreiben Sie mindestens eine Tätigkeit auf, die Ihr Herz hat höher schlagen lassen.
> - Wenn Sie eine oder mehrere Herzenstätigkeiten Ihrer Kindheit aufgespürt haben, überlegen Sie, ob Sie diese Beschäftigung immer noch ausüben oder ob Sie damit aufgehört haben.

Was lernen Sie besonders schnell?

Häufig ist es die Sehnsucht nach einer Tätigkeit, die einen glücklich macht, die wie ein Autopilot bereits den jungen Menschen motiviert. Andere Talente dagegen entdeckt man vergleichsweise spät, und man erkennt deren anziehende Kraft daran, wie schnell und leicht die neue Fähigkeit einem zufliegt. Anders als sein frühreifer Zeitgenosse Picasso hatte Henri Matisse, der ewig kränkelnde Anwaltsgehilfe, mit 21 Jahren noch niemals einen Pinsel in der Hand gehabt. Eines Tages, als er sich im Bett von einem Grippeanfall erholte, legte ihm seine Mutter einen Farbkasten in die Hände. Er empfand eine Aufwallung von Energie und füllte fortan seine Tage mit Malen und Zeichnen. Vier Jahre später wurde er aufgrund seines Selbststudiums an der angesehensten Kunstschule von Paris aufgenommen.

- Machen Sie es sich wieder in Ihrem Lieblingssessel bequem und schließen Sie die Augen.
- Versetzen Sie sich nun noch einmal zurück in Ihre Schulzeit und in die Zeit Ihrer Ausbildung. Was haben Sie schneller gelernt als alle anderen?
- Verlassen Sie nun den Bereich des institutionalisierten Lernens. Gehen Sie gedanklich in die Freizeit über. Welche Sportart, welches Hobby haben Sie schneller als andere gelernt, welche Tätigkeiten können Sie besser als andere Menschen?
- Wenn Sie ein oder mehrere Dinge aufgespürt haben, überlegen Sie, ob Sie diese Tätigkeit immer noch ausüben oder wann Sie damit aufgehört haben.

Was bringt Ihnen die größte Befriedigung?

Um dem Phänomen der Talente auf die Schliche zu kommen, trieben die Buchautoren Marcus Buckingham und Donald Clifton großen Aufwand: Sie werteten Interviews mit mehr als 80 000 Managern aus, die das Gallup-Institut im Rahmen einer Langzeitstudie geführt hatte. Die beiden Forscher kamen dabei zu folgendem Fazit: Offensichtlich besteht ein Zusammenhang zwischen Befriedigung und Talent. Wer sich bei einer Tätigkeit besonders gut fühlt, bei dem ist die Wahrscheinlichkeit groß, dass er dabei ein Talent anwendet. »Wenn Sie Ihre Talente entdecken wollen, beobachten Sie Ihre spontanen, unmittelbaren Reaktionen auf Situationen, die Sie erleben«, raten Buckingham und Clifton deshalb.

Für folgende Übung sollten Sie sich einen ganzen Tag Zeit nehmen.
- Starten Sie in den Tag mit dem Vorsatz, bei jeder Tätigkeit, die Ihnen ganz besonders große Befriedigung bringt, kurz innezuhalten und aufzuschreiben, was Sie gerade tun.
- Nehmen Sie sich am Abend fünf Minuten Zeit, um Ihre Gedanken schweifen zu lassen.
- Machen Sie es sich bequem, schließen Sie Ihre Augen und denken Sie an die vor Ihnen liegende Woche. Worauf freuen Sie sich am meisten?

> Wie sieht es im vor Ihnen liegenden Monat aus, wie im vor Ihnen liegenden Jahr? Schreiben Sie nun die Tätigkeiten auf, die befriedigender für Sie sind als andere.

Ungenutzte Talente sind wie Geld, das Sie unter Ihrer Matratze verstecken: Sie bringen keine Rendite, obwohl sie zu Ihren größten Vermögenswerten gehören. Sobald Sie sich Ihrer besonderen Fähigkeiten bewusst sind, sollten Sie sich daranmachen, sie gewinnbringend zu nutzen. Überlegen Sie, wie Sie Ihre Fähigkeiten in Ihrem Berufsleben besser zur Geltung bringen können. Darüber hinaus gibt es noch andere Möglichkeiten, Fähigkeiten produktiv einzusetzen. Beispielsweise in Tauschringen, in denen jedes Mitglied sein Können anbietet und dafür Dienstleistungen in Anspruch nehmen kann.

**Das kostet es:** 30 Minuten bis eine Stunde Zeit für diese Übungen.

**Das bringt es:** Mehr materielles Vermögen, ein Plus auf dem Konto der Lebenslust. Durch den aktiven Gebrauch der eigenen Fähigkeiten wächst die innere Zufriedenheit exponentiell.

### Tipp 2: Trauen Sie sich, Ihre Persönlichkeit auszuleben

Für viele Snoopys liegt der Schlüssel, sich reich zu fühlen, darin sich zu trauen, ihre Talente und Fähigkeiten, ihre Vorlieben und Bedürfnisse auszuleben – ohne dabei allzu sehr auf Konventionen Rücksicht nehmen zu müssen. Manchmal blockieren sich Snoopy-Typen selbst in ihrer Entwicklung, weil sie sich von Gedanken wie »Was würden denn die anderen darüber denken« bremsen lassen.

**Stellen Sie Ihr Licht nicht unter den Scheffel**

> Die eigenen Vorlieben wahrzunehmen und sie umzusetzen erstreckt sich auf alle Lebensbereiche, von der Berufswahl bis zum eigenen Kleidungsstil. Ein Erfolgsbeispiel für eine Frau, die es geschafft hat, ihre sehr unge-

wöhnliche Persönlichkeit auszuleben, ist die Kabarettistin und Buchautorin Sissi Perlinger. »Mangelndes Selbstwertgefühl ist die größte Bremse, die man sich im Leben reinhauen kann«, lautet ihr Motto. So hat die Adolf-Grimme-Preisträgerin in ihrer Jugend schon früh angefangen, ihre Persönlichkeit zu entwickeln: Sie liebte es, vor dem Spiegel phantastische Hüte zu basteln, und stellte mit Hingabe Fantasiekostüme zusammen. Anschließend zwang sie sich, hoch erhobenen Hauptes damit zum Jugendheim zu gehen, in einer Zeit, in der alle anderen Jeans, T-Shirt und Parka trugen. »Mei, schaut's die gschpinnerte Perlinger an«, hallt es ihr immer noch in den Ohren. »Aber ich wusste, ich muss da durch, das brauch' ich mal für später«, erinnert sie sich im Gespräch mit der Zeitschrift *Cléo*. Und: »Wenn man an sich feilt, bis man sich selbst richtig gut leiden kann, dann traut man sich auf einmal ganz entscheidende Schritte zu, die einem völlig neue Perspektiven eröffnen können.« Die gravierendste Entscheidung ihres Lebens ist dann auch nur deshalb möglich gewesen, weil sie sich an diesem Tag »so schön fand«. In ihrem Lieblingssommerkleid war sie im Englischen Garten spazieren und sah die damals schon bekannte Schauspielerin Marianne Sägebrecht. Weil sie ihr Lieblingskleid anhatte, wagte sie es, die Sägebrecht anzusprechen und zu fragen, ob sie am Freitag in ihrer Show auftreten dürfe. Sie durfte. Schon am darauf folgenden Freitag tanzte sie auf der Bühne. Das war das Ereignis, das alles ins Rollen brachte. »Als ich auf der Bühne stand, da wusste ich: Das ist es! Ich durfte endlich so sein, wie ich bin, ohne die Befürchtung haben zu müssen, mein Umfeld mit meiner Energie zu erdrücken.« Es war der Beginn einer großen Karriere, die Sissi Perlinger nach Paris, Wien und New York führte und sie zu einer der großen Kabarettistinnen Deutschlands machte.

Was bedeutet dies nun für Sie, liebe Leser? Wenn Sie sich Ihrer Talente und Fähigkeiten, aber auch dessen, was Ihnen wirklich Spaß macht, bewusst geworden sind, dann trauen Sie sich, damit innerhalb der Familie, in Ihrem Beruf oder in der Freizeit in die Öffentlichkeit zu gehen.

Die Psychologin Verena Kast ist davon überzeugt: »Selbstsüchtig und damit anfällig für Neid und Geiz werden wir dann, wenn wir zu wenig von dem, was wirklich zu unserem Leben gehört, auch leben, wenn wir zu wenig unser originäres Selbst entwickeln.«

**Das kostet es:** Am Anfang Zeit für Selbstreflexion, den Mut, über den eigenen Schatten zu springen.

**Das bringt es:** Mittelfristig größeres materielles Vermögen, ein Plus auf den Vermögenskonten der Arbeitskraft und der Lebenslust.

## Tipp 3: Rufen Sie sich Erfolgserlebnisse ins Gedächtnis

Sie kennen sicherlich das Gefühl, sich klein und unfähig zu fühlen, im Vergleich zu den Erfolgreichen und Schönen irgendwie minderbemittelt zu sein. Wenn Ihnen das nächste Mal die Keule des Selbstzweifels im Beruf oder im Privatleben mal wieder zwischen die Beine schlägt, sollten Sie sich mit folgender Übung Ihre Energie zurückholen.

*Schöpfen Sie neue Energie aus früheren Flow-Erlebnissen*

### *Die Reise zu den inneren Quellen*

Wir möchten Sie nun einladen, eine kleine Reise an den Ort in Ihrer Biografie, wo Sie sich ganz besonders mit sich eins gefühlt haben, zu unternehmen. Sie brauchen dafür einen bequemen Stuhl oder ein Sofa. Als Vorbereitung für diesen Ausflug suchen Sie sich eine unauffällige Körperstelle, die Sie bitte einmal kurz drücken, um ein positives Gefühl in Ihrem Körper zu »verankern«. (Sollten Sie beim Drücken auf diese Körperstelle ein unangenehmes Gefühl verspüren, suchen Sie sich bitte eine andere, neutrale Stelle.)

- Lehnen Sie sich jetzt in Ihrem Stuhl zurück oder machen Sie es sich auf Ihrem Sofa so bequem wie möglich. Wenn Sie mögen, können Sie während dieser mentalen Reise auch die Augen schließen.
- Erinnern Sie sich und suchen Sie auf Ihrem Lebensweg drei Situationen, in denen Sie im Vollbesitz Ihrer Kräfte waren, in denen Sie so etwas wie Flow gespürt haben, also jenes Glücksgefühl, das sich einstellt, während man anspruchsvolle Aufgaben meistert.
- Wenn Sie auf Anhieb nicht fündig werden, lassen Sie sich Zeit. Jeder Mensch hat in seinem Leben solche Situationen erlebt, auch wenn Sie

> Ihnen erst bei längerem Nachdenken einfallen. Gehen Sie einfach auf Ihrem Lebensweg weiter zurück, vielleicht zum Ende Ihrer Ausbildung, zu einem beruflichen Erfolg, auf den Sie stolz sind, oder zu einer Situation, in der Sie sich beim Sport in völliger Übereinstimmung mit sich selbst erlebten.
> - Wenn Sie drei derartige Erlebnisse gefunden haben, entscheiden Sie sich für dasjenige, das in Ihnen die schönsten Erinnerungen auslöst. Wie war das damals genau? Was sehen Sie, wenn Sie sich die Situation noch einmal ganz konkret vor Ihr inneres Auge holen? Vielleicht können Sie dabei auch noch Stimmen anderer hören oder etwas Charakteristisches riechen oder schmecken. Vor allem aber: Wie fühlen Sie sich in diesem Geschehen?
> - Spüren Sie, wie sich die Kraft dieser Energie in Ihrem Körper als warmes Strömen ausbreitet, von den Füßen langsam aufwärts bis in die Bauchgegend, und sich dann in alle Richtungen ausdehnt. In dem Augenblick, in dem Sie die größte Intensität empfinden, drücken Sie die zuvor ausgesuchte Körperstelle. In diesem »Körperanker« speichern Sie den Zugang zu dieser wichtigen Quelle.

Wann immer Sie sich mutlos oder klein fühlen, rufen Sie sich dieses Erfolgserlebnis wieder ins Gedächtnis. Wenn Sie gleichzeitig Ihren »Körperanker« aktivieren, geht es noch leichter.

> **Das kostet es:** 15 bis 30 Minuten, um diese Übung zu machen.
>
> **Das bringt es:** Pluspunkte auf den Konten der Vermögenspositionen Arbeitskraft, Fähigkeiten und Lebenslust. Mittelfristig mehr Geld.

### Tipp 4: Investieren Sie gezielt in Weiterbildung

Unsere Gesellschaft ist zur Wissensgesellschaft geworden: Alle fünf bis sieben Jahre verdoppelt sich derzeit das weltweit verfügbare Wissen. Unaufhaltsam dringen die Ergebnisse der modernen Wissenschaft und Technik in alle gesellschaftlichen Lebensbereiche vor. Wer im Beruf mithalten möchte, dem bleibt gar nichts anderes übrig, als sein Know-how auf dem neuesten Stand zu halten.

Wie stark der Sog der technologischen Errungenschaften ist, belegt die stürmische Entwicklung des Internets. Keiner hätte sich noch vor zehn Jahren vorstellen können, wie schnell diese Technologie die Wirtschaft verändern würde. Mitte der neunziger Jahre wurde das Netz der Netze noch überwiegend von Wissenschaftlern und Experten genutzt. Heute ist die Welt durch das Internet ein globales Dorf geworden, in dem jeder billig und schnell weltweit kommunizieren und Informationen austauschen, Waren und Wissen einkaufen kann. »Die Informationstechnologie ist nach der Landwirtschaft und der Industrialisierung die dritte große Revolution in der Geschichte der Menschheit«, beschreibt der amerikanische Zukunftsforscher Alvin Toffler das Potenzial des Internets.

**Ohne lebenslanges Lernen geht es nicht**

Angesichts dieses rasanten technologischen Wandels veralten die Kenntnisse, die in der Ausbildung in vielen Berufsgruppen vermittelt werden, schnell. Die Entwickler von Computersoftware sind dafür das deutlichste Beispiel. Die in diesem Bereich Beschäftigten gehören oft schon mit 35 Jahren zum alten Eisen, es sei denn, dass sie sich permanent auf dem Laufenden halten. Dass man auch im hohen Alter nicht automatisch veraltet ist, dafür ist Rosemarie Pierer das beste Beispiel: Die heute weit über 80-Jährige ist die Seniorin der Internet-Szene und mischt immer noch kräftig mit. Mit ihrem »Studio Pierer« hilft sie Mittelständlern dabei, ins Internet einzusteigen.

---

Ziehen Sie an dieser Stelle persönlich Bilanz: Wie sieht es mit der Auffrischung und Erweiterung Ihres Wissens aus?

Meine letzte Weiterbildungsmaßnahme war vor _____ Jahren.

Gegenstand dieser Weiterbildung/dieses Kursprogramms war:
_____ .

Wenn es länger als ein Jahr her ist, dass Sie das letzte Mal ein Kursangebot genutzt haben, dann ist es jetzt an der Zeit, für die Zukunft zu planen. Nehmen Sie Papier und Stift zur Hand:

- Schreiben Sie nun die Bereiche auf, in denen Sie Ihr Wissen gern erweitern würden oder aber in denen Sie gerne ganz neu einsteigen würden. Das kann Klavierspielen sein oder das Gestalten von Internetauftritten.
- Geben Sie sich nun eine Frist von einer Woche, in der Sie herausfinden sollen, welche Angebote es in Ihren Interessengebieten gibt. Legen Sie einen Termin fest, an dem Sie sich eine oder zwei Stunden Zeit nehmen wollen, um sich mit den Kursprogrammen auseinander zu setzen und eine Entscheidung zu treffen. Tragen Sie diesen Termin in Ihrem Kalender ein. Betrachten Sie diesen Termin wie einen wichtigen Geschäftstermin, den Sie unbedingt wahrnehmen werden.

Ihre Arbeitskraft, Ihre Fähigkeiten und Ihre Talente gehören zu Ihrem wertvollsten Vermögen. Halten Sie dieses Vermögen mindestens so gut instand, wie Sie das auch mit anderen Vermögenswerten tun, etwa mit Ihrem Auto oder Ihrem Haus.

**Das kostet es:** Weiterbildung gibt es nicht zum Nulltarif. Zumal die Arbeitgeber damit immer knausriger umgehen und Mitarbeiter, die älter als 50 Jahre sind, oft gar nicht mehr zu Fortbildungen schicken. Übrigens können Sie Ihre privaten Investitionen in berufliche Weiterbildung von der Steuer abziehen.

**Das bringt es:** Einen höheren Wert Ihrer Arbeitskraft.

### Tipp 5: Lernen Sie, genug zu haben

Zufriedenheit ist eine Frage der Ansprüche. Wenn wir uns vorgenommen haben, auf jeden Fall Nobelpreisträger für Literatur zu werden, dann ist die Wahrscheinlichkeit äußerst gering, dass wir unser Ziel erreichen. Wenn wir uns vorgenommen haben, das schönste und größte Haus der Umgebung zu haben, dann haben wir die Messlatte höher gesteckt, als uns gut tut: Die Folge ist eine geradezu vorprogrammierte Unzufriedenheit. Sicherlich ist es gut und richtig, Ziele im Leben zu haben, die wie Leuchttürme sind

**Stoppen Sie Automatismen**

und einem die Richtung weisen, die man einschlagen soll. Aber man sollte sie nur als Richtungsanzeiger betrachten, nicht als festen Punkt, den es unter allen Umständen zu erreichen gilt. Zufrieden sind wir dann mit uns, wenn wir uns mit dem, was wir sind und was wir haben, einverstanden erklären können. Natürlich brauchen wir auch die Perspektive, uns permanent weiterzuentwickeln. Dennoch sollten wir realistische Ansprüche an uns stellen.

> *Installieren Sie einen »Anker« für das Gefühl, satt zu sein*
>
> Wann wussten Sie das letzte Mal, dass genug wirklich genug war? Bei Geld, Wohlstand und materiellem Vermögen streben Snoopys oft nach immer mehr, ohne sich zu fragen, ob es nicht schon längst ausreicht. Ganz nach der Devise: Haste mehr, dann biste mehr. Wer besser Maß halten möchte, der kann sich aus einem anderen Bereich, dem Essen, eine wichtige Ressource verfügbar machen: Schließlich weiß jeder, wann er satt ist. Und so kann die Erinnerung an das letzte Mal, als Sie richtig satt waren, helfen, auch in anderen Bereichen rechtzeitig aufzuhören zu konsumieren.
>
> - Gehen Sie gedanklich zu dem letzten großen Fest, vielleicht Weihnachten oder Ostern oder eine Geburtstagsparty, zurück, auf dem Sie sich genussvoll sattgegessen haben. Stellen Sie sich all die Köstlichkeiten noch einmal vor, so, wie sie damals vor Ihnen lagen und Sie sich bedienten, bis das Gefühl einsetzte: Jetzt reicht es, jetzt bin ich so richtig satt.
> - Wenn die Erinnerung an dieses Gefühl am stärksten ist, speichern Sie dieses Gefühl durch Drücken zweier Fingerspitzen ab. Jetzt haben Sie einen wirksamen »Satt-Anker« installiert, den Sie immer wieder benutzen können, wenn Sie etwas kaufen wollen oder ein hoch gestecktes Ziel erreichen wollen. Drücken Sie ganz einfach die beiden Finger wieder zusammen und stellen Sie sich die Frage: Brauche ich das jetzt wirklich? Bin ich nicht im übertragenen Sinne satt, wie ich es vom Essen her schon kenne?

Den eigenen Körper als Ressource zu nutzen entspricht alten Weisheiten. Ein Sprichwort aus Neuguinea drückt dies so aus: Wissen ist so lange ein

Gerücht, bis es im Körper ist, denn es reicht nicht, etwas im Kopf zu haben, du musst es in den Muskeln spüren. Durch die Aktivierung des »Körperankers« lässt sich die unreflektierte Lust zu kaufen unterbrechen. Der »Körperanker« erlaubt es, zu prüfen, ob man das Gewünschte wirklich braucht.

> **Das kostet es:** Einmal 15 Minuten Zeit und immer mal wieder einige Minuten zur Pflege des »Körperankers«.
>
> **Das bringt es:** Mehr Zufriedenheit mit dem, was man hat, ein ausgeglicheneres Bankkonto.

## Tipp 6: Auf Qualität achten

»Ich kann es mir nicht leisten, billig zu kaufen«, lautet das Motto von bewussten Konsumenten. Sie haben die Erfahrung gemacht, dass Qualität ihren Preis hat, dafür aber wesentlich länger hält und insgesamt kostengünstiger ist als billige Alternativen. Das beginnt beim Hamburger, der den Hunger nicht richtig zu stillen vermag, und reicht bis hin zur billigen Digitalkamera, die nicht richtig funktioniert. Dabei lässt sich die Eigenschaft »Qualität« über die Produkteigenschaften hinaus auch noch unter dem Blickwinkel Lebensqualität betrachten. Ist es nur ein kurzer Reiz, den man schnell wieder vergisst, und wird man später nur noch durch die unangenehmen Ratenzahlungen an den Kauf erinnert?

*Klar sehen im Nebel der Werbung*

> *Qualitäts-Check*
>
> - Formulieren Sie vor wichtigen Kaufentscheidungen die Qualitätskriterien, die Ihnen wichtig sind, wie zum Beispiel: »Mein Auto sollte besonders zuverlässig sein.« Schreiben Sie sich diese Kriterien auf einen kleinen Zettel, den Sie zum Einkaufen mitnehmen. Wer genau weiß, was und wie er es will, kauft gezielter und mit höherer Befriedigung.

- Checken Sie bei der Kaufentscheidung, ob das Produkt oder die Dienstleistung Ihre Kriterien wirklich erfüllt. Lassen Sie sich dabei von den Aussagen des Verkäufers nicht den Kopf vernebeln. Prüfen Sie, ob alle Ihre Aspekte erfüllt werden. Wenn nicht, kaufen Sie das Produkt nicht.

**Das kostet es:** 15 Minuten Zeit, um vor größeren Käufen diese Übung zu machen.

**Das bringt es:** Ein ausgeglicheneres Bankkonto, mehr freies Geld für produktives Vermögen.

## Tipp 7: Investieren Sie in produktives Vermögen

Ein höheres Gehalt führt häufig zu einem aufwändigeren Lebensstil: die teure Uhr, der Sportwagen, das größere Haus ... Wer seine Wünsche permanent hinaufschraubt, der kauft unproduktiven Luxus, dessen Wert schnell verfällt. Reiche hingegen meiden derartige Konsumfallen und investieren zunächst in produktives Vermögen, das Zinsen, Dividenden oder Mieteinnahmen bringt. Erst von einem Teil des so gewonnenen Geldes gönnen sie sich den Luxus. Das A und O des Vermögensaufbaus ist es, die Aktivspalte zu stärken: Aktien, Obligationen, Schuldscheine und vermietete Immobilien lassen das Vermögen permanent wachsen, während teure Eigenheime und Konsumentenkredite kontraproduktiv sind.

**Fahren Sie unnötigen Luxus zurück**

## Luxus contra Vermögen

Überlegen Sie, wie viel Geld Sie in produktives Vermögen investieren und wie viel Sie für unproduktiven Luxus ausgeben. Füllen Sie anhand Ihrer Kontoauszüge und Quittungen diese Liste aus:

| produktives Vermögen | Euro pro Monat |
|---|---|
| Einzahlungen auf Sparbuch, Tagesgeldkonto oder Festgeld | |
| Ausgaben für Aktien, Fonds oder festverzinsliche Wertpapiere | |
| Beiträge für eine oder mehrere Kapitallebensversicherungen | |
| anderes Produkt der Riester-Rente | |
| Beiträge fürs Bausparen | |
| Zinszahlungen für eine vermietete Immobilie | |
| Ausgaben für Weiterbildungsmaßnahmen | |
| **Summe produktiver Vermögensaufbau** | |
| **unproduktiver Konsum** | |
| Ratenkredite | |
| Abbuchung über Kreditkarte | |
| Zinszahlungen für eine privat genutzte Immobilie | |
| Barausgaben für Konsumgüter (Dinge des täglichen Gebrauchs wie Lebensmittel zählen nicht dazu) | |
| Mietzahlungen, die über ein Drittel* Ihres Nettogehalts hinausgehen | |
| **Summe unproduktiver Konsum** | |

\* Teilen Sie Ihr Nettogehalt durch drei. Ziehen Sie nun diesen Betrag von Ihrer Warmmiete ab. Die Differenz gibt an, wie sehr Sie über Ihre Verhältnisse »wohnen«.

Vergleichen Sie nun: Welcher Wert ist größer?
Wenn der Wert beim »produktiven Vermögen« größer ist, dann sind Sie auf dem besten Weg dahin, ein vermögender Mensch zu werden. Wenn die Summe Ihres unproduktiven Konsums die größere ist, dann sollten Sie Ihr Verhalten überdenken.

**Das kostet es:** Ein bis zwei Stunden Zeit, um diese Liste auszufüllen.
**Das bringt es:** Weniger Schulden, produktiven Vermögensaufbau.

## Tipp 8: Fühlen Sie sich reich

Wenn Sie der Meinung sind, dass Sie nie genug Geld haben, dann werden Sie diese Situation immer wieder herstellen, egal wie hoch ihr Einkommen auch sein mag. Denn mit dieser Grundhaltung des Zu-kurz-Kommens können Sie sich niemals reich fühlen. Wenn Sie dagegen davon überzeugt sind, dass Sie immer genug Geld haben werden, ziehen Sie das Geld geradezu an. Reichtum fängt im Kopf an.

**Programmieren Sie sich um**

### »Ich glaube, ich bin reich«

Wenn Sie Ihre eigenen Glaubenssätze kennen, haben Sie auch die Chance, einschränkende Bewertungen zu verändern. Sie brauchen für diese Übung einen bequemen Sessel, Papier und einen Stift.
- Machen Sie es sich in Ihrem Stuhl bequem. Denken Sie nun an Ihr wichtigstes Vermögensziel, an das, was Sie sich am meisten wünschen. Schreiben Sie bitte dieses Ziel auf eine Karteikarte und legen Sie sie vor sich hin.
- Bitten Sie nun Ihren inneren Kritiker, der immer an allem etwas zu nörgeln hat, um seinen Kommentar. Wenn Ihnen spontan nichts einfällt, dann können Sie sich fürs Erste auch an folgenden Kommentaren orien-

tieren. Sie werden, wenn es darum geht, Vermögensziele zu erreichen, am häufigsten vorgebracht:
1. Mein Vermögensziel ist eigentlich gar nicht erreichbar, ungeachtet meiner eigenen Fähigkeiten.
2. Mein Vermögensziel ist prinzipiell schon erreichbar, aber ich glaube nicht so recht daran, dass ich es erreichen kann.
3. Mein Vermögensziel ist zwar ganz schön, aber wenn ich ehrlich bin, hätte ich es gar nicht verdient.

- Lesen Sie sich diese Glaubenssätze noch einmal ganz langsam, Satz für Satz, durch. Achten Sie auf Ihre Gefühle. Denn Ihr Körper weiß ganz genau, welche dieser Aussagen auf Sie zutreffen. Fallen Ihnen noch andere kritische Kommentare ein?
- Jetzt können Sie darangehen, störende Glaubenssätze zu verändern, denn sie sind nicht angeboren, sondern gelernt, und deshalb wirksam, weil Sie daran glauben. Beim Loslassen der alten Glaubenssätze ist jedoch Vorsicht geboten: Mit der Kraft, mit der Sie sie loswerden wollen, vergrößert sich ihre Gegenkraft, mit der Sie im Unbewussten wirken.
- Schaffen Sie deshalb alternative Glaubenssätze. Was möchten Sie anstelle der einschränkenden Sätze glauben? Legen Sie Ihre »alten« Glaubenssätze, die Sie auf einem Kärtchen vorher notiert haben, auf dem Boden ab, an der Stelle, die für Sie die Gegenwart symbolisiert. Gehen Sie dann mit einer leeren Karte ganz langsam nach vorne, und dort, wo Sie das Gefühl haben, weit genug von Ihrem »alten« Glauben entfernt zu sein, bleiben Sie stehen. Formulieren Sie nun den Glaubenssatz, an den Sie lieber glauben möchten. Notieren Sie sich diesen Satz (»Ich bin es wert ...«, »Ich glaube, dass ich es schaffen kann ...«) auf Ihrer Karte und legen ihn anschließend neben Ihre Füße. Wie fühlt es sich an, wenn Sie an diesen Satz glauben würden? Vielleicht gelingt es Ihnen, das Gefühl noch stärker zu machen. Wenn ich daran glaube, ja, was wäre dann eigentlich? Was tue ich dann, welche Menschen sind in meiner Umgebung?

Schauen Sie nach einigen Minuten auf Ihren »alten« Satz zurück und fragen Sie sich, wie der Weg war, um zum neuen Glauben zu kommen. Gehen Sie dann, Schritt für Schritt, ganz langsam, zurück in die Gegenwart, ins Hier und Jetzt, wo der »alte« Glaubenssatz vielleicht schon jetzt begonnen hat, sich anders anzufühlen. Verwahren Sie Ihre »Ergebnisse« für eine spätere Wiederholung.

**Das kostet es:** 20 bis 30 Minuten Zeit.
**Das bringt es:** Geistige Blockaden, die Sie vom Reichtum abhalten, werden gelöst.

## Tipp 9: Lassen Sie Ihr Geld fließen

Manche Snoopy-Typen sind gefährdet, zum Geizhals zu werden. Auch wenn eine Handelskette Anfang des Jahres 2003 mit der Werbebotschaft »Geiz ist geil« große Erfolge erzielt hat und Pfennigfuchserei seitdem als chic gilt, ist Geiz alles andere als eine gute Charaktereigenschaft. Freiherr von Knigge schrieb vor mehr als 200 Jahren: »Geiz ist eine der unedelsten Eigenschaften der Menschen.«

Wohlgemerkt ist unter Geiz etwas anderes als Sparsamkeit zu verstehen. Wenn Studenten mangels Nebenjob ihre Teebeutel ein zweites Mal verwenden, dann hat das nichts mit Geiz zu tun, sondern damit, dass sie nicht genügend Geld haben. Geiz hingegen ist die Unfähigkeit, sich und anderen etwas zu gönnen, obwohl man genug Geld dafür hätte.

**Geiz macht arm!**

So, wie Pfadfinder sich auf die Fahne geschrieben haben, jeden Tag eine gute Tat zu vollbringen, sollten Snoopy-Typen, die zum Geiz neigen, jeden Tag mindestens einmal bewusst großzügig sein. Das kann darin bestehen, dass sie dem Bettler auf der Straße ein blankes Eurostück in die Hand drücken, dem Zimmermädchen im Hotel ein großzügiges Trinkgeld hinlegen oder den Freund oder die Freundin zum Restaurantbesuch einladen.

Geiz lässt den Austausch von Waren, Dienstleistungen, Gedanken und Energien stocken. Wohlstand kann sich aber nur dort einstellen, wo Geld fließt. Wann immer man selbst das Gefühl hat, gerne mehr Geld haben zu wollen, sollte man nicht geizen, sondern geben, was man selbst gerne haben möchte. Es kommt in der Regel um ein Vielfaches zurück. Denn wer sich selbst darauf programmiert, arm zu sein, wird es bleiben. Dass Geben seliger ist als Nehmen, steht nicht nur in der Bibel, sondern das wissen auch reiche Menschen.

> **Das kostet es:** Mindestens 1 Euro pro Tag.
> **Das bringt es:** Ein entspanntes Verhältnis zum Geld und damit mehr Wohlstand.

### Tipp 10: Nehmen Sie Ihr persönliches Vermächtnis vorweg

Ein wenig erinnern manche Snoopy-Typen an den *Jedermann*, jenes Stück vom Tod des reichen Mannes von Hugo von Hofmannsthal, das alljährlich in Salzburg aufgeführt wird: Konfrontiert mit dem Tod, beginnt Jedermann zu begreifen, dass seine Kiste voller Geld ihm nichts mehr nutzt.

*Ziehen Sie Bilanz über Ihr Leben*

Häufig zahlen Snoopy-Typen einen hohen Preis, um beruflich erfolgreich zu sein und gesellschaftlich anerkannt zu werden. Sie unterdrücken ihre anderen Grundbedürfnisse und verlieren dann häufig den Kontakt zu Bekannten und Freunden. Deshalb sind sie gegen Ende ihres Lebens oft unzufrieden und einsam.

> Sie brauchen einen bequemen Sessel, Papier und Stift.
> - Machen Sie es sich in Ihrem Lieblingssessel bequem. Stellen Sie sich vor, es ginge alles so weiter wie bisher. Unternehmen Sie nun eine kleine Zeitreise. Auch wenn es etwas ungewöhnlich erscheint, gehen Sie so weit in die Zukunft, bis Sie an Ihr eigenes Ende kommen. Hören Sie die Stimmen Ihrer Angehörigen und Freunde, was erzählen sie über Sie und Ihre Lebensleistung? Haben Sie etwas Geduld und schreiben dann Ihr Vermächtnis mit, wie Sie es von den anderen hören.
> - Lehnen Sie sich jetzt noch einmal in Ihrem Sessel zurück und fragen Sie sich, ob Sie mit dieser Lebensleistung zufrieden sind. Oder können Sie sich durchaus vorstellen, dass Ihr Leben noch glücklicher, noch reicher verläuft?

- Wenn dies der Fall ist, dann sollten Sie sich noch einmal in Ruhe überlegen, was Sie in Ihrem bisherigen Leben ändern sollten, um einen besseren Weg zu gehen.

**Das kostet es:** Ein wenig Selbstüberwindung, eine Stunde Zeit.

**Das bringt es:** Schutz davor, sich den Weg zu wirklich empfundenem Reichtum zu verbauen.

## Tipp 11: Geldanlage für Snoopy-Typen

»Mein Auto, mein Haus, meine Yacht«: Der Werbeslogan einer Bank charakterisiert wie kein anderer die Haltung des Snoopy-Typen. Er gibt für Luxus viel Geld aus und findet dabei manchmal nicht das richtige Maß. Die Folgen von zu großen Autos, überdimensionierten Häusern und kostspieligen Luxusgütern machen sich auf dem Bankkonto schmerzhaft bemerkbar. Auch wenn Snoopys überdurchschnittlich gut verdienen, stoßen sie oft an die ihnen gesetzten Kreditlinien.

**Investieren Sie einen festen Betrag in produktives Vermögen**

Snoopy-Typen sollten deshalb bei der Geldanlage zwei Strategien befolgen:

- Beim Kauf von Luxusartikeln oder einer selbst genutzten Immobilie sollten Sie vorab prüfen, ob Sie tatsächlich so teuer einsteigen wollen oder ob eine günstigere Alternative nicht größeren Nutzen für Sie bringt.
- Außerdem sollten Sie Monat für Monat einen festen Betrag für Ihr produktives Vermögen einplanen. Beginnen Sie mit einem Betrag, der Ihnen nicht weh tut. Sie können dann in bestimmten Zeitabständen Ihre Spar- oder Anlagequote langsam erhöhen. (Was zum produktiven Vermögen zählt, können Sie in Kapitel 3 nachlesen.) Kapitallebensversicherungen, die der Gegenfinanzierung von selbst genutzten Immobilien dienen, gehören nicht dazu.

**Das kostet es:** Disziplin beim Konsum und bei der Anschaffung von Luxusgütern. Konsequenz in der Geldanlage.

**Das bringt es:** Soliden Vermögensaufbau.

# 5 Der Bedürfnis-Balancierer

»Don't be a slave to the system«
*Graffiti am Historischen Museum in Frankfurt*

## Millionäre sind Meister der Balance

Der amerikanische Wirtschaftswissenschaftler Dr. Thomas J. Stanley wollte es Ende der neunziger Jahre ganz genau wissen: Wie denken Millionäre? Für sein Buch *The Millionaire Mind* ließ er durch den Mathematiker Jon Robbin von der Harvard University eine repräsentative Gruppe von Menschen ausfindig machen, die den *millionaire mind* haben, also die Lebenseinstellung von Millionären repräsentieren sollten. Befragt wurden für die Studie schließlich 5 063 Haushalte in den USA, an die ein neunseitiger Fragebogen verschickt wurde. Der Rücklauf war überraschend hoch: 1 001 Haushalte beantworteten den Fragebogen vollständig, und 733 unter ihnen ihnen besaßen ein Vermögen von einer Million Dollar oder mehr.

Die Antworten auf die Fragen von Dr. Stanley waren verblüffend und entsprechen nicht dem Bild, das man sich im Allgemeinen vom Leben der Millionäre macht. Noch überraschender ist: Betrachtet man die Antworten unter dem Gesichtspunkt der vier Grundbedürfnisse, zeigt sich, dass alle ihre vier Bedürfnisse sehr balanciert ausleben. Die Millionäre vereinen alle vier Geldtypen in ausgewogener Weise in sich: Den Dagobert wie den Sterntaler, den Hans-im-Glück ebenso wie den Snoopy.

## Der Dagobert-Anteil von Millionären

Millionäre zeigen folgende Verhaltensweisen des Dagobert-Typs:

- Millionäre sind in ihrem Lebensstil für ihre Verhältnisse äußerst sparsam.

Der typische Millionär der Befragungsaktion von Thomas J. Stanley hatte niemals mehr als 41 000 Dollar für ein Auto ausgegeben oder mehr als 4 500 Dollar in einen Verlobungsring investiert. Weder er noch seine Ehefrau zahlten mehr als 38 Dollar, inklusive Trinkgeld, für einen Haarschnitt. Sie lebten gemäß der Devise des amerikanischen Automobiltycoons Henry Ford, der einmal gesagt haben soll: »Reich wird man nicht so sehr durch das, was man verdient, sondern durch das, was man nicht ausgibt.« Damit verhielten sie sich ein Stück weit wie die englische Queen, eine der reichsten Frauen der Welt. Von ihr wird berichtet, dass sie bei Hotelbesuchen Seifenstückchen, Duschhauben und Streichhölzer mitnimmt. Außerdem ist es im Buckingham Palace Brauch, Teeblätter zwei- bis dreimal aufzugießen und Geschenkpapier aufzubügeln.

- Millionäre kaufen gern günstig ein.

Wenn Millionäre einkaufen gehen, dann tun sie das oft in Discountläden. Wie beispielsweise der *Stern*-Herausgeber Henry Nannen, der bereits Anfang der achtziger Jahre auf die Erbsen von Aldi schwor und damit zu den Trendsettern gehörte: Schon zu Zeiten, als das Einkaufen in Billigsupermärkten noch verpönt war, hielt er mit seiner Einkaufsquelle nicht hinterm Berg. Heute gehört es schon fast zum guten Ton bei Millionären, sich als Aldi-Käufer zu outen.

- Millionäre gehen nach Plan vor.

»Zeit ist Geld« ist ein Motto, das auf Millionäre zutrifft. Sie bringen ihre Schuhe zum Schuster, um sie neu besohlen zu lassen, weil das schneller geht, als sich im Schuhgeschäft neue zu kaufen. Um ihren Lebensmitteleinkauf schnell über die Bühne zu bringen, legen sie Einkaufslisten an, bevor sie den Fuß über die Schwelle eines Supermarktes setzen. Sie gehören nicht zu den Spontankäufern, die an den Verkaufsregalen von Supermärkten schwach werden.

- Millionäre machen keine oder nur wenig Schulden.

In ihrer Abneigung gegenüber Schulden verhalten sich amerikanische Millionäre ganz anders als der Durchschnitt ihrer Landsleute, der kollektiv auf Kredit lebt: Auf mehr als 8 Billionen Dollar summieren sich derzeit die Kreditverpflichtungen der US-Amerikaner. Das bedeutet umgerechnet, dass jeder Durchschnittshaushalt mehr Schulden hat, als er pro Jahr verdient. Schon jetzt geben die US-Bürger 14 Prozent ihres Einkommens für Zinsen und Rückzahlungen alter Darlehen aus. Jeder amerikanische Haushalt besitzt durchschnittlich zwölf Kreditkarten. Anders als in Deutschland, wo die Kreditkartenschulden automatisch jeden Monat vom Konto abgebucht werden, können sich amerikanische Karteninhaber den größten Teil des Kredites nach 30 Tagen stunden lassen, ein Service, für den die Finanzinstitute bis zu 24 Prozent Zinsen berechnen, je nachdem, wie schnell der Kunde das Geld zurückzahlen will. Aufgrund dieser Schuldenspirale mussten sich im Jahr 2002 rund 1,5 Millionen Amerikaner für zahlungsunfähig erklären. Weitere 5 Millionen haben sich Hilfe suchend an Beratungsstellen gewandt, um den persönlichen Bankrott im letzten Moment abzuwenden. Millionäre hingegen schweben kaum in Gefahr, in eine finanzielle Abwärtsspirale zu geraten, denn sie meiden Schulden. Dementsprechend haben sehr wenige der von Dr. Stanley befragten Millionäre Kredite zu bedienen. Denn finanzielle Unabhängigkeit ist für die meisten von ihnen ein wichtiger Wert.

- Millionäre besitzen ein Haus.

Obwohl Millionäre kaum Schulden haben, sind die meisten von ihnen dennoch Hausbesitzer und haben sich damit in Dagobert-Manier langfristig festgelegt. Den meisten von ihnen käme es jedoch nicht in den Sinn, sich wie Ex-EM.TV-Chef Thomas Haffa in der Nähe des österreichischen Prominententreffs Kitzbühel ein Luxushaus hinzustellen. Wie Robert T. Kiyosaki betrachten viele Millionäre ein überdimensioniertes Haus als unproduktives Kapital, das außer emotionalem Mehrwert nichts einbringt. Zugunsten ihres produktiven Vermögens bleiben sie auch beim Hauskauf auf dem Teppich, anstatt sich mit einer großen Villa zu schmücken.

- Millionäre lassen sich gerne beraten.

Millionäre verbringen viel Zeit damit, sich bei ihren Steuerberatern oder Rechtsanwälten Rat einzuholen. Sie wissen genau, dass es sich finanziell lohnt, sich der Fachkompetenz von Experten anzuvertrauen, auch wenn das Honorare kostet.

- Millionäre arbeiten hart.

Wenn sie arbeiten, dann sind Millionäre richtig bei der Sache. Schließlich wollen sie Ergebnisse sehen. Damit verhalten sie sich wie Ferdinand Piëch, ehemaliges Mitglied des VW-Vorstandes und Enkel von Ferdinand Porsche. Seine Art anzupacken beschreibt er in seiner Biografie folgendermaßen: »Wenn ich etwas erreichen will, gehe ich auf das Problem zu und ziehe es durch, ohne zu merken, was um mich herum stattfindet. Die Umgebung mag mein eingeschränktes Gesichtsfeld bemerken und den Zustand nicht so richtig gemütlich finden. Es steckt aber nichts anderes dahinter als volle Konzentration auf das eine Wesentliche, was immer es sein mag.«

- Millionäre zeigen Disziplin und Durchhaltevermögen.

Mit ihrer Einstellung sind Selfmademillionäre nicht weit entfernt von Dieter Bohlen, mit 500 Goldenen und 50 Platin-Schallplatten der erfolgreichste deutsche Pop-Produzent aller Zeiten. »Erfolg ist eine Schokolade mit Füllung: außen die Süße, innen der Schweiß«, so schreibt er in seinem Bestseller *Nichts als die Wahrheit*. Für den Multimillionär bedeutet Erfolg zu haben »zu trainieren, Entbehrungen in Kauf zu nehmen, und das schon möglichst früh. Wenn andere zum Fußball gehen, dann musst du an deinem Traum arbeiten, wenn andere Partys feiern, ist dir vielleicht zum Weinen zumute, weil du alleine bist und an den Grenzen deiner Kraft.«

Von der Sparsamkeit bis zum Durchhaltevermögen: viele der Dagobert-Eigenschaften werden also dringend gebraucht, will man aus eigenen Stücken Millionär werden.

## Der Sterntaler-Anteil von Millionären

Auch die positiven Eigenschaften der Sterntaler-Typen sind äußerst wichtig, um Millionär zu werden oder zu bleiben:

- Beziehungen und menschliche Bindungen spielen für Millionäre eine wichtige Rolle.

In seiner Befragung fand Thomas J. Stanley heraus, dass Millionäre im Schnitt 54 Jahre alt, seit 28 Jahren verheiratet sind und drei Kinder haben. Das Vorurteil, dass nur ungebundene Yuppies genug Zeit haben, um sich richtig um ihr Vermögen kümmern zu können, bestätigt sich also nicht. Im Gegenteil: Die meisten Millionäre sind der festen Überzeugung, dass eine Familie zu haben, dem Reichtum eher förderlich ist. Übrigens besteht bei den befragten Millionären ein starker Zusammenhang zwischen der Zahl der Jahre, die sie verheiratet sind, und dem Vermögen, das sie angesammelt haben. Das höchste Einkommen erzielen die Menschen um die fünfzig, und wer sich dann scheiden lässt, verliert im Normalfall schlagartig die Hälfte seines Vermögens. Finanziell stellen sich Paare, die in einer intakten Ehe leben, immer am besten.

- Millionäre verbringen viel Zeit mit ihrer Familie.

Wie etwa Artur Fischer, Erfinder des gleichnamigen Dübels und Gründer der Fischerwerke im schwäbischen Tümlingen. Mit fast 5 800 Patenten ist der 1919 geborene Schwabe die Graue Eminenz der deutschen Erfinderszene. Zeit seines Lebens hat er viel Zeit mit seinen Kindern und Enkeln verbracht, hat mit ihnen in der Werkstatt gebastelt, unter anderem das Cockpit einer JU 52 nachgebaut. Seinem Engagement für die Kinder verdankt der mehrfache Millionär übrigens auch einige seiner größten Erfolge. Das fing mit dem »Fotoblitzer« an, mit dem er den Grundstein für sein späteres Firmenimperium legte. Die Erfindung war nur deshalb entstanden, weil die junge Familie von Töchterchen Margot ein Foto haben wollte und dies mit der damals üblichen Pulvertechnik nicht möglich war. Auf der »Photokina« 1950 erregte der damals 30-Jährige die Aufmerksamkeit von Agfa, der er in der Folge 12 Millionen Blitzer, seine gesamte Produktion, verkaufte, bis die Fischer-Technologie vom Blitzwürfel abgelöst wurde. Die zweite große Erfindung Artur Fischers war der graue S-Dübel aus Nylon, seine dritte große Erfindung entstand wiederum aus seiner Liebe zu Kindern: Weil er zu Weihnachten an seine Eisenwarenhändler nicht, wie sonst üblich, Schwarzwälder Schinken schicken wollte, ersann er für deren Kinder einen Konstruktionsbaukasten. Der kam bei den Beschenkten so gut an, dass er das Spielzeug unter dem Markennamen »Fischertechnik« 1965 auf den Markt brachte. Dafür bekam er fünf Jahre später in Frankreich den »Oscar du Jouet«, eine von vielen Ehrungen, mit denen der Professor Dr. Dr. h. c. im Laufe der Zeit versehen worden ist. »Die kindliche Kreativität ist das Kapital für unsere Zukunft; sie zu bewahren und zu fördern ist der tiefere Sinn dieses Spielzeugs«, ist auf der Homepage zu lesen, mit der Artur Fischer für seine jüngste Kreation wirbt: »MAN«, bunte Bausteine aus pflanzlicher Stärke für Kinder.

- Religiosität spielt für Millionäre eine wichtige Rolle.

Harald Schmidt, preisgekröntes TV-Lästermaul mit den höchsten Honoraren in Deutschland (pro Auftritt bis zu 100 000 Euro), ist erzgläubig. »Ich zahle Kirchensteuer, meine Tochter ist katholisch getauft und abends wird gebetet«, outet sich Harald Schmidt in der WDR-Sendung *B.trifft* »als bekennender Katholik«. Der Kirche habe er es letztlich zu verdanken, dass er Erfolg hat. Als Jugendlicher absolvierte er eine komplette Ausbildung als Kirchenmusiker und verpflichtete sich, sonntags Orgel zu spielen. Er organisierte Jazzgottesdienste und absolvierte seinen Zivildienst in seiner Nürtinger Heimatgemeinde. Nur Pfarrer wollte er dann doch nicht werden: »Ich stand permanent unter Witzezwang«, erinnert er sich. So wie Harald Schmidt wurde auch Thomas Gottschalk streng katholisch erzogen, ebenso Günther Jauch. Alfred Biolek war auf dem besten Weg zum Priester, Ex-RTL-Chef Thoma studierte Kirchenrecht.

- Millionäre sind in der Freizeit gerne mit anderen zusammen.

Es trifft zu, dass Millionäre häufiger als Durchschnittsverdiener auf Golfplätzen oder in Tennisclubs anzutreffen sind. Mit anderen Menschen in der Freizeit aktiv zu sein macht ihnen mehr Spaß, als einsam ihre Joggingrunden zu drehen. Vielfältig sind die Formen, die die gemeinschaftlichen Freizeitaktivitäten von Millionären annehmen. Ein Beispiel dafür ist die so genannte Similaun-Gruppe, eine Seilschaft deutscher Manager, die sich vor zehn Jahren formierte und sich nach dem im Ötztal gelegenen Berg benannte. Ihre Mitglieder treffen sich mindestens einmal im Jahr zum Skifahren oder zum Bergsteigen unter der Regie von Reinhold Messner. Zu ihnen gehört Herbert Henzler, ehemaliger Vorstand der Unternehmensberatung McKinsey in Deutschland, Lufthansa-Chef Jürgen Weber, Verleger Hubert Burda, Aufsichtsratsmitglied der Deutschen Bank Ulrich Cartellieri oder der Vorstand der Firma Linde Wolfgang Reitzle. Diese Treffen zeigen übrigens das ganze Jahr über Auswirkungen auf die Mitglieder: Viele von ihnen verzichten auf Alkohol und tun etwas für ihre Fitness, um beim Bergsteigen mit der Gruppe mithalten zu können. Entscheidend ist jedoch das Gemeinschaftserlebnis. »Die Leute bekommen Teamfähigkeit, weil das Miteinander im Vordergrund steht. Letztlich kommt es dadurch zu einer verbesserten Führung der eigenen Mitarbeiter« (*Süddeutsche Zeitung* vom 26.05.2000), analysiert der Sportpsychologe Professor Henning Allmer von der Deutschen Sporthochschule in Köln. Am Berg lernen sie, in allen Lebenslagen mit ihren Mitmenschen kameradschaftlich umzugehen.

- Millionäre sind sozial engagiert.

Das prominenteste Beispiel dafür ist in Deutschland Reinhard Mohn, langjähriger Chef des Mediengiganten Bertelsmann. Der kreative Firmengründer und Unternehmer war von Beginn an ein Mann mit sozialreformerischen Ideen. Schon als jugendlicher Chef führte er seinen kleinen Verlag bewusst nach seinen gesellschaftspolitischen Überzeugungen. Sein Unternehmen verstand er als ein führungsstarkes, lernfähiges, entwicklungsfähiges und offenes Gemeinschaftswerk. Er ist ein Verfechter der Selbstverwirklichung in der Arbeit, die nach seiner Auffassung bei den Beschäftigten zugleich Kreativität freisetzt und die persönliche Glückserfahrung von Verantwortung und Erfolg ermöglicht. In den siebziger Jahren erstaunte er die Öffentlichkeit, als er die Mitarbeiter an seinem Unternehmen beteiligte. Seine eigenen, milliardenschweren Anteile an der Bertelsmann AG übertrug er schrittweise der Bertelsmann Stiftung, die nun Projekte finanziert, die sich mit sozialen Fragen auseinander setzen. Gesellschaftliche Institutionen und ihre Entscheidungsprozesse so zu organisieren, dass sie zu optimalen Ergebnissen führen, ist sein Lebensinhalt.

### Der Hans-im-Glück-Anteil von Millionären

Menschen, die Millionär werden möchten, brauchen aber auch die positiven Eigenschaften des Hans-im-Glück-Typen.

- Millionäre sind kreativ.

Millionäre haben häufig Produkte und Dienstleistungen entwickelt, die es in dieser Form bisher noch nicht gab. Ein Beispiel dafür ist Richard Branson, einer der erfolgreichsten Unternehmer der Jahrtausendwende, der mit seiner Fluglinie Virgin Air Transatlantikflüge zu Dumpingpreisen gesellschaftsfähig gemacht hat. »Business ist wie Rock'n Roll«, lautet das Motto des »Unternehmer-Hippies«, der die Schule bereits als 16-Jähriger verließ, um eine Weihnachtsbaumzucht zu beginnen. Heute besitzt der Brite einen Konzern mit mehr als 100 Unternehmen, darunter Firmen aus der Verlags-, Fernseh-, Radio-, Heißluftballon-, Getränke-, und Brautausstattungsbranche. Da seine Vorstellungskraft grenzenlos ist, gründete Branson im April 1999 die Virgin Galactic Airways, ein Unternehmen, das spätestens im Jahr 2007 Raumflüge für Touristen anbieten will. Aufgrund seines unkonventionellen Denkens ist Branson ein sehr reicher Mann geworden. Im Jahr 1998 schätzte das Wirtschaftsmagazin *Forbes* sein Vermögen auf 1,9 Milliarden Dollar.

- Millionäre gehen Risiken ein.

»Alles, was ich erarbeitet habe, hätte am nächsten Tag auch weg sein können. So habe ich immer entschieden«, lautet ein typisches Statement von Millionären, das der Journalist Axel Gloger für sein Buch *Millionäre – vom Traum zur Wirklichkeit* aufgezeichnet hat. Tatsächlich ist die Risikobereitschaft bei Millionären wesentlich ausgeprägter als bei Otto Normalverbrauchern. Es kommt nicht von ungefähr, dass sich die meisten Millionäre als Unternehmer betätigen, deren Gewinn ja nichts anderes ist als die Risikoprämie für das Kapital, das sie zuvor eingesetzt haben.

Das bedeutet allerdings nicht, dass Millionäre Glücksspieler sind. Der Sänger Robbie Williams, der beim Kartenspiel bereits mehr als 3 Millionen Euro verzockt hat, ist kein typisches Beispiel seines Berufsstandes: Die wenigsten Selfmademillionäre würden wie er bei einer einzigen Runde 50 000 Pfund einsetzen (und noch dazu verlieren) oder sich in einem Londoner Spielcasino bei Hollywoodstar Nicole Kidman Geld ausleihen, um weiterspielen zu können.

- Millionäre können andere Menschen begeistern.

Millionäre verfügen über die Fähigkeit, ihre Visionen Mitarbeitern und Kunden schmackhaft zu machen. Der französische Schriftsteller Antoine de Saint-Exupéry fand für diese Fähigkeit folgendes Bild:

> *Willst Du ein Schiff bauen,*
> *so rufe nicht die Menschen zusammen,*
> *um Pläne zu machen,*
> *Arbeit zu verteilen,*
> *Werkzeuge zu holen*
> *und Holz zu schlagen,*
> *sondern lehre sie die Sehnsucht*
> *nach dem großen, weiten Meer.*

- Ihre Freizeit genießen Millionäre in vollen Zügen.

Millionäre sind der Meinung, dass ein lustvoller Lebensstil und Reichtum zusammengehören. Allerdings definieren die meisten Millionäre Lebenslust anders, als das Gazetten wie *Die Bunte* oder *Gala* tun. Die wenigsten Millionäre können dem Leben des Jet Sets etwas abgewinnen, die wenigsten besitzen selbst eine Yacht oder lassen sich zum Skifahren in den Rocky Mountains einfliegen. Sie haben nämlich die Erfahrung gemacht, dass die besten Dinge des Lebens nichts oder nur wenig kosten.

Die meisten Millionäre leben ihre Lebenslust in der Form aus, wie sie der griechische Philosoph Epikur formulierte, den viele Zeitgenossen fälschlicherweise für den »Erfinder« des Hedonismus halten.

> **Lebenslust nach Epikur**
>
> In einem Brief an seinen jungen Schüler Menoikeus beschreibt der griechische Philosoph Epikur das Geheimnis wahrer Lust folgendermaßen:
>
> »... Wenn wir nun also sagen, dass Lust unser Lebensziel ist, so meinen wir nicht die Lüste der Prasser, denen es ums Genießen schlechthin zu tun ist. Das meinen die Unwissenden oder Leute, die unsere Lehre nicht verstehen oder sie böswillig missverstehen. Für uns bedeutet Lust: keine Schmerzen haben im körperlichen Bereich und im seelischen Bereich keine Unruhe verspüren. Denn nicht eine endlose Reihe von Trinkgelagen und Festschmäusen, nicht das Genießen schöner Knaben und Frauen, auch nicht der Genuss von leckeren Fischen und was ein reich besetzter Tisch sonst zu bieten vermag, schafft ein freudevolles Leben, vielmehr allein das klare Denken, das allem Verlangen und allem Meiden auf den Grund geht und den Wahn vertreibt, der wie ein Wirbelsturm die Seelen erschüttert...«

### Der Snoopy-Anteil von Millionären

Nicht zuletzt zählen die positiven Snoopy-Eigenschaften zum wichtigen Rüstzeug auf dem Weg zur ersten Million. Denn nur, wer sich in dem, was er tut, von der Masse abhebt und sich damit selbst verwirklicht, wird vom Markt für seine besonderen Qualitäten honoriert.

- Millionäre heben sich von der Masse ab.

Millionäre schwimmen nicht mit dem Durchschnitt, sondern haben den Mut, ihre Ideen, ihre Träume, ihre Persönlichkeit auszuleben. »Think different from the crowd«, also: »Denke anders als die Masse«, ist der Leitspruch, den sich Millionäre seit ihrer Jugend auf die Fahne geschrieben haben, so der Autor Thomas J. Stanley.

Ein Beispiel dafür, dass man durchaus finanziellen Erfolg haben kann, wenn man anders ist als die anderen, ist Gabriele Strehle. In ihrem Buch *Ob ich es schaffe?* behauptet sie von sich selbst: »Ich war und bin ein Mensch, der in jeder Hinsicht langsam ist, außer in manueller. Ich bin ein Spätzünder gewesen, körperlich und seelisch. Wenn Witze erzählt werden, lache ich nie als Erste, ich bin nicht schlagfertig, lese im Viertel Tempo meines Mannes, schließe auch nicht schnell Bekanntschaften oder gar Freundschaften. Mir wäre es auf der Autobahn zum Erfolg gegangen wie jemandem, der dort Dreirad fährt.«

Dank ihrer Sensibilität, Dinge wahrzunehmen, die andere nicht sehen, gehört die Chefdesignerin der Nördlinger Strenesse AG mittlerweile zu den international erfolgreichsten Modedesignern.

Ihr Beispiel deckt sich übrigens mit den Erkenntnissen des Wissenschaftlers Stanley. In seiner nun schon über 20 Jahre andauernden Forschungsarbeit hat er nach eigenen Angaben noch niemals einen Millionär getroffen, der die Qualitäten der »beautyful people« aufweist: einen hohen Intelligenzquotienten, überragende Studiennoten, ein bestechendes Aussehen. Anders als die Schönen, die das Leitbild in der Boulevardpresse bestimmen, sind Millionäre alles andere als perfekt. Und haben gelernt, etwaige Makel als Chance zu begreifen, daran zu wachsen und etwas Ungewöhnliches zustande zu bringen.

- Millionäre verwirklichen sich selbst in ihrer Arbeit.

> Selfmademillionäre sind meistens durch das, was sie innerlich antreibt, erfolgreich geworden, so wie Joanne Rowling. Die Autorin der Harry-Potter-Bücher wurde im Jahr 2002 mit einem Jahreseinkommen von 75 Millionen Euro zur reichsten Britin, noch vor der Queen und Madonna. Für sie war Schreiben Zeit ihrer Jugend das, was sie immer tun wollte. Ihr erstes Buch schrieb das schüchterne Mädchen bereits mit sechs Jahren. Es hieß *Rabbit* (Kaninchen) und wurde, wie zu erwarten, kein besonderer Erfolg. Mit 15 Jahren schrieb sie im Zug, als sie auf dem Weg zum Londoner Bahnhof King's Cross stecken blieb, die ersten Skizzen zu ihrem Potter-Buch nieder. »Ich starrte aus dem Fenster«, erinnert Sie sich in einem Interview, »und plötzlich erschien er vor meinem inneren Auge – ein Junge, der nicht weiß, wer er ist.« Bis sie ihren ersten Potter-Band fertig hatte, mussten aller-

dings noch 17 Jahre vergehen, in denen Joanne Rowling einige Zeit von der Sozialhilfe lebte: Als allein erziehende Mutter schlug sie sich mit Gelegenheitsjobs durch. »Ich habe mich erniedrigt und wertlos gefühlt« (www.heute.t-online.de vom 21.11.2001), sagt sie über die Jahre, in denen sie sich nur mühsam über Wasser hielt. In einem Café schrieb sie ihren ersten *Harry Potter* fertig, weil es in ihrer Wohnung zu kalt war. 1997 wurde das Buch zunächst von drei großen Verlagen abgelehnt, dann aber zahlte Bloomsbury 10 000 Pfund für das Manuskript, und innerhalb weniger Wochen zeigte sich, dass *Harry Potter* das Zeug zum Weltbestseller hatte. Heute ist Joanne Rowling drauf und dran, die erste Milliardärin der Geschichte zu werden, die durch Schreiben ihr Geld verdient. Schon jetzt wird sie als der bekannteste Markenname der Literatur seit Shakespeare bezeichnet.

## Der Geldtyp des Bedürfnis-Balancierers

Millionäre entsprechen häufig einem Geldtypen, den wir »Bedürfnis-Balancierer« nennen wollen. Ihm gelingt es, alle positiven Eigenschaften des Dagobert, des Sterntaler, des Hans im Glück und des Snoopy in sich zu vereinen. Bei ihm wird keines der Grundbedürfnisse zugunsten eines anderen in den Hintergrund gedrängt.

Günther Jauch, Deutschlands erfolgreichster Fernsehmoderator, ist mit seiner Sendung *Wer wird Millionär* längst selbst zum mehrfachen Millionär geworden. Über sein Leben wissen wir im Grunde nicht viel, dennoch ergeben die Puzzlestücke das Bild eines Menschen, der seine Bedürfnisse ausbalanciert:
    Er ist diszipliniert, sonst würde er es nicht durchhalten, dreimal pro Woche die Sendung *Wer wird Millionär* und dazu noch als Chefredakteur die wöchentliche Sendung *Stern-TV* zu moderieren. Er arbeitet wie ein Besessener, trinkt selten Alkohol, raucht nicht und macht im Jahr nur zwei Wochen Urlaub. Trotz seines Jahreseinkommens, das mittlerweile auf einen zweistelligen Millionenbetrag geschätzt wird, gilt er als sparsam. Als

> Student wusste er immer, wo es billige Joghurts gab, und auch heute noch kauft er gerne günstig ein. Das sind alles typische Dagobert-Eigenschaften. Von seinem Jahreseinkommen spendet er 10 Prozent für wohltätige Zwecke. Mit seiner Lebensgefährtin Thea Sihler und vier Töchtern, zwei davon sind adoptiert, lebt er zurückgezogen in Potsdam. Nie führt er im Fernsehen seine Kandidaten vor oder macht sich gar über sie lustig. »Ich versuche, fair zu sein« (www.super-illu.de), lautet seine Devise, eine typische Eigenschaft des Sterntalers.
> 
> Er ist neugierig und hat eine optimistische Ausstrahlung. Die Fähigkeit, locker und sympathisch zu kommunizieren, gehört ebenfalls zu den positiven Eigenschaften des Hans-im-Glück-Typen.
> 
> Jauch ist im Fernsehen so präsent, dass ihn mittlerweile nach Aussage von *Focus*-Chefredakteur Helmut Markwort die meisten Deutschen am liebsten zum Bundeskanzler wählen würden. Sein Selbstwertgefühl wird also genügend befriedigt, und dieses Streben ist das, was den Snoopy-Typen ausmacht.

## Wenn die Balance nicht da ist

Ganz anders sieht die Bedürfnis-Balance von Nadja Abd el Farrag, kurz Naddel, aus, bekannt geworden als Dauerfreundin von Schlagerstar Dieter Bohlen und ehemalige Moderatorin der Erotik-Show *Peep*. Obwohl sie es kurzfristig schaffte, von den Gazetten zu den Schönen und Reichen gezählt zu werden, ist ihr von ihrem Ruhm nicht viel übrig geblieben. In einem Interview mit der *Bild-Zeitung* vom 23.03.02 klagt sie: »Es gibt diese schrecklichen Tage, an denen mir auf erschreckende Weise bewusst ist: Ich bin 37, ich habe keinen Job, keinen Mann, kein Kind.« Mit Sorgen denkt sie an ihre Zukunft. Wenn sie sparsam lebe, reiche ihr Geld vier Jahre, so sagte sie. Was die Zukunft bringe, wüsste sie nicht. »Ich habe allerdings nie – auch durch die sorglose Zeit mit Dieter – in eine Rentenversicherung eingezahlt. Ich habe keine wirkliche Perspektive. Was soll bloß mit mir sein, wenn ich 50 bin?«, fragt sie in dem Interview. Offensichtlich fehlen ihr die positiven Eigenschaften des

Dagobert-Typen, der auch in sorglosen Momenten die Zukunft nicht außer Acht lässt.

Wie teuer es werden kann, aus dem Gleichgewicht der Bedürfnisse zu geraten, das zeigt das Beispiel von Boris Becker. »Weil ihn die Welt in den Himmel hob, verlor Becker an Bodenhaftung«, analysierte das Anlegermagazin *Die Telebörse* (*Die Telebörse* 25/2001). Der finanzielle Abstieg des dreifachen Wimbledon-Gewinners und Millionärs, dessen Vermögen noch im Jahr 2001 auf mindestens 100 Millionen Euro geschätzt wurde, begann mit seiner Affäre mit dem russischen Fotomodell Angela Ermakova. Nach einem Gentest, der Becker eindeutig als Vater der kleinen Anna identifizierte, erklärte sich Becker vor einem Londoner Zivilgericht dazu bereit, für die Tochter zu sorgen. Mit mindestens 2,5 Millionen Euro kam Boris Becker sein Abenteuer teuer zu stehen. Kostspielig war auch die Scheidung von seiner Ehefrau Barbara, die er 1993 geheiratet hatte. Der Einigungsvertrag, den er 2001 mit seiner Exfrau aushandelte, sieht laut *Bild-Zeitung* außer der Abfindung über 15 Millionen Euro monatliche Unterhaltszahlungen für seine Söhne Noah und Elias vor. Doch auch als Geschäftsmann verlor Becker viel Geld und musste mit seinem Internet-Portal Sportgate 1,5 Millionen Euro und dem Start-up-Unternehmen New Food 500 000 Euro Verlust hinnehmen. Mitte 2001 stellte Becker seine Sportler-Agentur BBM ein. Nachdem Becker im Sommer 2000 ein Vergleichsangebot des Finanzamtes in Höhe von 8 Millionen Euro abgelehnt hatte, belangte ihn im Oktober 2002 das Landgericht München wegen Steuerhinterziehung. Die Strafe fiel vergleichsweise milde aus: zwei Jahre Freiheitsstrafe auf Bewährung, dazu eine Geldstrafe von insgesamt 550 000 Euro. Der schmerzhafte Absturz scheint Boris Becker geläutert zu haben: »Ich werde mir mein Glück wieder erarbeiten«, vertraute er nach dem Prozess der *Bunte* an. Dagobert meldet sich zurück. Und auch der Sterntaler gewinnt in Boris Becker wieder an Stärke: Denn in der Verhandlung hat Becker still zu beten begonnen. »Habe den da oben gebeten, doch auch an das Gute zu denken, was ich in meinem Leben gemacht habe. Habe gelobt, noch mehr Gutes zu tun, bloß rauslassen soll er mich«, sagte er.

Manchmal werden wir eben vom Schicksal darauf gestoßen, wenn wir die Stimmen unserer vier Grundbedürfnisse nicht respektieren.

## Der Weg zur Bedürfnis-Balance

Sie haben nun einiges über prominente Menschen erfahren, wie sie ihr Geld und ihre Bedürfnisse im Gleichgewicht halten oder wie sie aus der Balance geraten. Dabei hat sich das Fazit des ersten Kapitels bestätigt: Man ist noch längst nicht reich, wenn man Geld hat. Im besten Fall ist Haben ein Instrument für ein gelingendes Sein. Jeder Mensch hat prinzipiell alle Ressourcen in sich, um seinen inneren Reichtum zum persönlichen Vermögensaufbau zu nutzen. Leider haben wir zu unseren Kraftquellen nicht immer den Zugang, um sie für unsere Ziele immer zum richtigen Zeitpunkt nutzen zu können.

Besonders schwierig wird es, wenn sich herausstellt, dass die Ziele, die wir verfolgt haben, gar nicht zu uns passen. Wenn wir Glück haben, meldet unser körpereigenes Frühwarnsystem durch Gefühle, dass etwas nicht in Ordnung ist. Ohnehin können wir nicht dauerhaft im Missklang mit den Bedürfnissen leben, und daher kommt es darauf an, sie in einem dynamischen Gleichgewicht zu halten. Die folgenden Übungen und Tipps sollen Ihnen dabei helfen, im Alltag immer wieder Ihre Bedürfnisse in ein Gleichgewicht zu bringen.

Wie es derzeit mit Ihrer Bedürfnis-Balance bestellt ist, können Sie übrigens auch daran erkennen, wofür Sie Ihr Geld ausgeben. Machen Sie sich die Mühe, Ihre Geldausgaben in Hinblick darauf zu protokollieren, wie sie Bedürfnisse befriedigen. Wenn es Ihnen gelingt, Ihr Geld so in die vier Bedürfnisbereiche zu investieren, dass ein dynamisches Gleichgewicht entsteht, dann schaffen Sie damit die beste Basis dafür, sich innerlich reich zu fühlen.

> Sie brauchen Papier, einen Stift und den festen Willen, Ihre Ausgaben genau aufzuschreiben und den vier Geldtypen (Dagobert, Sterntaler, Hans im Glück, Snoopy) zuzuordnen. Beispiel:
>
> | Produkt/Dienstleistung | Euro-Betrag | Geldtyp |
> |---|---|---|
> | Lebensmittel von Aldi | 35,79 | Dagobert |
> | Schokolade von Most | 2,50 | Hans im Glück |
> | Italienisch-Sprachkurs | 60,- | Snoopy |
> | Geburtstagsgeschenk Vater | 50,- | Sterntaler |
>
> Wenn Sie etwas bei dieser Selbstanalyse nicht genau zuordnen können, dann notieren Sie sich den Geldtyp, zu dem diese Ausgabe Ihrer Einschätzung nach am besten passt. Nach und nach werden Sie immer deutlicher erkennen, ob Sie Ihr Geld ausgewogen und ihren Bedürfnissen entsprechend investieren.

Allerdings haben Sie bei der Überprüfung Ihrer Ausgaben noch nicht Ihre Ziele berücksichtigt.

Wer sein Vermögen – damit ist sowohl das materielle als auch das immaterielle gemeint – gewinnbringend einsetzen möchte, der muss seine Ziele kennen. Neben diesen eher formalen Aspekten ist es natürlich noch wichtiger für Ihr Gleichgewicht, was Sie mit Ihren Zielen inhaltlich erreichen wollen.

> ### Ziele und Grundbedürfnisse
>
> Schreiben Sie sich bitte einmal genau auf, welche Vermögensziele Sie sich für dieses Jahr gesteckt haben. Unterscheiden Sie hier die materiellen von den immateriellen Zielen. Ergänzen Sie nun bei jedem Ziel den Nutzen, den Sie sich daraus versprechen, sowie den Bedürfnistyp, den Sie mit Ihrem Vermögensziel befriedigen wollen.

| Vermögensziele, materiell | Nutzen | Bedürfnis-Typ |
|---|---|---|
| z. B. Eigentumswohnung | mietfreies Wohnen | Dagobert, Snoopy |
| neuer Fernseher | bessere Bildqualität | Hans im Glück |

| Vermögensziele, immateriell | Nutzen | Bedürfnisse |
|---|---|---|
| Englisch sprechen | bessere Berufschancen | Snoopy, Sterntaler |
| Klarinette spielen | Spaß | Hans im Glück |

Lassen Sie diese Auflistung auf sich wirken: Was ist Ihnen wichtig?

Wenn Sie sich diese Beispiele etwas genauer anschauen, dann fällt Ihnen vielleicht auf, dass sich das Erreichen der Ziele bei den beiden Vermögensarten, materiell und immateriell, ganz unterschiedlich gestaltet. Der erste Aspekt ist der Zeitpunkt, wann das Ziel erreicht ist. Beim Fernseher ist es ganz einfach: Sobald er in Ihrem Wohnzimmer steht, haben Sie es geschafft. Wie ist es aber bei immateriellen Vermögenswerten? Wie kann ich feststellen, dass das Ziel hier erreicht ist? Das ist nicht leicht zu sagen, zumindest verhält es sich nicht so einfach wie bei dem Fernseher. Um die Frage besser beantworten zu können, kommt es auf die einzelne Person und ihre individuellen Kriterien an. Andererseits beginnt das Ziel bereits beim ersten Schritt, denn mit dem ersten Wort Englisch und dem ersten Ton auf der Klarinette erwerbe ich die Vermögensanteile, eine Fremdsprache zu sprechen oder ein Instrument zu spielen.

Ein anderer Aspekt liegt darin, dass immaterielles Vermögen auch um seiner selbst willen sinnvoll ist, es braucht kein äußeres Ziel. Psychologen bezeichnen diese Art der Motivation als intrinsisch. Die Belohnung liegt im Tun selbst.

Der dritte Unterschied besteht darin, dass ich einen immateriellen Vermögenswert nicht kaufen kann. Obwohl ich zwar Geld brauche, um Klarinettenunterricht zu nehmen oder den Englischlehrer zu bezahlen, muss ich letztendlich selbst aktiv werden.

Der Psychoanalytiker und Sozialphilosoph Erich Fromm hat diesen Zusammenhängen ein ganzes Buch gewidmet, dem er den bezeichnenden Titel *Haben oder Sein* gab. In ihm warnt er vor der einseitigen Orientierung am Haben, denn die Beziehung zwischen mir und dem, was ich habe, sei dann nicht mehr lebendig. Solange mein Besitz, das was ich habe, im Dienst meiner Bedürfnisse stehe, erfülle das Haben eine lebenssichernde Funktion und trage zur Fülle des Lebens bei. Wenn ich aufgrund meiner Persönlichkeit nicht im Gleichgewicht mit meinen Bedürfnissen lebte, neigte ich zum, wie es Fromm nennt, »charakterbedingten Haben«.

Wenn wir unsere Fähigkeiten, Talente und Begabungen, kurz: unser immaterielles Vermögen, im Dienste unserer Bedürfnisse anwenden, tun wir das, was Fromm Tätigsein nennt.

## Die drei Schritte zum Ziel

Lieber Leser, mit den beiden vorhergehenden Übungen haben Sie noch einmal eine kleine Bestandsaufnahme gemacht, ob Ihre Geldausgaben und kurzfristigen Vermögensziele einseitig auf ein Grundbedürfnis ausgelegt sind oder ob Sie damit schon jetzt ein Gleichgewicht Ihrer Bedürfnisse anstreben. Falls Sie dabei eine gewisse Einseitigkeit festgestellt haben, lohnt es sich für Ihre Zufriedenheit sicherlich, die von Ihnen verfolgten (Vermögens-)Ziele stärker als bisher an der Bedürfnis-Balance auszurichten.

Wenn Sie den Wunsch verspüren, in Ihrem Leben etwas zu verändern, sind drei Punkte wesentlich:

- Erstens: Was ist das Ziel, oder was sind die Ziele, die ich erreichen möchte?
- Zweitens: Welche Wege führen zum Ziel, und was brauche ich, um diese Wege gehen zu können?

- Drittens: Wie sieht die Basisstation aus, von der aus ich aufbrechen will, um meine Ziele zu erreichen?

Ihre Ausgangssituation haben Sie, wenn Sie die Tests und Aufstellungen in Kapitel 2 und Kapitel 3 gemacht haben, schon geklärt. Durch Ihre Antworten auf die Fragen im zweiten Kapitel wissen Sie jetzt, in welchem Verhältnis die vier Geldtypen mit den vier Bedürfnisbereichen zueinander stehen. Ob Sie vielleicht ein dominantes und/oder ein vernachlässigtes Bedürfnis identifiziert haben oder im besten Fall, ob Sie schon heute zu den Bedürfnis-Balancierern gehören.

Man kann darüber spekulieren, was das Orakel von Delphi mit der Formel »Erkenne dich selbst« gemeint hat. Die Erkenntnisse der modernen Motivations- und Neuropsychologie lassen nur einen Schluss zu: Wer die eigene Bedürfnisstruktur kennt, kann sich gezielter den nächsten Schritten zu seinem subjektiven Wohlbefinden widmen.

Die Übungen und Tipps im vierten Kapitel sind Instrumente und Hilfsmittel, die Sie auf Ihrem Weg immer wieder brauchen können, gleichgültig, welches inhaltliche Vermögensziel Sie sich gesteckt haben. Denn Sie müssen sich mit Ihrem Vermögen im Fluss des Lebens ständig neu austarieren. Vielleicht erinnern Sie sich an einen Besuch im Zirkus als Kind, als Sie gebannt auf den Hochseilartisten blickten, der unter der Kuppel des Zirkuszelts nur mit einer großen Stange die Balance halten konnte, Schritt für Schritt. Bedürfnisgerechte Schritte sind die angemessene Gangart für jegliches Ziel. Umgekehrt bedeutet das: Für ein »großes« Ziel eines oder mehrere Ihrer Grundbedürfnisse zu vernachlässigen ist die falsche Strategie.

## Finden Sie die Ziele, die zu Ihnen passen

Ziele sind wie Schlüssel, mit denen Sie »Erlebnisräume« öffnen. Damit Sie die richtigen Schlüssel nutzen, achten Sie darauf, wie Ihre Ziele beschaffen sind. Nur so erschließen Sie sich eine Zukunft, die Sie auch später noch als glücklich empfinden werden. Die entscheidende Voraussetzung für Zufriedenheit und inneren Reichtum sind Ziele, die Ihren Bedürfnissen entsprechen. Sie sind die beste Gewähr dafür, dass Sie nicht am Ende Ihres Lebens enttäuscht feststellen müssen, dass Ihre Lebensziele »nur« die Erfüllung der Ziele anderer waren. In der folgenden Übung geht es für Sie darum, Ziele danach zu analysieren, ob sie wirklich zu Ihnen passen. Denn nicht jedes attraktiv erscheinende Ziel befriedigt Ihre Bedürfnisse.

### *Zielprüfung*

Sie brauchen dafür Papier (am besten Karteikarten) und einen Stift.

- Schreiben Sie auf eine Karteikarte Ihr größtes Vermögensziel oder Lebensziel. Formulieren Sie Ihr Ziel ausführlich, beispielsweise: »Ich wünsche mir einen kleinen Bauernhof in Oberbayern, der so günstig liegt, dass ich in weniger als 30 Minuten sowohl die Berge erreiche als auch den nächsten See.« Legen Sie Ihr Vermögensziel in der Mitte Ihres Wohnraumes auf dem Boden ab.

- Notieren Sie auf jeweils einer weiteren Karteikarte die vier Bedürfnistypen: Dagobert für Sicherheit, Orientierung und Kontrolle, Sterntaler für zwischenmenschliche Bindungen, Hans im Glück für das Streben nach Lust und das Meiden von Unlust, und schließlich den Snoopy für das Bedürfnis nach Schutz und Wachstum des eigenen Selbst.

- Nehmen Sie anschließend alle vier Bedürfniskarten in beide Hände, stellen Sie sich dann auf die Karte mit Ihrem Vermögensziel und denken Sie an den Moment, in dem Sie sich an Ihrem Ziel befinden. Lassen Sie alle Gefühle in Ihnen zu, die sich zu Wort melden. Schauen Sie dann im Raum um sich und platzieren Sie die vier Bedürfniskarten so um sich herum, dass der Abstand jeder Karte zu Ihrem Zielstandort symbolischer Ausdruck dafür ist, wie sehr das einzelne Bedürfnis mit dem Ziel befriedigt wird.

- Wir möchten Ihnen an einem Beispiel zeigen, wie so etwas aussehen könnte:

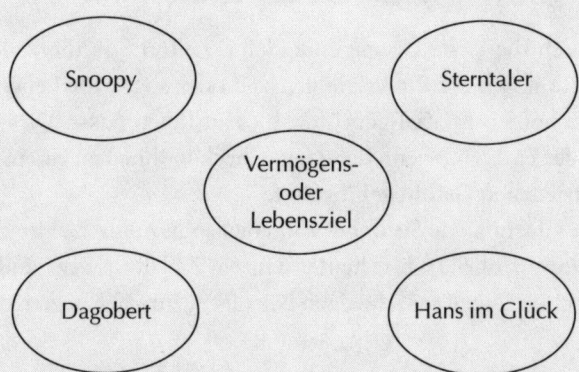

- Wenn Sie Ihre Bedürfniskarten nach Ihrem Gefühl um sich herum ausgelegt haben, dann denken Sie noch einmal an Ihr Ziel und empfinden so, als ob Sie Ihr Ziel bereits jetzt erreicht haben. Gehen Sie dann mit diesem Gefühl auf die erste Karte, die Ihnen spontan in den Sinn kommt, beispielsweise den Dagobert-Typ. Fragen Sie sich auf dieser Position, was Ihr Vermögensziel für den Dagobert konkret bedeuten würde. Wie kommt er bei diesem Ziel zu seinem Recht? Achten Sie jetzt auf den Abstand zur zentralen Karte. Möchten Sie, die Antworten des Dagobert im Hinterkopf, etwas verändern? Führen Sie diese Befragung nun auch für Ihre anderen Karten durch.
- Treten Sie nach dieser intensiven Phase nun aus dem Bedürfnissystem hinaus und schauen sich das Ganze noch einmal von außen an. Gehen Sie ruhig und ganz langsam um Ihre Karten herum, und prüfen Sie auch die äußere Stimmigkeit. Es kommt gelegentlich vor, dass Sie jetzt noch auf einige Ideen kommen, wie Sie Ihr Ziel modifizieren könnten, damit sich das Ganze noch besser anfühlt. Abschließend gehen Sie noch einmal auf die Zielkarte und achten auf den Gesamteindruck, den Sie bekommen. Fühlt er sich positiv an, dann können Sie sicher sein, dass Ihr Vermögensziel stimmig zu Ihren Bedürfnissen ist. Sollten Sie jedoch immer noch ein ungutes Gefühl in sich spüren, dann sollten Sie Ihr Vermögensziel prinzipiell überdenken.

## Auch der längste Weg beginnt mit dem ersten Schritt

Sie haben durch die letzte Übung eine kleine Zeitreise in die Zukunft gemacht, dorthin, wo Sie Ihr Vermögensziel oder sogar Ihr Lebensziel vermuten. Sie haben Ihr Ziel geprüft, ob es zu Ihnen passt. Dies wird immer dann der Fall sein, wenn der Ziele-Check in Ihnen zu einem positiven und zufriedenen Gefühl geführt hat.

Nun geht es darum, wie Sie dabei vorgehen sollten, Ihr Ziel umzusetzen: Prüfen Sie nun, ob Sie schon heute zu Ihrem Ziel unterwegs sind, das heißt, heute schon Dinge tun, die dazu beitragen, Ihr Ziel zu erreichen.

*Was tun Sie für Ihr Ziel?*

- Machen Sie eine Bestandsaufnahme Ihrer Aktivitäten. Nehmen Sie einen DIN-A4-Bogen und schreiben Sie darauf Ihre durchschnittlichen Tagesaktivitäten. Wenn sie beispielsweise einmal pro Woche 70 Minuten Sport machen, dann notieren Sie für die durchschnittliche Dauer pro Tag 10 Minuten.
- Schreiben Sie nun auf ein zweites Blatt Papier Ihre drei wichtigsten Ziele für dieses Jahr.
- Legen Sie nun die beiden Papiere nebeneinander und verbinden Sie Ihre Tätigkeiten durch einen Strich mit dem Ziel oder den jeweiligen Zielen.

*Auswertung:* Das Ziel, das keine Verbindung zu einer Tätigkeit aufweist, können Sie entweder sofort vergessen, oder Sie müssen für die Zukunft in ihren Tages- beziehungsweise Wochenplänen Zeit berücksichtigen, in der Sie etwas für dieses Ziel tun.

## Seien Sie offen für Geschenke, die auf Ihrem Weg liegen

Aus dem Vergleich mit dem Hochseilartisten, der mithilfe einer großen Stange beim Gehen die Balance hält, lässt sich für den Weg zu Ihren persönlichen Vermögenszielen ein weiterer Aspekt ableiten: langsam gehen. Wer seine Ziele kennt, neigt dazu, sofort loszurennen. Besonders, wenn es uns schlecht geht und wir glauben, die bisherige Situation nicht mehr aushalten zu können, hören wir gerne auf die Worte unserer inneren Stimme: »Bloß weg.« Alles ist besser als das, was ist. Erinnern Sie sich an den Dagobert-Geldtyp in der Börsenkrise? Als er sich den Niedergang der Börsen nicht mehr erklären konnte und er dadurch die Zuversicht verlor, Einfluss auf den Wert seiner Papiere auszuüben, griff er zur Notbremse. Durch den radikalen Verkauf verlor er zwar viel Geld, gewann aber das für ihn entscheidende Gefühl der Kontrolle. Auch sonst ist die Motivation, vor etwas wegzulaufen, für viele der Impuls zum ersten Schritt. Wenn die Zeit knapp ist und wirkliche Gefahr im Verzug, ist dieses Verhalten auch eine sehr wichtige Ressource. In anderen Fällen nennen wir etwas, was wir nicht mehr wollen, Problem. Dabei zeigt sich jedoch immer wieder, dass Probleme Lösungen in sich tragen. Das bisherige Verhalten, um das Problem zu lösen, trägt mit jeder Wiederholung dazu bei, das Problem zu erhalten. Dass es uns häufig so schwer fällt, etwas in unserem Leben zu ändern, liegt daher auch daran, dass wir die Bedürfnisse hinter dem Problem nicht kennen.

Es geht also darum, ein Problem als Symptom zu verstehen, hinter dem die eigentliche Krankheit als Ursache im Dunkel unserer unbewussten Antriebe und Bedürfnisse liegt. Übergewicht wird nicht durch Fett verursacht, sondern durch unerfüllte Wünsche und Bedürfnisse, ebenso ist das überzogene Girokonto nicht die Ursache für Geldprobleme. Die Anteile der Persönlichkeit, die das Problem aufrechterhalten, gilt es zunächst zu würdigen. Denn genau hier wirken die Bedürfnisse und suchen Wege, um sich Geltung zu verschaffen. Wer aber nur weiß, was er nicht mehr will, und noch keine Perspektive entwickelt hat, wohin die Reise gehen soll, verhält sich so wie die kleine Alice im Wunderland, die bittet: »Würdest du mir bitte sagen, wie ich von hier aus weitergehen soll?« – »Das hängt zum größten Teil davon ab, wohin du möchtest«, sagte die Katze. »Ach, wohin ist mir eigentlich gleich …«, sagte Alice. »Dann ist es auch egal, wie du weitergehst«, sagte die Katze.

Aber auch der, den die Aussicht auf das nahe oder ferne Glück in die Zukunft lockt, der seine Ziele genau kennt und formuliert hat, profitiert davon, zunächst innezuhalten. Je größer und bedeutsamer das Ziel ist, umso wichtiger ist es, die Reise gut vorzubereiten. Durch Ihre persönliche Vermögensanalyse, die Sie sich im dritten Kapitel vorgenommen haben, haben Sie einen guten Überblick über alle Vermögen, die Ihnen in Zukunft helfen werden.

Wenn Sie sich von heute an mit größerer Aufmerksamkeit Ihrer umfassenden Vermögensbildung zuwenden, hilft Ihnen die Formulierung eines Ziels, das für Sie stimmig ist. An ihm können Sie sich ausrichten und bei Abweichungen vom Kurs immer wieder korrigierend eingreifen. Wie beim Sport gibt es auch im persönlichen Bereich die Gefahr, übermotiviert zu sein. Das wird besonders dadurch begünstigt, wenn Sie zu rigide mit sich und Ihrer Umwelt umgehen, alles tun, um Ihr Ziel um jeden Preis und möglichst schnell zu erreichen. Dadurch schränken Sie Ihren Blick ein und sehen dann die Geschenke des Weges, den Sie gerade gehen, nicht mehr. Wir laden Sie zu einer Übung ein, damit Sie erleben können, wie Sie sich auch bei klarem Ziel für äußere Einflüsse Ressourcen offen halten:

### *Wenn Du es eilig hast, gehe langsam*

Sie brauchen dafür eine Uhr mit Sekundenzeiger. Wählen Sie für diese Übung den größten Raum in Ihrer Wohnung. Idealerweise lassen Sie sich durch einen Partner unterstützen.

- Stellen Sie sich nun in die Ecke, von wo Sie die größte Strecke in diesem Raum vor sich haben. Atmen Sie dreimal tief ein und aus und entspannen auch Ihre Beinmuskeln. Sie stehen mit leicht gebeugten Knien, ganz locker und entspannt. Blicken Sie nun auf die Ihnen gegenüberliegende Wand und suchen sich etwas aus, vielleicht ein Bild, vielleicht eine Wanduhr, oder was immer Ihnen auffällt, mit dem Sie nun arbeiten möchten.
- Stellen Sie sich vor, dieser Gegenstand symbolisiere Ihr Vermögensziel in der Zukunft. Konzentrieren Sie sich und richten Ihre gesamte Aufmerksamkeit auf das vor Ihnen befindliche Ziel. Spüren Sie schon die Gefühle, die Sie haben werden, wenn Sie das Ziel erreicht haben? Lassen Sie sich ruhig Zeit bei dieser Übung, denn es kommt besonders darauf an, dass Sie die magnetische Kraft empfinden, die das Ziel für Sie hat. Wenn die Anziehung durch das Ziel nicht mehr stärker wird, gehen Sie auf Ihr Ziel los. Die Aufgabe des Partners ist es, die Zeit zu stoppen,

die Sie brauchen, bis Sie beim Ziel angekommen sind. Bevor Sie weiterlesen, machen Sie bitte diesen Teil der Übung, um ein brauchbares Ergebnis zu bekommen.
- Nach einer kurzen Pause gehen Sie an Ihre Ausgangsstelle zurück. Nehmen Sie wieder Blickkontakt zu Ihrem Ziel auf, ganz so wie beim ersten Durchgang. Dieses Mal kommt es darauf an, bei jedem Schritt möglichst viel in Ihrem erweiterten Gesichtsfeld wahrzunehmen, unter der Bedingung, nie den Kontakt zum Zielsymbol zu verlieren. Wenn Sie etwas erkannt haben, benennen Sie es stumm mit seinem Namen. Gehen Sie trotz der Zusatzaufgabe, viel im Umfeld wahrzunehmen, möglichst zügig zum Ziel. Ihr Partner hat auch beim zweiten Durchgang die Aufgabe, die Zeit zu nehmen. Was haben Sie beobachtet? Was ist Ihrem Partner aufgefallen?

Durch die Übung können Sie erleben, dass langsames Gehen die Voraussetzung dafür ist, Dinge und Geschehnisse im erweiterten Gesichtsfeld überhaupt wahrnehmen zu können. Insbesondere wenn es bei Ihrem Vermögensziel um ein »life goal« geht, also ein großes Lebensziel, lohnt es sich, auch auf das zu achten, was neben dem eigentlichen Weg liegt, beziehungsweise, was Ihnen während des Gehens als Schicksal zufällt. Das können neue, hilfreiche Bekanntschaften oder Freunde sein, die ihre Hilfe und Unterstützung vielleicht ganz unverhofft anbieten. Das kann aber auch eine Anregung sein, die Sie aus einem Film oder Buch gewinnen, oder auch ein vergessenes Talent, an das Sie durch einen unbewussten Impuls erinnert werden. Es kann sogar etwas sein, was Sie im ersten Augenblick vielleicht sehr traurig macht, sodass Sie nicht sofort daran glauben können, dass auch das einen positiven Aspekt für Ihr Leben bedeutet. Es lohnt sich also, beim Gehen einmal rechts und links zu gucken und sich zu fragen: Was bedeutet das für mich jetzt und wie könnte diese Überraschung mit meinem Vermögensziel zusammenhängen? In jedem Fall werden Sie sich durch langsameres Voranschreiten wesentlich reicher fühlen, als wenn Sie auf Ihr Ziel völlig fokussiert losmarschieren und vor Scheuklappen die anderen Dinge des Lebens nicht mehr sehen.

## Geld und Glück

Wer viel Geld hat, genießt Ansehen und Anerkennung. Geld und Gold waren aber schon immer Quelle von Neid und Missgunst. Dieselben Menschen, die für sich den Reichtum der Millionäre erträumen, lesen heutzutage mit Genugtuung in der Regenbogenpresse vom Leid und Elend all der Sternchen, die gescheitert sind. Geld allein macht nicht glücklich, bestätigt der Volksmund. Nein, man braucht auch noch Autos, Häuser und teure Kleidung, sagt die Wirtschaft.

Wir aber glauben, dass der Wert und der Nutzen von Geld weniger im Besitz, sondern mehr im Gebrauch liegt, in seiner subjektiven Bedeutung für die Erfüllung unserer Bedürfnisse. Damit ist in erster Linie eine Tätigkeit gemeint, ganz im Sinne Erich Fromms, ein Tun, das Goethe auch für alle ererbten Vermögen empfahl: »Was Du ererbt von Deinen Vätern, erwirb es, um es zu besitzen!« Die Lebenskunst des »einfach reich zu sein« empfiehlt, das vorhandene Vermögen, sowohl das materielle als auch in noch stärkerem Maße das immaterielle, besser zu nutzen. Dazu möchten wir Sie, liebe Leser, an dieser Stelle noch einmal ermuntern. Halten Sie sich vor Augen, welches Vermögen Sie schon heute besitzen, und rufen Sie sich ins Gedächtnis, zu welchen Ergebnissen Sie in Ihrer Vermögensbilanz (in Kapitel 3) gekommen sind. Bedienen Sie sich der Tipps im 4. Kapitel, um Ihr Vermögen noch aktiver als bisher zu nutzen. Formulieren Sie Ihre kurzfristigen und langfristigen Vermögensziele. Legen Sie los, Sie haben alles, was Sie brauchen, um sich reich und zufrieden zu fühlen.

# Literatur

›Das Solar-Karussell‹, in: *DMEuro*, Dezember 2002.
›Die Hit-Maschine‹, in: *DMEuro*, November 2002.
›Friede den Hütten‹, in: *DMEuro*, Januar 2003.
Bandura, Albert: *Self-Efficacy. The Experience of Control.* New York 1997.
Bauer, Joachim: *Das Gedächtnis des Körpers.* Frankfurt a. M. 2002.
Bendixen, Peter: *Das verengte Weltbild der Ökonomie.* Darmstadt 2003.
Boenke, K., Fuß, D., und Rupf, M.: ›Values and Well-Being. The Mediating Role of Worries‹, in: Schmuck, Peter, Shelden, Kennon M. (Hrsg.): *Life Goals and Well-Being. Towards a Positive Psychology of Human Striving.* Göttingen 2001.
Bohlen, Dieter: *Nichts als die Wahrheit.* München 2003.
Booklet zum Thema Gold, in: *DMEuro*, Januar 2003.
Bowlby, John: *Attachment and Loss.* New York 1982.
Brodbeck, Karl-Heinz: *Die fragwürdigen Grundlagen der Ökonomie.* Darmstadt 2000.
Buckingham, Marcus, Clifton, Donald O.: *Entdecken Sie Ihre Stärken jetzt.* Frankfurt und New York 2002.
Caroll, Lewis: *Alices Abenteuer.* 2 Bände. *Alice im Wunderland. Alice hinter den Spiegeln.* Frankfurt a. M. 1998.
Caspi, Ashalom: ›The Child is Father of the Man. Personality Continuities from Childhood to Adulthood‹, in: *Journal of Personality and Social Psychology* (2000), 78.

Chopra, Deepak: *Die sieben geistigen Gesetze des Erfolgs.* München 1998.
Ciompi, L.: *Die emotionalen Grundlagen des Verhaltens.* Göttingen 1999.
Csikszentmihalyi, Mihaly: *Das Flow-Erlebnis.* 5. Auflage. Stuttgart 1993.
Csikszentmihalyi, Mihaly: *Lebe gut!* Stuttgart 2001.
Damasio, Antonio: *Descartes' Irrtum. Fühlen, Denken und das menschliche Gehirn.* München 1994.
Damasio, Antonio: *Ich fühle, also bin ich. Die Entschlüsselung des Bewusstseins.* München 2001.
De Graaf, John, Wann, David, und Naylor, Thomas: *Affluenza. Zeitkrankheit Konsum.* München 2002.
Defoe, Daniel: *Robinson Crusoe.* Zürich 1985.
Deneke, Friedrich W.: *Psychische Struktur und Gehirn. Die Gestaltung subjektiver Wirklichkeiten.* Stuttgart 2001.
Dominguez, Joe, Robin, Vicky: *Your Money or Your Life.* Harmondsworth 1999.
Eisenson, Marc, Detweiler, Gerri, und Castleman, Nancy: *Invest in Yourself. Six Secrets to a Rich Life.* Etobicoke. 1999
Epikur: *Philosophie der Freude.* Stuttgart 1973.
Epstein, S.: ›Cognitive-experiential Self-theory‹, in: Pervin, Lawrence A. (Hrsg.): *Handbook of Personality: Theory and Research.* New York 1990.
Erikson, Erik H.: *Identität und Lebenszyklus.* Frankfurt a. M. 1973.
Friedmann, David: *Der ökonomische Code. Wie wirtschaftliches Denken unser Handeln bestimmt.* Frankfurt a. M. 1999.
Friedmann, Dietmar: *Integrierte Kurztherapie. Neue Wege zu einer Psychologie des Gelingens.* Darmstadt 1997.
Frisch, Max: *Mein Name sei Gantenbein.* Frankfurt a. M. 2001.
Fromm, Erich: *Haben oder Sein.* Stuttgart 1976.
Frumkin, Howard: ›Beyond Toxicity. The Greening of Environmental Health‹, in: *American Journal of Preventive Medicine 20/2001.*
Gigerenzer, Gerd: *Das Einmaleins der Skepsis. Über den richtigen Umgang mit Zahlen und Risiken.* Berlin 2002.

Gloger, Axel: *Millionäre – vom Traum zur Wirklichkeit.* Wien 1997.
Goethe, Johann Wolfgang v.: *Faust. Der Tragödie erster und zweiter Teil. Urfaust.* München 1998.
Grawe, Klaus: *Psychologische Therapie.* 2. Auflage. Göttingen 2000.
Greenfield, Susan A.: *Reiseführer Gehirn.* Heidelberg 1999.
Greenway, Robert: ›The Wilderness Effect and Ecopsychology‹, in: Roszak, Theodore, Gomes, Mary E., und Kanner, Allan D. (Hrsg): *Ecopsychology. Restoring the Earth Healing the Mind.* San Francisco 1995.
Gronemeyer, Marianne: *Die Macht der Bedürfnisse. Überfluss und Knappheit.* Darmstadt 2002.
Gruen, Arno: *Der Verrat am Selbst. Die Angst vor Autonomie bei Mann und Frau.* München 2002.
Gürtler, Detlef: *Der Minus-Milliardär.* Berlin 2001.
Hartmann, Hans Albrecht, Haubl, Rolf: *Von Dingen und Menschen. Funktion und Bedeutung materieller Kultur.* Wiesbaden 2000.
Heckhausen, Heinz: *Motivation und Handeln.* 2. Auflage. Berlin 1989.
Hellinger, Bert: *Die Mitte fühlt sich leicht an.* München 1997.
Hill, Julia Butterfly: *Die Botschaft der Baumfrau.* München 2000.
Hüther, Gerald: *Bedienungsanleitung für ein menschliches Gehirn.* Göttingen 2001.
Hüther, Gerald: *Wie aus Stress Gefühle werden. Betrachtungen eines Hirnforschers.* Göttingen 1998.
Jung, Carl G.: *Wirklichkeit der Seele.* München 2001.
Kahnemann, Daniel, Slovic, Paul, und Tversky, Amos (Hrsg.): *Judgment under Uncertainty. Heuristics and Biases.* Cambridge 1982.
Kanning, Uwe Peter: *Selbstwert-Management.* Göttingen 2000.
Kasser, T., und R. M. Ryan: ›Be Careful What You Wish for. Optimal Functioning and the Relative Attainment of Intrinsic and Extrinsic Goals‹, in: Schmuck, Peter, Sheldon, Kennon M. (Hrsg.): *Life Goals and Well-Being. Towards a Positive Psychology of Human Striving.* Göttingen 2001.
Kast, Verena: *Neid und Eifersucht.* Düsseldorf 1996.
Kemper, Peter, Sonnenschein, Ullrich: *Sucht und Sehnsucht. Rauschrisiken in der Erlebnisgesellschaft.* Stuttgart 2000.

Kingston, Karen: *Feng Shui gegen das Gerümpel des Alltags.* Richtig ausmisten. Gerümpelfrei bleiben. München 2003.

Kiyosaki, Robert T.: *Reichtum kann man lernen.* Landsberg am Lech 2001.

Kuhl, Julius: *Motivation und Persönlichkeit.* Göttingen 2001.

Kutter, Peter: *Liebe, Haß, Neid, Eifersucht. Eine Psychoanalyse der Leidenschaften.* Göttingen 1994.

LeDoux, Joseph: *Das Netz der Gefühle. Wie Emotionen entstehen.* München 2001.

Lévy, Jennifer: *Ein Zimmer für Sie allein. Frauen und ihre Refugien.* Hildesheim 1999.

Lexikon der Wirtschaftsethik. Hrsg.: Enderle, Georges. Freiburg, Basel, Wien 1993. Hier: »homo oeconomicus«.

Lowen, Alexander: *Freude. Die Hingabe an den Körper und das Leben.* München 1996.

Luks, Allan: *Der Mehrwert des Guten – Wenn Helfen zur heilenden Kraft wird.* Freiburg 1998.

Lust an der Natur. Hrsg.: Böhme, Renate, Meschkowski, Katrin. München 1986.

Lütz, Manfred: *Lebenslust. Wider die Diät-Sadisten, den Gesundheitswahn und den Fitness-Kult.* München 2002.

Mietzel, Gerd: *Wege in die Psychologie.* Stuttgart 1998.

Muggeridge, Malcom: *Mutter Teresa.* 12. Auflage. Freiburg 1984.

Müsseler, Jochen, Prinz, Wolfgang: *Allgemeine Psychologie.* Heidelberg und Berlin 2002.

Needleman, Jacob: *Geld und der Sinn des Lebens.* Frankfurt a. M. 1995.

Niven, David: *Die 100 Geheimnisse glücklicher Menschen.* München 2002.

O'Connor, Joseph, Seymour, John: *Neurolinguistisches Programmieren: Gelungene Kommunikation und persönliche Entfaltung.* 6. Auflage. Freiburg 1996.

O'Rourke, Patrick J.: *Das Schwein mit dem Holzbein. Was Sie schon immer über Wirtschaft wissen wollten und nie zu fragen wagten.* Frankfurt a. M. 2002.

Piëch, Ferdinand: *Auto. Biographie.* Hamburg 2002.

Popcorn, Faith, Marigold, Lys: *Clicking. Der neue Popcorn-Report.* München 1996.
Reemtsma, Jan Ph.: *Im Keller.* Hamburg 1997.
Rifkin, Jeremy: *Access. Das Verschwinden des Eigentums.* Frankfurt und New York 2000.
Rohen, Johannes W.: *Funktionelle Neuroanatomie.* 6. Auflage. Stuttgart 2001.
Roth, Brigitte: ›Schlaflose Nächte aus Angst vor Kündigung‹, in: *Frankfurter Allgemeine Zeitung*, 18.11.2002.
Roth, Gerhard: *Das Gehirn und seine Wirklichkeit. Kognitive Neurobiologie und ihre philosophischen Konsequenzen.* Frankfurt a. M. 1996.
Roth, Gerhard: *Fühlen, Denken, Handeln. Wie das Gehirn unser Verhalten steuert.* Frankfurt a. M. 2001.
Rüegg, Johann Caspar: *Psychosomatik, Psychotherapie und Gehirn. Neuronale Plastizität als Grundlage einer biopsychosozialen Medizin.* 2. Auflage. Stuttgart 2002.
Saint-Exupéry, Antoine de: *Der kleine Prinz.* 6. Auflage. Düsseldorf 1998.
Schmid, Wilhelm: *Philosophie der Lebenskunst.* Frankfurt a. M. 1998.
Schmuck, Peter, Sheldon, Kennon M. (Hrsg.): *Life Goals and Well-Being. Towards a Positive Psychology of Human Striving.* Göttingen 2001.
Schneider, Klaus, Schmalt, Heinz-Dieter: *Motivation.* 3. Auflage. Stuttgart 2000.
Schoeck, Helmut: *Der Neid und die Gesellschaft.* 2. Auflage. Frankfurt a. M. 1992.
Schultheiß, O. C., und Brunstein, J. C.: ›Goal Imagery: Bridging the Gap between Implicit Motives and Explicit Goals‹, in: *Journal of Personality*, 67/1999, S. 138.
Schwab, H.-R. (Hrsg.): *Einfach leben.* München 1999.
Schwarz, Aljoscha A., Schweppe, Ronald P.: *Die philosophische Hausapotheke. Rezepte und Strategien von Konfuzius bis Schopenhauer.* 2. Auflage. München 2002.
Schwermer, Heidemarie: *Das Sterntalerexperiment.* München 2001.

Scitovsky, Tibor: *Psychologie des Wohlstands*. Frankfurt und New York 1989.

Seneca: *Philosophische Schriften*. Hrsg.: Manfred Rosenbach. Darmstadt 1995.

Siegrist, Johannes: *Soziale Krisen und Gesundheit*. Göttingen 1996.

Simmel, Georg: *Philosophie des Geldes*. Köln 2001.

Sprenger, Reinhard K.: *Vertrauen führt. Worauf es im Unternehmen wirklich ankommt*. Frankfurt und New York 2002.

Stanley, Thomas J.: *The Millionaire Mind*. Kansas City 2000.

Steffen, Dagmar (Hrsg.): *Welche Dinge braucht der Mensch?* Frankfurt a. M. 1996.

Storch, Maja, Krause, Frank: *Selbstmanagement – ressourcenorientiert*. Bern 2002.

Straub, Jürgen, Renn, Joachim (Hrsg.): *Transitorische Identität*. Frankfurt und New York 2002.

Strunz, Andrea: ›Mehr Mut zur Muße!‹, in: Edition Gruner + Jahr, November 2005. (12/1995)

Tichy, Roland und Andrea: *Die Pyramide steht Kopf*. München 2001.

Toms, Michael (Hrsg.): *Money, Money, Money*. Zürich 2000.

Traue, Harald C.: *Emotion und Gesundheit*. Heidelberg 1998.

*Universitas*, 57. Jahrgang, März 2002, Schwerpunkt Konsum.

Wassmann, Claudia: *Die Macht der Emotionen. Wie Gefühle unser Denken und Handeln beeinflussen*. Darmstadt 2002.

Weischedel, Wilhelm: *Die philosophische Hintertreppe. 34 große Philosophen in Alltag und Denken*. München 1979.

Willke, Helmut: *Systemtheorie II: Interventionstheorie*. 3. Auflage. Stuttgart 1999.

Ziesemer, Bernd: *Die Neidfalle. Wie Missgunst unsere Wirtschaft lähmt*. Frankfurt und New York 1999.

# Register

*Abd El Farrag, Nadja* 197 f.
Abwechslung 155, 156
Akupunktur 131
Aktien 91 f., 136
Altersarmut 67, 152
Altersvorsorge 67, 76, 145 f., 152 f., 161 f., 165, 197
Ängste, Unsicherheit 26, 122 f.
Anschaffungsdarlehen 101 f.
Arbeit, unbezahlte *siehe auch* Ehrenamt 65
Arbeitskraft 109 f.
Ausbildung 108 f.
Auto 94 f., 100
Autofinanzierung 102

Bargeld 98
Bausparvertrag 93
*Becker, Boris* 198
Bedürfnis nach emotionaler Bindung 7, 23, 25, 27 ff., 63–70
– Lustgewinn 7, 23, 25, 31 f., 71–77
– Selbstwert 7, 23, 25, 30 f., 78–85, 165
– Sicherheit und Kontrolle 7, 23, 25 ff., 32, 50–62, 122 f.
Bedürfnis-Balance 197
Bedürfnis-Balancierer 185, 196 f.
Bindung 25, 27 ff.
Bindungsverhalten, sicheres 28
– unsicheres 28 f., 68 f.
Burn-out-Syndrom 147 f.

*Casanova* 76

*Dagobert-Typ* 35, 50–62, 122–136, 163, 185–188, 196 ff.
Dispokredit 101, 153, 162

Egoismus, gesunder 137
Ehe 111 f.
Ehrenamt 166
Ehrgeiz 79
emotionales »Flussbett« 32
Energieblockade 131

Engagement, soziales 138, 190
Entrümpeln 126 f.
Entscheidungsverhalten 57 f.
Entspannung 130 f., 149

Fähigkeiten und Talente 110 f., 118, 165–169, 174
Familie 189
Festgeld 89 f., 135
Festverzinsliche Wertpapiere *siehe* Wertpapiere, festverzinsliche
»Flow-Zustand« 80, 171 f.
Fonds 90 f.
Freundschaften 114 f., 134 f., 151

Geiz 85, 166, 170, 181
Geld, Einstellung gegenüber 141–144, 179
»Geldlos-glücklich-Frau« 22 f.
Geldanlage für Dagobert-Typen 135 f.
– Sterntaler-Typen 151 f.
– Hans-im-Glück-Typen 165
– Snoopy-Typen 183 f.
Geldsorgen 15
Geldtyp 8, 34 ff., 49, 86, 108, 185, 196 f., 199
Geldtyp, Test 36
Geldverdoppelungsformel 100 f.
Geld-Wohlfühl-Balance 8
Gemeinschaftserlebnis 191
Gesundheit 106 f., 116, 133
Girokonto 89
Glaubenssätze 142 f., 176,

Gold 51, 98
Größenwahn 78
Grundbedürfnisse 7, 23 f., 30, 33 f., 108, 182, 185, 198 f.

Handlungsalternativen 143
Hans-im-Glück-Typ 35, 71–77, 152–164, 185, 192 ff., 196 f.
Haushaltsgeld 139
Heimatland 115 f.
Helfersyndrom 68 f.
»helper's high« 64
»homo oeconomicus« 57 f.

Immobilien, vermietete 92
Immobilien, selbst genutzte 97, 100, 187
Immobilienhypotheken 102 f.

*Jauch, Günther* 196

*Kant, Immanuel* 59
Kapitallebensversicherung 92 f.
Kinder 112 ff., 189
Kinesiologie 131 f.
Konsum 54
– alternative Formen 68
Konsumverhalten 30, 53 ff., 67, 76 f., 163, 166, 175, 176 f., 186 f.
Konto, eigenes 138
Kreativität 74, 122, 130 f., 190 f.

Lebenshaltungskosten 161 f.

Lebenslust 107f., 114, 122, 125, 127, 157, 161, 193f.
Lebensqualität 176
Lebensziel 203, 208
Leistung 80, 188, 195
Lottoglück 11ff.

magisches Viereck 23
»master sentiment« 30
Minderwertigkeitsgefühl 30
*Mozart, Wolfgang Amadeus* 14

Natur 116f., 160
Neid 84f., 141, 210
Nettozahler 145
Nulltarif 155, 160

*Onassis, Christina* 17ff., 23
Orientierung 25ff.

Partnerschaft *siehe auch* Ehe 111f.

Qualitäts-Check 176

Reichtum 7, 19, 20, 24
– gefühlter 18, 33f., 86, 179f., 198
– innerer 20, 21, 23, 117, 128, 134, 159f., 199, 202
– Traum vom 12f., 16, 83, 210
»Reißleine« 136
Religiosität 69f., 190
*Reemtsma, Jan Philipp* 25

Rentenanspruch 65, 105f., 145f., 161
Risikobereitschaft 75, 77, 89, 152, 192f.
*Rowling, Joanne* 195f.

Schmuck 96, 100
Schulden 15, 103
– bilanz 101, 103
– spirale 187
Schuld-Unschuld-Muster 150
*Schwermer, Heidemarie* 22f.
Sicherheit 25ff.
Snoopy-Typ 35, 78–85, 165–183, 184, 194–196
Solidarsystem 67, 136
Sonnenlicht 160f.
Sparbuch 89f., 135
Sparsamkeit 53f., 186, 189, 196f.
Sterntaler-Typ 35, 63–70, 136–152, 185, 189–192, 196ff.
Steuererklärung 66, 139f.
Stundenzettel 138
Systemische Therapie 149f.

Tagesgeldkonto 89f.
Tai Chi 131
Tauschring 22, 68, 169

Unternehmen, eigenes 93f.
Urvertrauen 28

Verhaltensmuster 147

Verhaltensweisen, neue 125, 152
Vermögen 50
- immaterielles 49, 86, 104 f., 117 f., 137, 200 f.
- materielles 49, 86 f., 104, 109, 136, 200 f.
- produktives 87 f., 99 f., 177 f., 183
- unproduktives 87, 94, 99 f.
Vermögensaufbau 118 ff., 177, 199, 207 f.
Vermögensbilanz 49, 86 f., 99

Verzicht 157 ff.
Viereck, magisches *siehe* magisches Viereck

Weiterbildung 172 f.
Werte, materielle 19
Wertpapiere, festverzinsliche 90
Wohlbefinden 18 f., 23 f., 116
Wohnungseinrichtung 95 f., 100

Zufriedenheit 167, 168, 202 f.
Zukunftsängste 7, 125

# In sieben Etappen zu einem einfach glücklichen Leben

Werner Tiki Küstenmacher,
mit Lothar J. Seiwert
**simplify your life**
Einfacher und
glücklicher leben
10. Auflage, 2003. 355 Seiten

Leiden auch Sie unter der Kompliziertheit des Lebens? Dann lernen Sie den simplify-Prozess kennen! Man beginnt mit dem Aufräumen des Schreibtischs und der Organisation der Zeit, gelangt zu den sozialen Beziehungen und bringt seine Geldangelegenheiten in Ordnung. Schließlich führt die Reise weiter zu Körper und Gesundheit und endet bei der zentralen Frage nach dem Selbst und dem Sinn des Lebens.

**Auch als Hörbuch erhältlich!**

Frankfurt / New York

Gerne schicken wir Ihnen aktuelle Prospekte:
Campus Verlag · Kurfürstenstr. 49 · 60486 Frankfurt/M.
Tel. 069/97 65 16-0 · Fax -78 · www.campus.de

## Lesen Sie täglich eine Neuerscheinung.

Auf unseren Buch-Seiten und in unseren Literatur-Beilagen finden Sie Besprechungen der interessantesten Neuerscheinungen. Testen Sie uns. Mit dem Probeabo zwei Wochen kostenlos. Telefon: 0800/8 666 8 66. Online: www.fr-aktuell.de

**Frankfurter Rundschau**

Bringt Sie weiter.